上海市哲学社会科学规划一般课题（2014BJL001）：中国新型城镇化背景下农民市场参与能力提升的渠道、机制及其政策研究

国 | 研 | 文 | 库

中国新型城镇化背景下
农民市场参与
——影响因素、渠道机制及其政策研究

孙定东 ———— 著

光明日报出版社

图书在版编目（CIP）数据

中国新型城镇化背景下农民市场参与：影响因素、渠道机制及其政策研究 / 孙定东著 . -- 北京：光明日报出版社，2021.5

ISBN 978 - 7 - 5194 - 5983 - 3

Ⅰ.①中… Ⅱ.①孙… Ⅲ.①农村市场—研究—中国 Ⅳ.①F723.82

中国版本图书馆 CIP 数据核字（2021）第 074061 号

中国新型城镇化背景下农民市场参与——影响因素、渠道机制及其政策研究
ZHONGGUO XINXING CHENGZHENHUA BEIJING XIA NONGMIN SHICHANG CANYU——YINGXIANG YINSU、QUDAO JIZHI JIQI ZHENGCE YANJIU

著　　者：孙定东			

责任编辑：刘兴华		责任校对：刘文文
封面设计：中联华文		责任印制：曹　净

出版发行：光明日报出版社

地　　址：北京市西城区永安路 106 号，100050

电　　话：010-63169890（咨询），010-63131930（邮购）

传　　真：010 - 63131930

网　　址：http://book.gmw.cn

E - mail：liuxinghua@gmw.cn

法律顾问：北京德恒律师事务所龚柳方律师

印　　刷：三河市华东印刷有限公司

装　　订：三河市华东印刷有限公司

本书如有破损、缺页、装订错误，请与本社联系调换，电话：010-63131930

开　　本：170mm×240mm			
字　　数：314 千字		印　　张：17.5	
版　　次：2021 年 5 月第 1 版		印　　次：2021 年 5 月第 1 次印刷	
书　　号：ISBN 978 - 7 - 5194 - 5983 - 3			
定　　价：95.00 元			

内容摘要

中国新型城镇化进程的推进,需要各产业协同发展。然而,农业自身的生产零碎化、自然环境敏感性、价格和收入弹性小、市场高风险等弱质性问题,必然阻碍农业市场化、产业化和农民(工)"市"①民化的发展。就新型城镇化进程中的农业发展而言,一个核心的问题就是其最活跃的主体生产要素——农民的市场参与问题,然而外部力量渗透农业产业导致的市场垄断,农产品流通体制存在的严重缺陷,农民在其产业中的市场主体地位尚未能有效确立,产业基础薄弱等都阻碍了农民的市场参与。

本研究通过引入并结合农民的市场参与深入阐释了博弈论、交易成本理论、产权理论、公共选择理论、规模经济理论和城镇化理论的意义,并提出了农民市场参与的乡村市场本位——"人"型结构论,进而在详细分析包括受教育程度、当家人性别关系、家庭规模、农地规模和牲畜数量、生产经营成本和作物类型、农业系统外收入、组织参与及其成员关系等直接影响农民市场参与的因素,以及市场距离及基础设施、市场信息、社会关系亲密程度、"三农"②系统风险因素及其风险舒适度、政府支持体系等间接影响农民市场参与的因素的基础上,建立了刻画农民市场参与能力的产前、产中、产后指标体系。其中,产前指标体系包括新技术/新品种研发与推广度、农资储备与市场供应充足度、合作社发达程度、农村物流发达程度等;产中指标体系包括土地流转度、农业劳动力就业率、农业科技等服务应用程度、农资互联网交易强度等;产后指标体系包括产出市场交易度、农产品深加工度、年度新产品转换度、特色化农业发达程度、农产品互联网交易强度、合作社产出份额等。研究认为,不可能存在一个综合的、集产前产中产后的、单一市场参与指标(指数)来全面反映农民的市场参与水平,但可以根据研究目的的不同和相应

---

① 这里"市"在全著中打引号具有两层含义:一是农民或农民工在城市化进程中成为市民(一定意义上以"户籍"为符号);二是在城市化进程中其市场交易的主体角色更加突出(更多强调其"市场"功能性主体含义)。

② "三农"指农村、农业和农民。

的需要,进行一定范围的农民市场参与指数测算。

基于此,结合社会发展的客观现实和深刻背景,本研究阐释了新型城镇化与农民市场参与的关系,认为在"三农""三化"(农业产业化、农村城镇化、农民"市"民化)中实现政府、农民和农业组织主要行为主体三边关系的动态耦合调整,形成了政府基于组织(农业合作社、家庭农场、共同市场组织、农业企业等)和个人(农民)建立的公私伙伴关系,并在外圈(农村地区实现)农业现代化、中圈(城郊地区)建立新型现代化工业和内圈(城镇区域)重点发展服务业(包括对改善生活品质有重要影响的服务业)之间建立起有效的平衡。一方面有步骤吸引农民入城,另一方面在"三圈"之间实现农民功能性地市场参与与融入,推进真正意义上以人为本的城镇化,而不只是户口化。这样的耦合关系也就推动了新型城镇化下"三圈""三化"战略的形成。

在上述"三圈""三化"战略下,农民市场参与可能选择的模式因而包括以小城镇为基础的产业融合城镇化参与模式、以大城市近郊为基础的产业桥岛参与模式、以乡村市场调剂为基础的乡集参与模式。三种模式包含了以下内涵思想或基本命题:(1)农业始终是国民经济最重要的基础;(2)所有的项目、模式或者决策都是以人为基础;(3)所有项目、模式或者政策的选择都需考虑资源、市场及其产业特征;(4)政府的政策支持存在经济上的"内生性"。这也奠定了政府政策支持存在经济上的"内生性"的原则,而政策干预经济内生化的伙伴关系安排,具有十分重要的社会经济实践价值。因此参与模式除了有其基本适用条件外,政府也应该发挥其应有的功能,有所为有所不为。

在背景研究之上,作为农民市场参与的最重要的基础,其市场参与利益的研究便是重中之重。首先,其市场参与的利益源泉,一是来源于生产要素质的提升;二是源于对市场的一定程度的控制;三是机制性的决策参与;四是通过对生产经营活动的创新。其次,其利益获取如何被激励,需要探索利益博弈的过程和机制,包括基于系统内外部力量的、自我主张的、自愿自主的合作博弈;基于经济结构或产业间互动的层级博弈(历史性地表现为从农业,到工业,再到服务业的顺位递进,何时、以什么方式、通过什么渠道实现反向利益传递,既是回答层级博弈的基础,也是产业间为何需要相互支持的依据);在社会治理中有政府参与的体系博弈(政府需要建立机制,去融合各方的参与并创造价值,获取博弈的利益)。

如何通过农民的市场参与,解决农业的弱质性问题,增进农民的利益,是"三农"发展的核心问题。因此,首先要明确利益,必须明确相关参与主体的利益归属;其次是要在促进农民市场参与的过程中利用各种途径创造利益,包括:(1)在伙伴机制下,以提高农民素质的方式增进利益;(2)以要素集聚、综合经营、促进规模经济形成的方式增进利益;(3)以品牌建立形成的产业形象维护方式增进利益;(4)以产业利益增强为基础,促进产业间、城乡间联系的方式增进利益;(5)通过以市场参与,特别是以组织形式的市场参与下的自我保护、政策吸收利用和落实来增进利益;(6)以市场参与机制形成和引起国民关注的方式增进利益。最后就是要重视反馈。

得"天时""地利""人和"之势,"三农"发展及农民的市场参与目前已获得了十分难得的发展机遇。作为本应最活跃的生产要素、理应作为市场主体的农民,推动其市场参与与融入,可以从农业内部系统及与农业相关的外部系统两个角度来考虑其市场参与渠道的挖掘。内部渠道(合作社组织、家庭农场、农业企业、农贸市场、农产品超市、农产品电子商务、小农多样化经营、PPP农业发展项目、小农多样化经营)直接促进农民的市场融入与参与,直接促进"三农"发展;外部渠道(农村基层组织建设推动、"离土不离乡"的就近非农企业务工、就近城镇产业拉动的经营活动等)间接带动农民融入农业相关产业发展,间接推动"三农"的市场创造与培育。

从农民可以参与的直接或间接渠道分析看,在战略上构建这些渠道并形成体系主要依赖于推进农民市场真正融入的三大机制的设计:一是"三农"发展推进中"农民—农业组织—政府"三方参与主体的合作机制,让市场的力量和政府的职能相互融合,促进生产要素和微观市场主体的自我市场认知、自我市场融入和自我市场开拓;二是以地域为基础的产业融合发展机制,它是以新型城镇化带动农业及相关产业发展,促进城乡,特别是小城镇及近郊"三圈""三化"发展的机制;三是以空间为基础的点轴辐射带动机制,它包括基于传统地理空间下的"点轴"辐射带动机制,以及基于现代网络空间下的"点轴"辐射带动机制。辐射过程中起主导作用的、具有方向性和支配意义的产业,与农业之间自然联系的强弱程度,决定了渠道建立的质量高低,从而需要充分考虑"点"上的产业关联度、产业或产品优势、市场优势、基础设施可能的覆盖面,周边资源开发基地、产品生产流通与劳动力基本的特征和结构状况等等。

对于明确政府作为"战略制订者""政策工具创建者""适时服务提供者"的角色和身份的探讨,本研究提出了农民市场参与促进的"战略钻石"模型。该模型将"三农"发展的历史维度、科学维度、艺术角度、哲学维度融入一个类似"拉线飞轮的拉力"的钻石模型之中,来看待政府应该发挥的作用和所扮演的角色,且相关描述一直贯穿本研究的整个过程。认为政府的角色发挥贯穿于战略与措施之间的作用张力,决定了在战略总揽全局、高屋建瓴,以及政策具体细致、便于操作之间,作用于区域、产业和市场主体板块的张力的稳度。一旦战略高度下降,措施浮夸,中间基于地理区域、生产要素和市场主体、产业结构(横向"平台")的农民市场参与促进行为就会显得有些摇摆不定,随意而为。

在明确了政府自身所应扮演的角色之后,本研究认为,还需要建立相应的机制来促进和保障农民的市场参与,提升农民市场参与的能力和水平,促进"三农"发展,以及区域和产业等相关战略的实现。这些机制包括人—财—物保障机制,计划—行动—反馈运行机制,资金—项目—机构实施机制,短期—中期—长期利益提升机制和微观—中观—宏观协作机制。

进而基于"意见—行动—利益"的关联特性,提出了有关意见表达接收渠道畅通,意见建议沟通,意见建议反馈等方面的关于"意见"的政策,(包括新型职业农民的培育、务工人员返乡吸收、大学生返乡创业支持、村镇事务人力资源开发等方面的)人力资源开发政策,(包括"三农"实践成功经验宣介、"三农"营销促进、"三农"标准化推进、"三农"品牌化推进等方面的)"三农"型化政策,(包括"三农"资源和基础设施开发、农业组织协作、项目促进的财政金融支持、"三农"发展项目对接等方面的)"三农"发展项目开发政策,(包括城乡市场疏浚、城乡融合协作、产城融合"三化"支持、三产融合、区域协作、农民市场参与的对外贸易等方面的)"三圈""三化"促进政策,(包括机构促进、计划协调、过程监控、结果反馈)农民市场参与的监控与管理政策方面等关于"行动"的政策以及(包括利益表达、利益创造、利益协调、利益互助、长期利益推进等方面)关于"利益"的政策。

总之,无论城乡如何融合(也主要是功能上的要素和市场的融合),广袤的农村大地需要有建设者,需要通过各种形式的新农民,包括新型职业农民、返乡(N代)农民工、返乡大学生等,去实现伟大的农业供给侧改革和发起有质量的农业需求革命。待到那么一天,真正把农业像其他产业一样作为国民经济重要组成部分对待,把农民像其他产业工人一样当作一个光荣职业对待,把农村当成我们日日珍惜、夜夜怜爱并得以安居乐业的美丽家园来对待,"三农"发展就更加值得期待。

目 录
CONTENTS

第一章

绪　论

第一节　研究背景及其意义

本研究是基于之前作者有关"欧盟市场一体化治理及其经验借鉴""基于要素、市场、产业、政策及其国际经验借鉴的(中国)'三农'利益论"等相关研究下的,一个更细致的选题——农民的市场参与:一个关于"人"的发展的问题。

一、研究背景

中国新型城镇化进程的推进,需要各产业协同发展。然而,农业自身的生产零碎化、自然环境敏感性、价格和收入弹性小、市场高风险等弱质性问题,必然阻碍农业市场化、产业化和农民(工)"市"民化的发展。如果各产业不能相互借重、相互支持、彼此依赖,弱其一方,都不能有效推进城镇化的建设。更何况是作为国民经济基础的农业,因为牺牲产业发展、只是建楼宇转户口的城镇化,反而有损国民经济健康发展。就新型城镇化进程中的农业发展而言,一个核心的因素就是其最活跃的主体生产要素——农民的市场参与。然而,农民的市场参与目前仍然存在以下几方面问题。

(1)外部力量渗透农业产业导致的市场垄断阻碍了农民的市场参与,市场形式不完善导致农民获取市场信息和对接市场的能力降低,农民的组织化程度低导致势单力薄从而无法有效增强其市场竞争力等,这些不利于增强农民市场参与能力的因素,深深阻碍着农业的发展,阻碍着农业市场化、产业化甚至农民(工)"市"民化的发展。

(2)前些年,"蒜你狠""姜你军""豆你玩"等引起社会各界普遍关注的现象,其实都与那些阻碍农民市场参与的因素有着直接联系。例如,我国农产品流通体制存在的严重缺陷,导致中间商可以轻易地把生产者和消费者隔开,从而通过垄断使其在农产品市场定价上掌握有绝对的主动权。结果，既伤害了生产者又伤害了消费者，不仅无助于农业发展，而且还伤害以产业协调为基础的新型城镇化的建设。因此，构建渠道，建立机制，给予农民充分参与市场的自主权，促进农民市场参与能力的提升，就显得十分必要且极为迫切。

（3）难以想象，在一个具有八亿多农民、近五亿农村劳动力的产业中，农民在其中的市场主体地位尚未能有效确立，市场参与的能力不强、程度不深。虽然江登斌早在 1993 年就指出了我国农民市场参与度低的一些原因，如市场观念淡漠、市场信息闭塞、市场发育不全、市场环境欠佳、市场服务滞后等，但至今问题仍存，农民的市场参与度提高并不理想。这不仅无法有效地进行农业产业内部和各产业间的劳动分工，更是造成资源的严重浪费，特别是在新型城镇化进程中可能流转的新型农村劳动力（新生代农民和农民工）资源的严重浪费。

（4）农业的地位十分重要，但基础薄弱。农业人均 GDP 年均增幅一直以来都明显落后于第二、第三产业。据国家统计局统计数据，2019 年，乡村人口占中国总人口的 39.4%，乡村就业人员占总就业人员的 42.9%，第一产业就业人员占总就业人员的 26.1%（2018 年数据），但第一产业增加值却只占 GDP 总量的 7.1%，第一产业对 GDP 增长的拉动仅 0.2 个百分点，其贡献率仅为 3.8%，远远低于第二、第三产业的 36.8% 和 59.4%。农业生产效率明显落后，农业产业化进展较慢，农民的市场参与能力和市场活跃程度十分低下，农业产业人力资本积累差，这必然制约农业弱质性问题的解决和新型城镇化的发展。

从目前国内外研究农业发展中最活跃生产要素——农民的市场参与情况来看，农民市场参与的能力、形式及其影响因素的层次，明显与其经济发展的程度有着十分密切的关系：越是建立在农业相对发达基础上的发达国家，其农民的市场参与能力越强、形式越丰富、影响因素越偏向于市场经济风险的规避和市场自我参与的意识，反过来这又奠定了各产业良性互动、各要素良性流转、农业市场化和产业化程度越深的基础。像欧盟那样的经济发达一体化集团，其共同农业政策（CAP）的改革更是将在未来强调农业可持续性、多样性和生态化的目标上，加强农民及其合作社的经济角色和市场参与，使农业成为一个动态的、具有创新性的盈利部门。

所以，研究一个产业（这里指农业）中的能动性的要素主体（这里指农民）的市场参与的能力及其水平，就显得十分重要。特别是在新型城镇化进程中，研究如何进行有效的渠道和机制构建，以及合理的政策设计，通过政策和非政策的因素，让农民自觉不自觉地参与市场、融入市场，不仅有助于农业弱质性问题的解决和新型城镇化建设的不断向前推进，也将成为政府提升其宏观经济管理能力，改善其政策决策效能的重要内容。

二、研究意义

本研究的理论意义在于：通过引入博弈论、交易成本理论、规模经济理论、公共选择理论等，建立刻画农民市场参与能力的指标体系，进而结合农业发展自身存在的问题，剖析农民市场参与度与其各影响因素之间的逻辑关系，进而综合考虑经济发展阶段、城镇化水平、三产协同关系，以及农民的规模和素质，探索促进农民市场参与能力提升的因素和相应条件，系统性地设计促进农民市场参与能力提升的渠道和机制，力图深刻揭示解决农业弱质性问题的全景图像，使新型城镇化和农业的发展相互借重，相得益彰。

以农业产业中最活跃的生产要素"农民"为研究视角，以农民市场参与能力的提升为研究基点，分析城镇化进程中农业新型经营模式下，有关政府、农民及其组织（包括合作社、农业企业和家庭农场等）的所有权及其相互间的利益关系[1]，进而为推动农业产业和农业合作制，以及新型城镇化的发展奠定重要的理论基础，也为本研究的理论价值提供重要支持。

而该研究的实践意义在于，通过广泛的社会调查和借鉴研究，针对中国农民市场参与存在的实际问题，提升农民的市场参与能力，解决农业弱质性问题，进而推进新型城镇化发展。同时结合中国国情和中国农业产业发展实际，进行政策及相关利益分析，开展促进农民市场参与的渠道和机制研究，推动农业项目的有效实施以及农业合作社和家庭农场的稳健发展，有助于解决包括土地和农村劳动力在内的农业生产要素的自由流转和优化配置等实际经济问题[2]，也对于进一步理解并增强政府在推动"三农"在经济社会发展中的角色和功能发挥具有重要的现实意义。

---

[1]　Davi R，de Moura Costa *et al.*（2013）认为，所有权和控制权的分离会使农业合作社产生控制和影响成本，因此合作社某些成员可能既有剩余索取权，又有正式控制权，他们进而分析了巴西农业合作社决策管理和控制权的分配，及其所有制结构的决定因素。然而中国农业合作社的生命周期和治理特征都有别于外国，其核心成员和普通成员在所有权、决策权和收益权的分配上存在很大差异（当然是偏向于核心成员），因为很多合作社源于农民企业家和政府，而不是小农自下而上、集体行动的过程（Qiao Liang *et al.*，2012）。本研究立足于农民市场参与能力的提升，从促进农业合作制发展的角度，研究所有权和利益关系的问题，最终为解决农业弱质性问题和推进新型城镇化发展服务。

[2]　Zhu Keliang and Roy Prosterman（2007）就认为，中国农民缺乏允许其在土地上长期投资、果断地提高生产率和积累财富的安全和可交易的地权，因而拉大了城乡收入差距。这显然是不利于推进新型城镇化建设与和谐社会发展的。

第二节　研究思路与方法

一、研究思路

本研究的基本思路如下：

（1）首先通过文献收集、整理与分析，对中国新型城镇化、农民市场参与甚至"三农"（包括农业合作社、家庭农场）、三产关系等方面的基本理论、基本数据、基本观点进行收集、整理和分析，辨析相关研究内容之间的逻辑关系、基本论据和研究方法。

（2）其次是对我国的农民市场参与问题，开展对农民、农业组织以及相关专家和政府公共机构官员进行采访与调查。辨析他们对当前我国农民市场参与与新型城镇化发展、农业弱质性问题解决、"三农"利益增进、政府功能及其角色发挥等之间的关系，并开展中外农民市场参与实践的案例对比研究，分析评价不同经济发展水平（城镇化进程）下农民市场参与能力差异形成的原因、农民市场能力影响因素差异形成的原因、政府不同角色发挥的条件等。

（3）再次是在现有农民市场参与相关理论和经验研究的基础上，结合博弈论、交易成本理论、规模经济理论、公共选择理论、新制度经济学理论等，开展市场参与能力刻画指标、新型城镇化背景下的具体影响因素等的研究，借此构建和设计促进农民市场参与能力提升的渠道及其机制。

（4）最后是就政府角色在促进农民市场参与能力方面的政策建议。本书以新型城镇化建设为背景，结合各种利益关系的分析，研究并确立以促进农民市场参与能力提升为目标的，可依不同条件灵活选择的市场参与促进机制，并提出相关政策建议。

二、研究方法

由于本研究以中国新型城镇化为背景，其核心内容是农民的市场参与，从而基于理论和实践角度分析政府在促进农民市场参与能力提升方面所发挥的作用，因此兼有理论与经验研究的内容，其主要研究方法如下。

（1）理论研究方法：主要采用博弈论（特别适用于农业风险转移、各市场参与主体利益关系的分析），交易成本理论（适用于农民市场参与的影响因素、促进机制的分析），规模经济理论（适用于劳动力等生产要素优化配置在农业规模化生产等方面有关农民市场参与渠道的构建分析),公共选择理论(适用于促进农民市场参与能力提升的机制和政策决策分析)等刻画农民市场参与水平和程度的指标体系。进而结合农业发展自身存在的问题,系统性地构建促进农民市场参与能力的渠道及其机制,力图深刻揭示解决农业问题的全景图像,特别是在当前新型城镇化背景下的解决图景,从而使新型城镇化的发展和农业发展相得益彰。以农民的市场参与为起点,分析城镇化进程中农村新型经营模式下各参与主体之间的利益关系,也为提升本研究自身的理论和实践价值奠定基础。

(2)经验研究方法:通过问卷设计与调查(包括项目的实地调查和专家咨询,以及来自统计年鉴、分析报告等各相关数据库的数据收集等),进行中国国情下农民市场参与的影响因素的分析、刻画和评价中国农民市场参与能力或水平的指标体系的建立,以及农民市场参与的渠道选择等方面的研究;通过一定回归模型,研究农民市场参与能力与其收入或利益增长的关系。除此之外,本研究还结合各种文献、政策、报告等资料,佐以典型案例,进一步阐释和印证影响农民市场参与全过程的问题、意见和观点,从而使研究的推演过程和研究结论更具有现实说服力和应用价值。

第三节 研究内容与框架

一、研究内容

本研究的主要内容包括以下几个方面。

(一)农民市场参与能力影响因素的研究

这是本研究最重要的、最基础的研究内容之一。只有通过对各种直接或间接影响农民市场参与因素的分析,才能有目的性地分析各市场利益相关主体的耦合关系、相互作用及其影响机制,进而有针对性地提出相应地促进农民市场参与能力提升的对策建议和政策措施。

(二)农民市场参与能力的刻画——一个指标体系的构建

本研究最基础性的工作之二在于对农民市场参与的能力和水平进行描述和刻画。特别是以现有文献分析和问卷调研为基础,构建农民市场参与能力的指标体系,描述并测度中国现阶段农民市场参与的能力和水平,进而清晰说明不同层次的影响因素与不同经济发展阶段和水平的关系。

（三）新型城镇化——农业产业化、市场化和农民（工）"市"民化——农民市场参与能力的关系描述

本研究在对农民市场参与能力进行指标刻画的基础上，利用博弈论、交易成本理论、规模经济理论、公共选择理论和产权理论等，清晰描述和分析新型城镇化与农业产业化、市场化和农民（工）"市"民化之间的因果关系，并在进行专家咨询和问卷调研的基础上，说明农民市场参与能力对促进农业产业化、市场化和农民（工）"市"民化（以解决农业弱质性问题）的作用，以至阐释农民市场参与能力提升在促进新型城镇化发展中所释放的经济社会力量。这些关系将归并于农业PPP发展项目、农业合作社、家庭农场和农业专业化企业的多边关系构建中，说明微观和宏观经济关系的相互耦合与动态调整的过程。

（四）新型城镇化进程中农民市场参与能力提升的渠道和机制研究

首先，剖析新型城镇化建设对农业劳动力生产要素的要求，特别是结合目前农民在市场参与方面所存在的问题（如外部力量渗透农业产业导致的市场垄断阻碍农民的市场参与，市场形式不完善导致农民获取市场信息和对接市场的能力降低，农民的组织化程度低导致势单力薄从而无法有效增强其市场竞争力等），探索改善和增强农民市场参与能力的切入点和所需条件。例如，人、财、物方面的；资金、项目、机构方面的；计划、行动、反馈的；短期、中期、长期的等等，以便为政策设计以及为农民在这些政策下的主动市场参与服务。

其次，关于上述研究内容中农业自身存在的缺陷，有针对性地结合研究内容中有关影响农民市场参与能力的各项因素，设计和建立与新型城镇化发展要求相适应的、提升农民市场参与能力的渠道，并依据这些渠道对农民市场参与能力提高所产生的不同作用，进行针对不同人群、不同地域和不同部门的渠道选择。

最后，在新型城镇化背景下，结合农业生产及市场风险的转移，各产业协同下农业要素（包括土地、劳动力等）的自由流转、规模化运用及其优化配置从而促进生产力的提升，建立和增强促进农民市场参与能力提升的机制。这一机制微观上包括企业、家庭和个人（农业劳动力）层面的，也包括宏观上政策、产业协同、地区合作等层面的内容。

（五）促进农民市场参与能力提升的政府政策设计

基于研究内容（四），结合相关理论以及遵循公私伙伴关系（PPP）安排的思路，重点研究基于政府角色发挥的政府作为，进而基于要素、市场、产业，并结合国际经验，以"人"（农民、农民工甚至农业产业工人）为本，设计一个良好的，促进农民市场参与能力，包含目标、方向、框架，特别是反映本研究逻辑的政策建议及其

相应措施。

（六）农民市场参与能力与农民利益关系的研究

结合国内外研究成果，以问卷调研为基础，研究农民市场参与过程中各方利益博弈关系，并以利益为基础，研究农民市场参与能力提升对新型城镇化、农业市场化、产业化稳步发展，进而解决农业弱质性问题的重要作用。这不仅有利于和谐社会的构建，也是现阶段社会主义建设事业不断发展的客观要求，而且它还是检验本研究有关渠道、机制和政策设计的合理性、可行性及其价值的重要依据和必要条件。

基于上述研究内容，本研究将重点放在以下方面。

（1）通过经济理论和一定的计量经济分析方法，构建反映农民市场参与能力的指标体系，并对中国现阶段农民的市场参与能力进行客观的界定和测度。只有这样，才能真正通过参与能力的提升程度，定性定量地探索能够促进农民市场参与能力提升的合理渠道甚至有效机制问题。

（2）清晰描述农民市场参与能力提升，与解决农业弱质性问题，从而推进新型城镇化发展之间的逻辑联系，以此说明农民市场参与能力提升，在解决农业弱质性问题和推进城镇化发展中的动态作用机制，促进本研究在探索提升农民市场参与能力的渠道和机制等目标的实现。

（3）以（2）为基础，围绕农民市场参与能力的提升，结合中国经济的发展阶段和中国"三农"的实际情况，分阶段、分层次地构建适合农民运作的、提升其市场参与能力的渠道和机制，从而扎扎实实地促进新型城镇化进程中农民的市场参与及其能力提升。

（4）新型城镇化建设以"人"为本，在协调各种利益关系基础上，推进经济社会发展及和谐社会构建，政府作用密不可分。本研究还将重点考察各参与方的利益关系（包括农民的市场参与能力提升与其收益增长的关系），并以利益关系研究为基础，进行有关政府"有所为、有所不为"在促进农民市场参与能力提升方面的政策设计，进而提出具体的政策建议。

本研究开展刻画农民市场参与能力的指标体系研究，这是一个初步尝试，它试图纳入产前、产中和产后的市场参与能力的刻画，并且涉及城镇化发展中的关于要素和基础设施的、信息化和组织化发展程度的、特色农业发展的等方面的指标，力图全景描绘农民市场参与的现实状况。无论是后面关于其与新型城镇化建设的关系，或者促进其市场参与能力提升的渠道及其机制构建，都始终围绕"人"（八亿多农民和近五亿农村劳动力）的因素展开，强调这一在农业生产中本应处于最活跃状态的生产要素的作用，进而通过相关利益的分析，力图深刻阐释"三农"

问题的本源。

正如本文最后提到的,无论未来新型城镇化建设如何推进,无论城乡如何融合,广袤的农村大地需要有建设者,需要通过各种形式作为"三农"人力资源的新农民去实现伟大的农业供给侧改革和创造有质量的农业需求革命。待到那么一天,真正把农业像其他产业一样作为国民经济重要组成部分对待,把农民像其他产业工人一样当作一个光荣职业对待,把农村当成我们时时珍惜并得以安居乐业的美丽家园来对待,"三农"发展的未来一定可期。

二、研究框架

本研究的内容框架如图 1-1 所示。

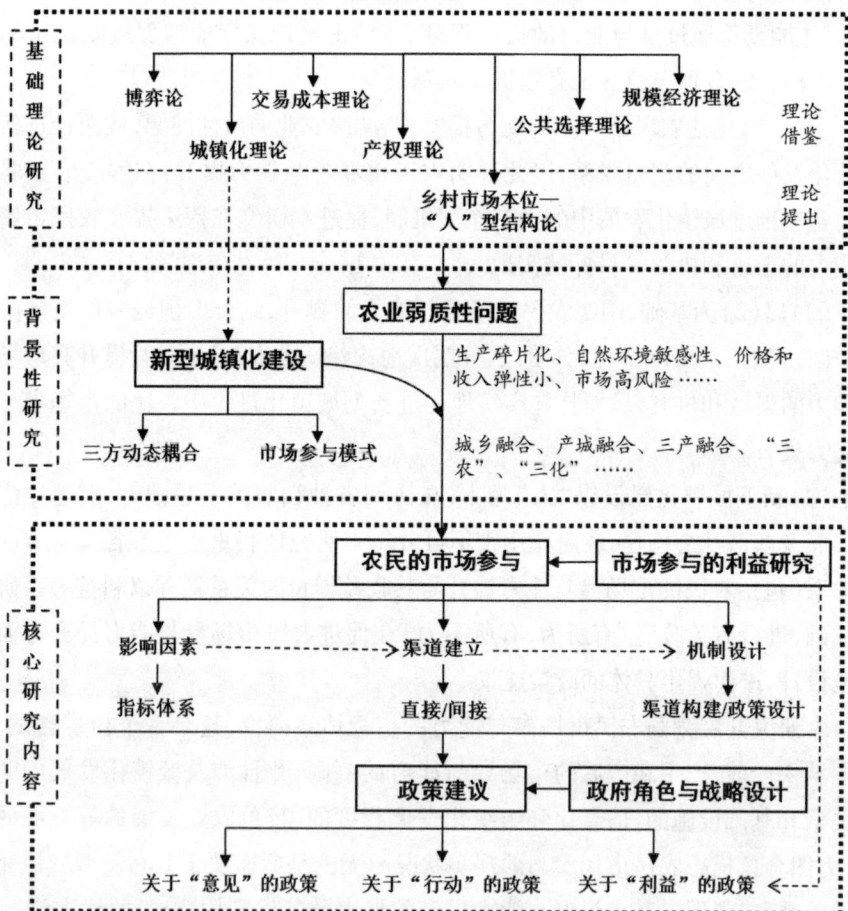

图 1-1　本研究的内容框架

第二章

理论基础及研究现状

第一节 研究的理论基础

结合本书的研究思路,及对相关理论的深刻阐释,力图揭示本书后期分析中有关影响因素、渠道和机制构建,以及政策设计的理论依据和逻辑基础。

一、博弈论

无论是宏观的经济决策,还是中观的产业成长,或是微观的企业竞争,其对局者之间的博弈总是建立在其结构力量是如何被博弈利益所激励和进一步壮大,进而使其利益最大化基础上的。然而,这个博弈的"局"事实上对于博弈者而言,都应该是足够大的,以至于从长期来看,才有其博弈的利益驱动,以致他们相互间都会考虑对方利益的获取,特别是像在"农业""农民""农村"这样一个"三农"对局的架构中,宏观、中观、微观的力量都会进入,因此政府不例外地成为了博弈者。因此,长期的合作博弈是本书研究的基调。①

为什么呢? 先看看给予"三农"的相关阐述。

习总书记指出:"农村是我国传统文明的发源地,乡土文化的根不能断,农村不能成为荒芜的农村、留守的农村、记忆中的故园。"总书记多次讲道:"洪范八政,食为政首。"多次强调:"我国是个人口众多的大国,解决好吃饭问题始终是治国安邦的头等大事。""只要粮食不出问题,中国

---

① 短期对局的利益获取所造成的成本代价是巨大的,这已经有过很多的教训。例如重视工业生产所造成的环境污染,以及在此基础上对农业的忽视所造成的积重难返,导致农村人力资本积累薄弱,甚至部分地区出现行政经济事业发展缓慢,"留守""独居""空巢"等社会问题严重等现象。如果硬要把它算作中国经济社会发展的阶段性特征,那么现在也该是考虑"三农"长期发展的时候了。

的事就稳得住。"并明确指出："抓农业农村工作，首先要抓粮食生产。"习总书记曾在中央农村工作会议上指出："小康不小康，关键看老乡。""农业还是'四化同步'的短腿，农村还是全面建成小康社会的短板。""中国要强，农业必须强；中国要美，农村必须美；中国要富，农民必须富。"要尊重农民意愿和维护农民权益，把选择权交给农民，由农民选择而不是代替农民选择，可以示范和引导，但不搞强迫命令、不刮风、不一刀切。不管怎么改，都不能把农村土地集体所有制改垮了，不能把耕地改少了，不能把粮食生产能力改弱了，不能把农民利益损害了。

"三农"问题是在中国共产党革命时需要解决的基本问题，同样其也是中国共产党执政所需要解决的基本问题。这一基本问题贯穿中国现代化建设的整个进程，而且是中国未来50年现代化发展需要完全解决的最大问题，它还关系到中国工业化、城市化、共同富裕、可持续发展以及以人为本等一系列中国社会发展的重大问题。可以说，"三农"问题解决之日，便是中国现代化实现之时。①

"三农"是我们走向现代化进程中最艰巨的任务，也是全面建设小康社会面临的最大难题。关心农民、支持农业、发展农村，不仅是一个现实问题，也是战略问题；不仅是一个经济问题，也是政治问题。因此，如何从根本上破解"三农"这一难题，已成为目前经济社会发展中需要研究的重要课题。在新的历史阶段，农业、农村、农民问题的核心是农民收入问题，它直接关系到全面建设小康社会宏伟目标的实现。"三农"问题首先是一个改革的路线和方向问题；其次，"三农"问题的解决速度和解决方式决定市场化改革的速度；第三，"三农"问题解决得不好，将会增强改革的难度；最后，"三农"问题解决的成本决定着我国整个经济体制改革的成本。"三农"问题是对党和政府改革总路线的一个考验。

那么，长期博弈的力量（市场力和政策力）谁给呢？前者靠微观经济个体按"适者生存"原则，自己去获取力量；后者自然靠政府赋予力量。然而，"三农"因历史原因，自己无法有效地从市场中获取力量，那凭什么要政府给呢？怎么给？政府的力量怎么来？它怎么就成了对局者？对局战略的核心是什么？

首先，决策主体应是理性的，当然需要最大化自己的利益。只是因为"三农"的特殊性质和发展背景，"三农"本身没有形成博弈力量，从而真正参与利益创造与分配的过程。但由于政府自身的属性和存在的价值，其博弈的根基（力量源泉）

---

① 武力. 中国共产党对"三农"问题的认识历程及其启示[J]. 党的文献，2002(5)：62-67.

还是在于老百姓。也就是说,政府博弈的利益最根本的还是老百姓的利益,是"三农"的利益,它通过政策来引导"三农"利益的获取,但又绝不能全部通过行政命令实现,因为任何利益的创造源于对资源的最优配置,这需要借助市场力量。没有市场的力量,就没有推动农业自身发展的自助力;也正是因为没有自助力,源于"三农"自身的博弈方就没有完全形成势力;然而只有形成"三农"自身的力量,才会通过自我决策、自我组织、自我创新促进"三农"可持续发展。但市场并非万能,尤其农业发展长期式微,农村长期自我"封闭",农民的意识长期被"禁锢",所以政府博弈的核心目标是解决市场失灵(特别是解决农民作为市场主体的市场参与问题,并必然需要在此过程中进行总体利益的有效分配),促使资源配置过程可持续进行,而不致发生紊乱无序,从而政府博弈的核心战略也就是要促使资源尤其是劳动力资源在农业产业中的最佳利用。然而,中国的农村劳动力资源事实上并没有得到合理利用,更不用说最佳利用了。

一是劳动力永续性值得关注。在农业投入中,尤其应保证劳动力要素的永续性。尽管从总量上看仍然存在 1.5 亿左右农业剩余劳动力,但我国近十年来的劳动力大转移,使农村青壮年进入城市化进程,由于他们不断向非农产业的转移,因此大量劳动力已经并且未来更加无法根植于农村和农业了,特别是第三代、第四代农民工,已经基本适应城市的生活节奏或者生活习惯,多年来已经失去了务农的基本水准和技能,以致现实中很多地区"386199 部队"(分别指妇女、儿童和老人)在艰难地推动着"现代"农业的发展。① 长此以往,农民利益也难以根植于农业这一基础产业之中。

二是劳动力质量需要引起重视。劳动力从农业的移出已经改变农村劳动力的质量结构。近年来文化程度较高的农村劳动力转移到了第二、第三产业或外出打工,实际上从事农业生产的劳动者素质及其生产力变得更低,农村的劳动力平均品质下降,更何况有的地区的劳动力因外移而显得并非剩余,劳动力的数量和质量都存在问题。即使是在我国四亿多的农村劳动力中,文盲、半文盲就占了 50% 以上,②这决定了我国

---

① 调研显示,1980 年后出生的新生代农民工举家外出打工的越来越多,四川省三台县玉星村 489 户人家有 127 户举家外出打工,比例高达 25%。他们有的一年回家一次,有的两三年甚至几年不回,村里有 10%~20% 空房长期闲置。

② 根据全国第六次人口普查资料,在我国乡村人口中,文盲占 7.26%,小学占 38.06%,初中占 44.91%,高中占 7.73%,大专以上仅占 2.06%,而美国农民大部分是从州立农学院毕业的;法国 7% 以上的农具有大专文化;德国 6.7% 的农民具有大学文凭;日本农民中 5% 是大学毕业生,高中毕业生占 74.8%。资料来源:王凤山,阎国庆,任国岩. 加快转移农村富余劳动力的探讨[J]. 农业经济问题, 2005(3): 60-63.

农科知识和信息的接受与传播，以及农业研发和运用的人力基础受到削弱，农业科技的应用水平因而较低或者参差不齐。他们难以很好地掌握和运用现代科学技术，而且有相当一部分农民只能沿用传统办法从事种养殖业，生产方式简单，劳动手段陈旧，经营管理粗放，对新的优良种苗、栽培技术和农药、肥料的性能一窍不通，即使将新型的技术送到户，也往往不能灵活运用，达不到预期的目的。① 因此他们往往不计也无法计其劳动力投入的成本，也没办法用所谓机会成本最小化或经济利润最大化的决策办法去合理配置劳动资源和调整生产结构，当然也没有方法和工具去预测市场的变化。即使从事乡镇企业、交通运输和商业服务等二、三产业的农民，其经营管理素质可能会相对优于从事种植业的农民，但他们绝大多数人的经营管理也并非自觉意识下的行为，多凭直觉经验办事，从而带有相当程度的盲目性。

因此，"三农"发展需要加强与外部的合作，特别是需要借助政府的力量，培育壮大自身力量，加强与相关涉农企业的合作，在利益博弈中促进"利用"和"被利用"的有机融合。

在市场经济中，个人、企业和政府都会追求自己的利益最大化，因而作为现实生活的博弈方，都在其各自依附的环境中时时处于博弈状态，矛盾和冲突也就在所难免。那么，如何提高他们之间的合作程度呢？首先，要确定可预知的博弈规则以建立持久的关系，就像爱情需要建立婚姻契约，以维持双方长期情感纽带下的"合作"关系从而保持家庭的稳定那样。那政府的契约在哪里？应该在一个个农业发展项目合同中和通过合理合法程序由双方认可的政策文件里。只有这样，博弈双方才会依此自觉地和有意识地去增强自身的博弈能力，包括识别对方决策和行动的能力，如果不清楚对方是合作还是不合作，就没法精准确定自己的博弈策略，自然谈不上达成作为合作基础的双赢的问题。

毕竟，市场中的微观经济主体更多关注自己的利益最大化，即使政府类似于后面提到的逆 PPP 模式博弈三方之一，它也应该对各方利益加以识别，并在策略上加以适当平衡。例如，三产的平衡是否需要正视"反哺农业"的问题，并构成其行为理论和行动决策的基础。庆幸的是，中国特色社会主义政府决策的特点是集

---

① 我国农村劳动力中95%以上的人基本上仍属于体力型和传统经验型农民，不具备现代化生产对劳动者的初级技术要求。在农村劳动力中，近80%的劳动力没有特别技能。我国受过职业技术教育和培训的农村劳动力占全部劳动力的比重不足20%，与发达国家有很大差距。资料来源：卢君. 农村剩余劳动力转移与农村劳动力素质关系分析[J]. 华中农业大学学报(社会科学版)，2005(4)：28-30.

思广益,集体决策,民主集中,能够体现这样的大智慧,能够兼顾各方利益,使这样的博弈稳定持续下去,并不断优化配置业已存在或者未来可以获得的资源。

人们常将博弈论运用于企业人力资本投资的分析,同样它也可以运用于对农业产业人力资本积累的谋划。例如,农民(工)"市"民化是将积累的和将要积累的农业人力资本用于城市工业化还是农业产业化? 即农民参与市场是参与城市的市场还是农村的市场,甚或基于农村在农业产业化进程中,参与城乡市场的融合? 政府看经济,企业看利润,农民看收入。这都是支撑其人力资本发展的基础。"三农"人力资本的积累可以在后面的"人"型结构模型中窥见博弈的影子。

市场参与促进利益增长、分配与共享,通过一定的机制进而在合作共赢基础上促进社会和谐。因此,博弈各方,特别是存在政府作为博弈一方的时候,促进农民市场参与的政策纳入利益分配内容是应有之义。当然,社会和谐并不完全是建立在经济利益上,其实还有很多人文因素影响着社会的和谐。因此,政府在促进农民市场参与时要通过信息传递、政策宣讲、技术和财政支持,充分沟通、理解农民的非经济期望和需求,给予人文关怀,这反过来对促进农民市场参与与和谐社会的构建有着不可忽视的作用。

二、交易成本理论

农产品本身价格不高,投入成本却不低,从而无法从中获取较高的收益,在这种情况下,交易成本更是成为阻碍农民市场参与能力提升的重要因素。而农产品的生产与市场本身又具有两个鲜明特点:一是农业生产资料和农产品销售市场信息的不对称性分布(特别是在促进农业产业化、市场化、现代化进程中,信息不对称性会给品质差异很大的农产品市场带来巨大的交易成本,即使需求缺乏弹性的农产品市场也会因生产方面的不对称性信息而使其资源配置效率大打折扣);二是在小农经济特征仍然很明显的情况下,农业生产组织之间的(非紧密)合作(包括组织中农业技术无效率的扩散与合作)会大量耗损系统内(那些无法有效集中和规模化的)和系统外(那些因相对较弱的谈判力而无法获取的)资源。这些都使有关农民市场参与的交易成本方面的讨论变得十分重要。

交易成本理论用比较制度分析方法研究经济组织制度。最初罗纳德·哈里·科斯(R.H.Coase)"论企业的性质"时,围绕交易费用节约这一中心,把交易作为分析单位,试图找出区分不同交易的特征因素,然后分析与之相应的协调体制与组织。在新型城镇化背景下,相应的制度分析并可成为研究降低农民市场参与交易成本的渠道、机制和政策选择的最初依据。新型城镇化以城乡统筹、城乡一体、产业互动、节约集约、生态宜居、和谐发展为基本特征,是大中小城市、小城镇、新型农村社区协调发展、互促共进的城镇化模式。新型城镇化要让人口城镇化速度与土地城镇化相匹配(但绝不是把农村都变为城市)，其重心要转移到进城人口权益的市民化上，体现其"产业、人口、土地、社会、农村五位一体"的特征，使得对农民市场参与的分析要落脚到未被真正城镇化、未被真正"市"民化的"三农"资源上来。即要在为农业现代化创造条件、提供市场的基础上，重视城镇化过程中城乡统筹、城乡一体和产业互动的交易成本分析，这或许更能找到促进农民市场参与能力提升的渠道、机制和政策，最终富裕农民、造福百姓。

由于交易成本能准确反映搜寻和获取市场信息，组织和实施谈判，缔结履行并监督契约，处理可能发生的违约行为等所发生的成本和费用，而农业式微、农民力弱、农村地贫的因素会使农民想方设法降低这些成本或费用，这都会极大地促进农民市场参与能力的提升。而科斯在尝试解释企业何以存在时，就为农民的市场参与提供了组织化的依据，它使某些交易成本在组织内部化过程中得以降低，特别是"三农"人力资本积累中的交易成本的降低，将有力地促进一种无限期、持久或者半永久性的组织关系的建立并不断巩固，进而促进农民市场参与和融入能力的进一步提高。这种"持久性的组织关系"既包括具体的组织机构建立，也包括制度安排下的契约、政策等方面。因此，依靠一定体制机制框架下的组织、契约及其政策等制度，采纳和利用标准化的度量衡(甚至包括一些基本的农产品品质标准、生产标准、销售包装标准等)，都能降低交易成本的水平。

只是，由于中国东中西部地区自然环境条件和经济社会状态各异，不同的地理气候形态和经济发展阶段导致市场交易中要素和产品的组织和运动形式存在差异，因此其间城乡统筹互动、产业融合发展的交易成本高低不一，从而新型城镇化实现的途径也应该是多元化的，不能强调甚至只允许按一种方式推进，其与工业化的关系处理也应该有多种模式，可以采取同步或非同步的推进速度，在此过程中促进农民市场参与的组织形式也应有别，其市场融入的途径和渠道也必然存在多种选择可能。

后来很多经济学家基于交易成本理论重构的制度经济学，研究了经济生活与制度之间的双向关系，分析了各种具有协调功能的规则，它尤其关注公共政策与制度之间的互动关系，前者试图通过政治的和集体的手段系统地追求某些目标，主要由政府、组织集团的代表、院外集团、官僚和某些个人来实施，他们左右着集体行动，这些集体行动又往往涉及两个以上伙伴之间的协议，并隐含于一共同体内千万人当中的"规则"，这样的"规则"由人制定便为制度。因此，在制度下签订的协议，不但有利于集体行动，减少交易成本，而且还一定程度地抑制着可能出现的机会主义行为(这会进一步减少交易成本)，使集体行动更加有效。同时，为了特定目标系统实施的公共政策在现实生活中又有利于各种制度的形成,并在既定的制度约束中展开对政治手段的系统应用,包括为更有效率地追求特定目标所提出的政策建议,也包括改变约束、实施一定形式的制度变革,只是这种变革需要通过组织协调,使其走向公正、秩序和安全。

总之,源自交易商品或资产的特殊性、交易不确定性、交易频率等交易本身的特征,由人性因素(有限理性、投机主义等)与交易环境因素(不确定性与复杂性、交易气氛及其专属性、信息不对称性等)交互影响所产生的市场失灵现象,造成交易困难(Williamson,1975)而产生的交易成本,一旦通过组织、协议、政策和制度得以降低,农民参与市场、融入市场的能力就会显著提高,"三农"的市场失灵现象也就会减少很多。

关于"三农"组织、协议、政策和制度的问题,需要政府加以很好地引导,并充分利用产业协调发展的机会,实现"三农"变革,特别是促进"三农"人力资源的变革,这就包括新农民[如新型职业农民、返乡(N代)农民工、返乡大学生等]的市场参与与融入问题。促进市场参与引致降低了的交易成本和政府干预市场(从而需要组织、协议、政策和制度)所新增的交易成本相比,前者交易成本的降低所产生的资源优化配置的长期效应,应考虑如何抵消后者市场扭曲导致的短期交易成本的增加,从而必须权衡它解决了多少市场失灵(规制收益),这阐释了在促进农民市场参与进程中政府角色发挥的基本经济前提。只是从社会发展的角度看,它不能完全依赖交易成本理论所阐释的经济效益进行单纯讨论,还必须考虑交易本身的社会性质(因为经济交易本身就融入了很多人的社会属性),从而使其成本降低在动态发展中所产生的社会效益(基于相应成本降低会减少或促进什么样的交易活动,从而促进公众认识能力的提升),这也是交易成本理论自身的缺陷之一。

三、产权理论

同样,作为现代产权理论的奠基者和主要代表,科斯并不考察经济运行过程本身,而是其运行的制度基础,即背后的财产权利结构,他从法律和经济的双重角度阐明了产权理论的基本内涵。产权理论认为,私有企业的产权人享有剩余利润占有权,产权人有较强的动机去不断提高企业的效益。没有产权的社会是一个效率绝对低下、资源配置绝对无效的社会。利益和权利的清晰界定是决定行动的根本动力。那是不是对效率较低的农业的变革也可以从产权方面加以考虑? 单纯从效率以及经济运行的实践上讲,这是毫无疑问的。当然,能够保证经济高效率的产权应该具有明确性、专有性、可转让性和可操作性等特征。正如近些年推行的土地流转制度那样,都是以土地确权为前提的。

　　一旦产权被清晰地确定,外部性(尤其是负的外部性)就可以得到很好地解决,即可以通过一定的产权市场交易形式达成资源在特定时间和条件下的最佳配置,但前提是确权的成本要足够小,这个足够小的成本又涉及了前面交易成本分析的内容。确权是一种制度安排,它赋予特定的人行使一定行为的权利,明确规定当事人可以做什么,然后通过权利的市场交易使社会总产品和服务在供求关系中达到量的最大化和质的更优化。现代产权理论就是基于市场失灵尤其是外部性存在的情况下,提出了相应的解决办法。当然,利用一种市场交易的形式解决市场自身存在的某种问题,这本身就需要当事者具备一定的市场参与和融入的能力,而不只是依赖政府某种形式的制度安排。这就是本著力图通过在一定形式的制度安排下,探索促进农民市场参与能力提升办法的原因之一。

　　有关农业的外部性主要表现在以下方面。第一,农业在生态环境中的外部性角色。这主要表现在:正的外部性体现农业在生态环境中发挥的重要作用,它与耕地、林地、草原、森林、绿洲、湖泊等公共资源相生相存,在无偿提供"山清水秀"自然景观(部分"生态旅游"的有偿收益使农业有了一定的自我可持续发展的能力)的同时,还通过净化空气、保护植被、防止水土流失等创造外部经济收益,社会公众也因此而无偿获益。例如,生态农业建设在促进农业资源持续高效利用和改善生态环境的同时,还推动了无公害农产品、绿色食品、有机食品的发展,这对提高农产品质量安全,促进人民身体健康和和谐社会的发展发挥了积极的、基础性的作用。现实存在的农业负的外部性则是一个相反的作用和过程,特别是在农业生产投入物,如农药、化肥、农用塑料等的污染,和农业废弃物,如农作物秸秆和畜禽粪便等的不当处理两个方面,都会造成环境污染,并使其处置成本转嫁给社会。

　　2000年对30万公顷基本农田保护区土壤有害重金属抽样监测,其中3.6万公顷土壤重金属超标,超标率达12.1%。同年对23个省市不完全统计,农业环境污染事件达891次,污染农田4万公顷,损失达到2.2亿元。① 首次全国土壤污染状况调查(2005年4月—2013年12月)结果显示,全国土壤总的点位超标率为16.1%,其中轻微、轻度、中度和重度污染点位比例分别为11.2%、2.3%、1.5%和1.1%。耕地土壤点位超标率为19.4%,其中轻微、轻度、中度和重度污染点位比例分别为13.7%、2.8%、1.8%和1.1%。林地、草地和未利用地土壤点位超标率分别为10.0%、10.4%和11.4%。污染类型以无机型为主,有机型次之,复合型

---

① 国家环境保护总局(现为中华人民共和国生态环境部). 2000年中国环境状况公报[EB/OL]. 中华人民共和国生态环境部官方网站,2001-05-11.

污染比重较小,无机污染物超标点位数占全部超标点位的 82.8%。镉、汞、砷、铜、铅、铬、锌、镍八种无机污染物点位超标率分别为 7.0%、1.6%、2.7%、2.1%、1.5%、1.1%、0.9%、4.8%,六六六、滴滴涕、多环芳烃三类有机污染物点位超标率分别为 0.5%、1.9%、1.4%。目前,全国化肥当季利用率只有 33% 左右,普遍低于发达国家 50% 的水平;中国是世界农药生产和使用第一大国,但目前有效利用率同样只有 35% 左右;每年地膜使用量约 130 万吨,超过其他国家的总和,地膜的"白色革命"和"白色污染"并存。① 2015 年,对全国 31 个省(区、市)及新疆生产建设兵团共 311 个地级以上城市的 1029 个畜禽养殖场周边 5048 个土壤监测点位开展监测,轻微、轻度、中度和重度污染的点位比例分别为 11.0%、3.0%、1.8% 和 0.7%。②

第二,由于农业基础设施建设投入大,生产周期长,资金周转慢,技术进步滞后,所以农业投资往往得不到平均利润,使得农业不易吸引外部资金,反倒因为低成本农业的工业性投入,形成收益(负)外部性问题(例如历史形成的工农产品价格"剪刀差",迫使农业成为收益外部化的供体③)。尽管目前我国 14 亿人口吃饭穿衣的大事已基本解决,但提高综合国力、"决胜全面小康",仍然需要建立在牢固的农业基础性和决定性地位之上,所以通过一定的制度安排让"工业反哺农业","城市支持农村",并成为解决农业收益外部性问题的方法之一。虽然农业外部性收益带来的好处难以计量,使得"反哺"和"支持"的具体"补偿"额度无法也不需要准确核算,但可以考虑产业间的渠道拉动、技术推动、人力互动等方式,促进新型城镇化下农民的市场参与和"三农"可持续发展。

第三,作为收益外部性供体,与工业、交通运输业等其他非农产业相比,农业更容易成为成本外部化的受体,接受其他行业的外部化成本。例如,工业"三废"以及因农村生活消费形成的工业垃圾对农业环境的污染正在由局部向整体蔓延。

---

① 中华人民共和国环境保护部(现为中华人民共和国生态环境部). 2014 年中国环境状况公报[EB/OL]. 中华人民共和国生态环境部官方网站,2015-05-29.

② 中华人民共和国环境保护部(现为中华人民共和国生态环境部). 2015 年中国环境状况公报[EB/OL]. 中华人民共和国生态环境部官方网站,2016-06-01.

③ 据统计,1952 — 1986 年,国家通过"剪刀差"从农业中抽走 5823.74 亿元,是农业税收的 5 倍多,约占农业新创造价值的 15.7%。另一方面,国家对农业的投资很少,1952 — 1983 年国家通过财政和信贷渠道对农业的直接投资以及农村社会救济计为 2326.09 亿元,只及国家从农业中抽取资本积累的 1/3 强,仅相当于农业新创造价值的 6.1%。如果扣除国家对农业的资本注入,则在工业化资本原始积累过程中,我国农业平均每年要把新创造价值的 9.4% 无偿贡献给工业(石声萍,2004)。

2000 年全国因固体废弃物堆存而被占用和毁损的农田面积已达 200 万亩以上，8000 万亩以上耕地遭受不同程度的大气污染，仅淮河流域农田因大气污染造成的损失就达 1.7 亿元。全国利用污水灌溉的面积占总灌溉面积的 7.3%，比 20 世纪 80 年代增长了 1.6 倍。我国不同程度遭受农药污染的农田面积也已达到 1.4 亿亩。① 中国有 8 亿多农民，每个农民每年平均产生约 220 公斤生活垃圾、500 公斤粪尿和 1.3 吨生活污水。② 此外，工业、交通、能源、通信、商业中的尾气污染、噪声污染、"白色污染"、电磁污染等，都会影响农业生态环境。农业的发展环境由于接受了工业等非农产业转嫁的成本而趋于恶劣，为了克服这些不良影响，农业生产经营者不得不付出额外的成本，而这些成本本应由污染者——工业等非农产业来承担。

不论是变废为宝，还是农业收益的自我创造，抑或从产业间的普遍联系中获益，都可根据其产权的明晰确定，促进其市场交易，实现农业资源配置的帕累托改进。明晰的产权界定等措施是降低交易成本的基础，也是减少交易摩擦的润滑剂。确权是政府的事，而确权后的市场交易（包括产权交易）应该是要依靠"三农"的核心市场主体——农民去实现的，所以依产权理论实现资源优化配置，还需要真正培养农民（依托确权集体所建立的合作社等组织或其他相应条件）的市场参与能力，在市场中捕捉信息，在市场中促进谈判，通过市场促进生产，通过市场加强产业联系，进而通过市场参与能力的提高降低交易成本，增进收益，实现"三农"的永续发展。

在这一过程中，缘于产权有界性、可分割性、可支配性、可让渡性、排他性所决定的自主性和自决性，及其引致的自"觉"性、自立性和自强性，通过产权的清晰界定（包括农村土地等集体资产的确权），日益建立并不断提升和巩固着（正被组织化的或"市"民化的）农民的市场主体地位。显然，产权理论不仅正视了政府在产权确定方面的重要作用，而且还隐含着政府在促进产权及其他市场交易中应该发挥的作用，特别是像农民这个群体本身市场参与能力就很弱的情况下，政府的"有所作为"应该且必须得到及时体现。

四、公共选择理论

回到对政府本身的角色考虑，除了制度设计，还会有其他角色吗？这些角色又如何扮演呢？其实，"三农"对于政府和国家而言，具有十分特殊而重要的意义：农业丰则基础强，农民富则国家强，农村稳则社会安。农业是国民经济的基础产

---

① 邵文杰，邓敏. 农业生态环境污染治理迫在眉睫[N]. 光明日报，2000-06-13.
② 中国网.新农村建设中的环境问题及对策研究[EB/OL].中国网，2008-01-10.

业,十四亿人口有近九亿是农民,六亿多在乡村,其中近三亿是儿童和已丧失劳动能力的老人。如果把农村包括卫生康健等在内的基础设施、农民的养老医疗等社会福利保障、农业人力资源和科技的创造与投入都当作政府把农业产业作为绝对的战略产业而必须提供的公共产品和服务的话,"三农"的地位就更加突出。因此,政府应该通过一定的制度设计,让自己融入其中①,去化解"三农"发展所面临的风险,进一步在促进产业协调中使农业市场化、产业化、现代化,农民职业化、"市"民化②,农村宜居和生态化,使从事行业、居住地域、主体身份真正实现三位一体。政府融入其制度设计,并不是要政府既当裁判又做运动员,而是政府在有了"裁判"的资格之后,可以在平时运动员的训练中做好教练的角色,使运动员能在"比赛规则"下赛出更好的成绩。那如果设计的制度实施不好呢? 是制度设计本身出了问题? 还是制度在执行过程中出了问题? 如果缘于制度设计本身,是制度内容设计错了? 还是设计时对内容以外的影响因素考虑不周? 一句话,要不要设计相应的制度? 设计什么样的制度? 怎么设计? 设计什么? 政府又该如何融入?

公共选择学派代表人物 G.布坎南认为,权利除了"所有"的含义之外,还有逃避灾难、要求赔偿,要求履行契约的权利,因此对资源进行交换,实际上是合法的权利间的交换,并由此认为,只要权利界区清晰,交易自愿,资源配置就必然有效。据此,就"三农"而言,我们应该搞清楚的是,政府的"权力"应该让"三农"逃避什么样的灾难? 为"三农"向谁要求什么样的赔偿? 如果政府融入自己的制度设计,那又要求谁履行什么样的契约? 这显然不只是一个"产权明晰、交易自愿"的问题,而且还未必能保证"初始权利配置即使不公正,结果也可实现资源配置有效性的重要条件"的正确性("不公正"带来的"机会影响"可能会有一个资源配置的"动态"效应)。

自由竞争派的 C.舒尔茨等人认为,除外部性外,垄断虽然在减少企业数目,从而减少交易费用方面,提高了资源配置的有效性,但它事实上造成了资源配置效率的下降,俨然也成了市场失灵的一种表现形式。那么对应于科斯定理,明晰的产权如果不在完全竞争条件下进行交易,那又会对资源配置产生什么影响呢? 因

---

① 关于"融入"的问题,又是一个关于市场和政府、"市场失灵"和"政府失灵"的讨论,进而还可以展开对"集体决策"和市场调控对资源有效性配置的讨论。

② 这里的"'市'民化"有两层含义:一是农民应该是市场参与的主角;二是农民像城市居民那样平等参与决策,平等利用资源、政策和制度,平等享受社会发展的福利。

为在科斯所举的案例①中，火车主事实上处在了垄断的地位上，而农场主却是众多的、分散的，他们之间事实上不可能有效地解决纠纷，而不是假设产权明晰后自主地实现了交易（并依此在可预见的结果中找出交易成本最小的那一个），市场在此必然会失灵。

再者，按照马克思主义的观点，是生产力决定产权制度，而不是产权制度决定生产力，财产关系或产权只是生产关系的法律用语，但终究要由生产力决定；产权制度对生产力有促进或阻碍作用，但这种作用是具体的、历史的，只有当这种制度适合生产力发展的要求时，产权才是有效率的，否则就要变革原有的产权形式。马克思认为，生产资料的社会所有代替私有产权是产权制度发展的必然趋势。那么，在现阶段的"三农"应该用以考虑的产权变革形式又是什么呢？这或许决定了政府以一定形式的制度设计和逃避灾难寻求补偿的方法，即让一定内容的产权实现共享（类似于生产资料社会化多种形式下的股份制那样），②并通过共享的产权抵补灾难和风险的压力，激励生产性参与者（特别是生产力中最活跃的劳动者要素），进而一定程度地避免（信息不对称和一定程度外部性下）盲目竞争带来的生产性破坏，实现利益最大化，然后再共同分享利益。

由于农业远非一个竞争性的产业③，而根据英国经济学家马丁和帕克（Martin & Parker, 1997）对英国各类企业私有化经营成效的研究，在经过大量实证调查检验和综合广泛比较后发现，垄断市场性企业私有化后的平均效益改善并不明显，因此他们认为企业效益与产权的归属变化没有必然关系，而与市场竞争程度有关

① 案例：当火车驶过一片种有树木和庄稼的土地时，机车排出的烟火经常引起周围的树木、庄稼着火，这是一种外在性。如何克服它呢？科斯认为，关键在于明确产权。如果这块土地是属于有树木、庄稼的农场主的，农场主就有权禁止火车排放烟火，火车若要排烟，火车的所有者就必须向土地的主人赔偿一定的费用；反之，如果赋予火车主人具有自由释放烟火而又不负责任的权利，那么农场主若想避免由于火车释放烟火所导致的火灾造成的损害，进而要求火车不放烟火，就必须向火车主人支付一笔费用，以使火车主人愿意并能够不排烟火，甚至停止运行。

② 2016年4月25日，中共中央总书记、国家主席、中央军委主席习近平在安徽凤阳县小岗村主持召开农村改革座谈会并发表重要讲话，指出深化农村改革需要多要素联动。要在坚持和完善农村基本经营制度的同时，着力推进农村集体资产确权到户和股份合作制改革，加快构建新型农业经营体系，推进供销合作社综合改革，健全农业支持保护制度，促进农业转移人口有序实现市民化，健全城乡发展一体化体制机制。

③ 详见笔者拙著《三农利益论：要素·市场·产业·政策·国际经验借鉴》（上海交通大学出版社，2013年版，第67—80页），特别是农业的产前部门存在相当程度的寡头垄断，如化肥、农药、种子、农机、饲料等部门的制造和贸易，其垄断和市场集中度都相当高。化肥特别是氮肥大多为少数企业所生产，再加上流通领域被供销社系统与农资部门半官方垄断，农民只好被动地接受出售者制定的高价。

系。市场竞争越激烈,企业提高效率的努力程度就越高。之前1996年澳大利亚学者泰腾郎(Tittenbrun)对85篇有关产权与效益的经济文献分析后也发现,企业效益主要与市场结构有关,改变产权不等于企业治理机制就一定会往促使企业效益提高的方面转换,市场竞争才是企业治理机制往效益方面改善的根本保证条件。竞争会迫使企业改善机制,提高效益。这也是为什么要促进农民市场参与的原因之一。

既然改变产权不等于企业治理机制对促进效益提高的作用,那关键问题还在于这个机制的设计上。促进农民市场参与的机制设计也是如此。毕竟农业需要获得的风险补偿是很大的,因此政府有充分的理由选择适当的公共政策,从有限的可用手段里挑选达成目标的途径,让"三农"要素活跃起来,并使其融入生产性的财富创造中。本书聚焦于机制设计与政策研究的理由便在于此。那么这个机制里有些什么要素呢? 习近平总书记强调:"基础不牢,地动山摇。农村工作千头万绪,抓好农村基层组织建设是关键。无论农村社会结构如何变化,无论经济社会组织如何发育成长,农村基层党组织的领导地位不能动摇、战斗堡垒作用不能削弱。"因此这个机制有"组织",这将在后面的章节里详述。

现代公共选择理论分析以消费者、厂商为主体的经济市场和以选民、利益集团、政治家为主体的政治市场,两个市场的交融皆以利益为核心,并基于经济学的理性假设,分别通过货币选票和政治选票来表达。但货币选票的利益应该是经济性的、单一性的,而政治选票的利益考虑的可能不仅仅是经济利益,有时还会考虑一种所谓的政治存在感,即地位、身份的那种"象征性"(掌握权力而且自认为重要所带来的一种心理满足感,然后才去甚至有时不会再去思考经济利益)。只是在政治市场里,(公共)政策的开支由公共税款支付,而政治家在享受利益的同时却不会为此付出任何代价。

如果从中国社会主义国家发展的国情看,能将两个市场一定程度地融合,实现帕累托改进,就会使国家利益进一步最大化。仍然基于"三农"特殊性考虑,政府将其作为实现国家现代化发展及中华民族伟大复兴之基石,政府的公共政策就必然要考虑"三农"的利益,并将农民的期望转换为一个相对完整的集体偏好,①一是便于决策,二是利于抵抗风险,三是有利于利益分配,而这种利益传达和偏好显示的具体决策实践的探索,甚至包含了减少这种转换成本,确定决策子域②,及

---

① 虽然阿罗不可能定理对投票机制进行了经济学归纳,认为个人偏好在民主制度下不可能形成令所有人都满意的社会偏好,但相对的帕累托改进仍然存在。

② 例如促进农民市场参与能力提升的组织架构及其人事安排等。

其建立监督和反馈的机制等,这就是"中国新型城镇化背景下农民市场参与能力提升的渠道、机制及其政策研究"的根基。

另外,公共选择理论中的"特殊利益集团"理论,对我们的研究也提供了一个有益的视角。关于我国的农业利益集团问题,因人数众多,组织分散,难以在"三农"中形成有力的"特殊利益集团",从而无法对公共决策造成有效的影响,而且其利益还常常受到侵害。因此,有效的力量组织不仅是维护利益的关键,也是公共政策基于"三农"的特殊性所需要考虑的决策变量,特别是考虑这种组织力量缺失下的反作用力对社会利益和公共政策决策的影响。其实,信息的充分与否也决定了这种力量组织的难易以及公共政策决策和实施的成本高低,信息越充分组织越易、成本越低,反之反是。所以,对"市场参与"及其"渠道机制"和"政策选择"的研究相辅相成。尽管公共选择理论以成熟的市场机制为基本背景,但不成熟市场机制下的公共政策选择的研究似乎更有价值,或者说更富有现实的社会价值。

五、规模经济理论

参与市场、促进市场扩展是获取比较优势的根本前提。对于不具有比较成本优势的农业,必须通过来自市场融入过程中的外部力量激活农业生产要素的最佳利用,及其与外部要素的有效结合。规模经济理论描述在政府的帮助下,让农民从市场中获取能量,盘活系统内现有农业资源,并尽可能利用系统外资源,有效降低农业生产成本,增强其产业竞争优势,获得因生产规模扩大带来的经济利益。

一般意义上,规模经济描述生产规模与单位产品平均成本的关系,即由内在经济所决定的、随生产规模不断扩大而出现单位产品平均成本不断下降的现象,反之则是规模不经济。因此,这里主要讨论的是,规模经济如何解释了生产的规模化投入如何通过农民的市场参与而变得更加经济(例如通过期货市场获取生产信息),并让这种生产因规模化的销售而得以持续。内在经济情况下,生产规模的扩大使先进技术能经济性地引进并加以有效利用,经济资源能有更多机会得以优化配置,并能以实现劳动的专业化分工使其潜力得到充分利用,副产品能够制造并加以综合利用,而且在要素的购买与产品的销售方面也会变得更加有利,甚至还可以相对减少管理人员,从而减少一些共同生产费用和管理费用等。但是,如果生产规模过大,则又会由于生产环节过多造成时间或空间上的不匹配,或由于甄别生产要素性质的难度加大,或者由于某些要素(如劳动力)的社会属性愈加突出引起经济效率的下降,导致自身内部资源配合不协调或利用不充分,引起收益减少,从而出现内在不经济问题。

研究农业产业经济问题可以从两个角度去考察它的规模经济。一是对于集闲散零碎的农业生产要素,扩大其市场化利用规模,从而使单位要素成本降低,获取产品规模经济利益;二是对于农业产业,增强与其他产业间的普遍联系及其与生产生活的关系,借用外部规模经济的概念,研究农业产业或农业市场扩大导致贸易模式改变,从而获取产业规模经济利益。

农业的外部规模经济,或者说外在经济,是指由于农业与其他产业的联系加强,以及生产生活结构性的改变或方法的调整,其生产要素(如化肥、农药、相关技术及其研发、信息、资金及服务等)能以便利获取或相互支持,使其整个产业生产和销售规模扩大,给有关生产和销售单位带来收益的增加。但如果由于生产或销售规模过大,引起竞争加剧、销售困难、运输等基础设施压力增加和环境污染等,给有关生产和销售单位带来损失或损害,则存在外在不经济(见图 2-1)。

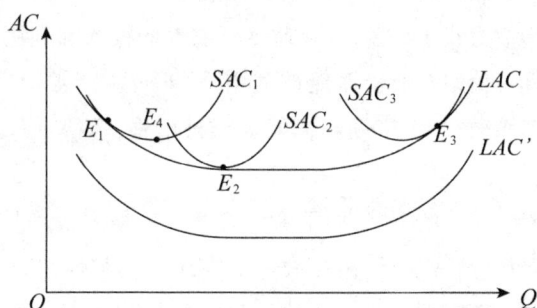

图 2-1　规模经济与外部经济

如图 2-1 所示,SAC 表示短期平均成本曲线,每一条 SAC 曲线代表一个生产规模状态,曲线上的每一点都具有相同的生产规模(固定成本)。例如,在农业机械投入固定的情况下,SAC 即为不断调整农业劳动力,以在不同耕地面积上耕种和收获单位农产品所投入的平均成本。当农业机械和农产品加工厂等固定生产要素变得可以随时调整,从而能够进行长期决策的时候,这时单位农产品的成本即为长期平均成本(在图中用 LAC 表示),在 LAC 曲线上的每一点都代表着不同的生产规模状态。从图中可以看出,短期平均成本曲线 SAC 在开始阶段是下降的,即随着可变投入的增加,单位产品平均成本下降(这体现了农业生产可变要素越来越得以充分利用),下降到一定程度,单位产品平均成本开始随可变投入的增加而不断上升(即固定生产要素的情况下农业生产可变要素显得过剩)。而在长期平均成本曲线 LAC 的开始阶段,随着规模的扩大,过剩的可变要素也可以被有效利用起来,于是在长期单位产品平均成本也呈不断下降趋势,但规模扩大到一定程度,单位产品平均成本也开始不断上升。这实际上说明,当固定农业生产要素可以进行调整,例如,在农业机械增加或者农产品加工厂房扩大的情况下,对不断扩大耕种面积和对农业劳动力的(市场化)利用就会变得更为充分和有效率一些,其最佳规模可以调整到 E_2 处(LAC 最低点)SAC_2 所代表的规模(规模经济得到充分利用的最小规模)。由此可以看出,单位产品平均成本的降低实际上有两种方式,一种是在规模不变的情况下增加可变投入,使单位产品平均成本从 E_1 点下降至 E_4 点,另一种是通过扩大规模(包括调整固定生产要素投入和可变生产要素投入),使单位产品平均成本从 E_1 点下降至 E_2 点,即获得前面所指的规模经济效益。

但一般情况下,在单个家庭小农生产的条件下,农业机械增加或者厂房扩大都不是易事,或者能力条件有限,其规模经济可能不会明显地体现出来。如果将小农作坊合并或调整为农场经营,其农业生产要素的投入和利用效率无疑都将大大提高,其原因包括:大型农业机械能被利用,农业技术能被引进和有效利用,多种经营和范围经济能被实现,市场开拓能力能被增强,等等。这或许能部分地解释促进农民市场参与能力提升可以依赖的途径。

规模经济只考虑成本的下降,而不考虑农产品价格因素。但当农业生产规模扩大,产量增大从而供给增加后,由于农产品需求价格弹性缺乏,往往会出现"谷贱伤农"现象,所以真正需要创新实现农业经济规模化生产的农产品应该是那些供不应求的产品,或者出现区域性粮食短缺,或者差异化农产品需求增加,或者(因贸易等因素引起)市场不断扩大等原因,以促使农产品规模化生产真正产生规模收益。而对于农产品供不应求及其差异化、外贸机会等信息,政府可以改善其接收不充分性的缺陷,也可以通过促进农民的市场参与,依靠农民自身的力量加以可持续性改善。要不然,农户(甚至农业组织)为了经济利益,在超过最佳生产规模之后仍继续扩大生产,盲目调整固定资产,在土地生产率下降的情况下,必然是粗放经营,单位生产成本高企,结果导致广种薄收,盈利下降或者亏损。

但有一点需要很清楚,那就是工农业单位时间的机会成本不一样,导致农户(农民)不得不用大量时间去维持那份微薄的收入,这必定不能促进宏微观经济效益的增长,不能优化配置各种农业资源去实现最大化的经济效益、社会效益和生态效益。因此,规模经济的思想还可以考虑或者必须考虑在需求多样性、产品差异化、生产规模性之间寻求规模化的时间利用。进一步地,规模化的时间利用要放到农业人力资本的组织上加以考虑,"人"才是规模化利用时间的最重要资源,因为"人"能思考为什么要利用、怎么利用、利用多少的问题。

六、城镇化理论

(新型)城镇化是研究农民市场参与的现实社会背景。

因为城市集聚的人力、物力、财力资源相对充足,资源在城市的配置,无论从时间上还是从空间上都相对较易,而且现代的城市更加强调其经济创造功能、智能应用功能、社会协调功能。与乡村的自然属性相比,它更多地强调社会属性,除了保留城市得以建立的历史印记外,更应该赋予其对未来的开发与创造,新观念的、新技术的、新生活方式的、机体细胞新的运动方式的、新的人际交往模式的开发与创造。

因此从城市的变迁看,人的参与行为模式也随之改变,农民工的"市"民化运动也是如此。考虑到农民参与的市场并非仅限于城市,因此其行为模式除了考虑乡村的市场变迁外,城市的市场融入方式也是完全随城市的变迁而不断发生变化的。新型城镇化便是这两者的结合,从而让农业在三个产业中、农民在各个职业中、农村在城乡融合发展中形成其自然和社会属性的有机结合。

正是这种城市的变迁,20 世纪初欧美发达国家普遍采取"城市偏向""工业偏向"的经济政策,人口和资源大量涌向城市,空间集聚效应明显,因此形成的"二元化"现象在"二战"后更甚,进而导致城市繁荣、乡村凋敝。为舒缓大城市的压力,"小城镇化"战略应运而生。在这一战略下,美国更加注重基础设施建设(包括水电、交通、通信等),德国相对注重村镇改造(包括进行土地整理的乡村更新等),并且他们都重视小城镇的环境建设和古建筑保护,努力"真正让乡村成为风景"。而日本的"村镇综合建设示范工程"包括了村镇未来前景展望、产业振兴、生活环境建设、社会组织以及地区经营等在内的村镇综合建设构想,村落、道路、土地、用水、设施建设等建设计划,以及地区行动计划。另外,韩国"新乡村运动"还积极发展农协组织、村民会馆,发起促进公司、企业自愿与农村建立交流关系的"一社一村"运动。

而中国也是最初在实施向工业和东部发展倾斜的战略下,随着改革开放的不断深入,使东部特别是沿海大城市不断涌现。在这一进程中,资源不断向城市和东部集聚,农民工开始"市"民化,但市场的力量使工农业和城乡差距不断扩大,于是"西部大开发、振兴东北地区等老工业基地、促进中部地区崛起""工业反哺农业、城市支持农村"等战略不断被提出来。

新型城镇化坚持大中小城市和小城镇协调发展,绝非简单改变户籍和加强楼宇建设,重在提高城镇综合承载能力,实现人文、社会、经济和环境的多功能性,并按照循序渐进、节约土地、集约发展、合理布局的原则积极稳妥推进。习近平总书记指出："推进城镇化，要注重提高质量，坚持科学规划，统筹城乡发展，统筹考虑产业发展、公共服务、吸纳就业、人口集聚功能"，①"要积极稳妥推进城镇化，推动城镇化向质量提升和转变。在推进城镇化的过程中，要尊重经济社会发展规律，过快过慢都不行，重要的是质量，是同工业化、信息化、农业现代化的协调性，做到工业化和城镇化良性互动，城镇化和农业现代化相互协调"，②"要紧紧围绕提高城镇化发展质量，稳步提高户籍人口城镇化水平"，"要以人为本，推进以人为核心的城镇化，提高城镇人口素质和居民生活质量，把促进有能力在城镇稳定就业和生活的常住人口有序实现市民化作为首要任务"。③

　　一种城市化变迁的力量与反作用力（当然主要也是人的原因），让市场在城市与乡村之间不断调整其参与的主体、交易的内容和能力，所以农民的市场参与问题得以在城市化（新型城镇化而非单纯的大城市化）进程中凸显，尤其是新型城镇化所涵盖的人本、和谐、可持续的元素。因为现代通信信息、交通网络、交往平台的发展，让地理、产业、人员的市场内容更加丰富和现实。正因如此，促进农民的市场参与能力，必须坚持正确的城镇化发展观，并在正确的城镇化理论指导下稳步推进。

（一）区位理论

　　区位理论的主要代表人物是德国经济学家杜能、韦伯、克里斯泰勒和弗里德曼等。他们把城镇当作一种社会生产方式，强调社会生产物质要素和物质过程在空间上的集聚，而且作为产业和资源的聚集地，其发展的空间区位布局是由生产力水平状况决定的，因而必然会将城镇的功能落脚于其区位生产力所创造的社会经济效益的积累上，而且在整个空间经济结构中，不同时期城镇的区位空间布局呈现出不同的特色，城市是核心地区，它聚集了资本、知识、信息等要素，在城乡系统中处于支配地位，接下来是小城镇的资源集聚，乡村则处于边缘地区，其不断输出各种资源，必然逐渐走向衰退或相对停滞状态。所以，农民（工）的流动及其区位集聚，会在城镇化的发展（也是工业化日趋成熟的进程）中，以其市场参与不断加强的形式体现出来，而且必将随着中心向外围的扩散，在加强（中小）城镇化进程中，求得新的平衡发展。那么，在本研究中，如何建立集聚与扩散的渠道，促进农民市场参与，加强市场一体化发展就是关键。

---

① 2013年2月28日习近平同志在党的十八届二中全会第二次全体会议上的讲话。
② 2013年3月8日习近平同志在参加十二届全国人大一次会议江苏代表团审议时的讲话。
③ 2013年12月12日至13日习近平同志在中央城镇化工作会议上的讲话。

（二）城乡结构转换理论

城乡结构转换理论主要的代表人物有刘易斯、费景汉等,他们基于城乡二元结构的视角,探讨农村富余劳动力的转移对城乡结构融合的促进作用,进而研究城镇化的动力机制和发展道路。他们认为发展中国家经济上存在现代部门(工业部门)与传统部门(农业部门),传统农业部门存在着大量低收入的劳动力。农业部门除了向工业部门提供扩张所需的廉价劳动力外,还为工业部门的扩张提供必需的劳动剩余。然而农业剩余劳动力向工业部门的转移受到消费需求、农民经济理性、身份认知的制约,从而限制城市发展中的农民(工)"市"民化的转化程度,这一转化过程必然受限于转移的内容(包括生活习惯、邻里社会关系、户口等身份属性,以及公共服务一体化内容等)与城市发展内涵的契合程度。这也是结构性转换的实质内容,必然有很多工作和活动都与市场紧密相关,特别是结构性转换的坚核部分,所以最要紧的工作也是要促进农民(工)的市场参与,政府需要有所作为。

（三）人口迁移理论

城乡人口迁移理论对城乡之间、地区之间劳动力流动的动力、原因、机制和条件等问题进行系统分析。如"推—拉理论"用迁出地的推力(迫使农民迁出的社会、经济和自然力)和迁入地的拉力(吸引农民迁入的社会、经济和自然引力)合成产生劳动力迁移;而"成本—效益理论"认为相关迁移效益大于迁移成本(包括现金成本,也包括迁移者在迁移过程中和寻找新的工作岗位时损失的收入)时,迁移便会实现。所以,如果对迁出地和迁入地进行双重考虑,由于剩余劳动力的规模化使用会使成本降低和收益增加,就会决定劳动力迁移的方向和数量,并在不同行业和不同地区表现出来。托达罗"劳动力迁移模型"则认为农村人口向城镇迁移主要是城乡收入差距因素决定的,但城乡收入差距不是实际的收入差距,而是预期的收入差距,这样一来,就要考虑未来城市和"三农"的发展前途在哪里? 特别是对像中国这样的发展中国家而言,一旦统筹考虑城乡发展,如果按托达罗理论,其劳动力的迁移便可得以引导,因为预期收益可以考虑劳动力的获益能力。

（四）非均衡发展理论

非均衡发展理论认为,不同国家或不同地区的经济发展条件优劣性不一,客观上形成了地区经济发展的不平衡,并由此看出城市的"极"化作用及其对生产活动所形成的推动"力"。代表理论主要有佩鲁的增长极理论、赫希曼的不平衡增长理论、梯度推移学说等。增长极理论认为随着一个区域的人口、资本、生产、技术与贸易等高度聚集发展,必将产生城镇化趋向。佩鲁指出,经济的增长首先出现在一些资本、技术高度集中，具有规模经济效益，自身增长迅速并能对邻近地区产生强大辐射作用的增长点或增长极，然后通过扩散和吸引力实现自身规模的扩张，从而带动相邻地区的共同发展。赫希曼的不平衡理论认为经济进步并不同时出现在每一个地方，经济发展的巨大推动力将集中在经济增长的最初的出发点，增长极的出现意味着区域间的不平衡增长是经济发展不可避免的伴生物和前提条件。区域经济梯度推移理论以美国的跨国企业问题专家弗农等提出的工业生产生命周期阶段理论为基础，它将主导产业由处于创新阶段的专业所构成的区域列入高梯度区域，认为创新活动是决定区域发展梯度层次的决定性因素，且大都发生在高梯度地区，并随时间的推移及生命周期阶段的变化，其生产活动逐渐从高梯度地区向低梯度地区转移，而这种梯度转移过程主要是通过多层次的城市系统扩展开来的。

（五）协调发展理论

协调发展理论强调城镇化过程中的人与自然和生态环境的协调互动，强调城镇化可持续发展的人本思想。主要代表理论有田园城市论、有机疏散论、城市复合生态系统理论等。霍华德提出的理想"田园城市"状态，兼具城市和乡村优点，是城乡一体化的新社会。其现实意义在于它统一对待城乡发展问题，并在城市规划上提出了以人为本的指导思想，强调用城乡一体化的新社会结构形态来取代城乡分离的旧社会结构形态，而不是为论城市而论城市。有机疏散理论也强调城市规划要实现宜居与自然的双重条件，从而需要把工业从城市中心疏散出去，并以绿地代之。城镇复合生态系统论将城市分成互为环境依托的社会、经济、自然三个子系统，强调城市发展与自然生态的一致性和协同作用，增加城市的生态吸引力。

除了丰富的城镇化理论成果，其具体实践过程依由政府与市场所发挥的作用，形成了城市化进程与工业化和经济发展的不同互动关系，如西欧各国以市场机制为主导，政府通过行政、法律等手段发挥引导作用，城市化与工业化总体上较协调同步；而美国等对城市化基本上采取自由放任政策，政府调控手段较弱，主要依靠市场化完成；拉美和大部分非洲国家因受殖民历史制约，大多被动采用当时宗主国的城市化发展模式，进而多因过度城市化产生诸多问题。

"二战"后，发展中国家的城市化兴起并加速发展，城市化与工业化似乎是同步推进，但复制甚至依附西方发达国家的城市化道路，显然有些水土不服，即使是因为世界体系中的"核心—边缘"关系，也都导致了所谓"过度城市化"问题，引起人口过度密集、住宅问题、贫困问题、城乡失衡等一系列问题，特别是到了20世纪

80年代,这些问题都凸显出来,以致城市化水平低下。其间,城乡关系处理不好的"城市偏向"政策被视作发展中国家持续贫困的主要原因,显然这种单元偏向是不利于市场融合,不利于促进农民市场参与,从而解决城乡二元结构问题的。20世纪90年代以后,信息产业迅速发展和经济全球化推动的世界经济体系的分工日益深化,发展中国家的城市化发展使更多的人口向城镇集聚,世界正在变成城市地区。于是可续发展的理念在城市化进程中也不断被触及,政府的作用也日益凸显。

关于中国城镇化问题的研究,学界围绕城镇化水平高低、速度快慢、质量好坏等争论不休且分歧巨大。"大城市模式论"强调其具备小城镇所没有的规模经济、聚集经济和经济扩散等效应,且能提供更多的就业机会,突出其经济社会效益,但笔者并不认为它对带动农村经济发展的作用已经得到充分而现实地体现;倒是以此为基础,有学者(周牧之,2005①;安虎森、陈明,2005②)主张从空间上布局和发展长三角、珠三角、京津唐地区的大城市群,或推动和整合城市间分工协整关系的大都市区,这或许能从区域上连接城乡市场并加强产业间的联系,使作为职业身份的农民一定程度地融入其中。但"小城镇论"者也有他们的道理:因为它以农村为根基,减少原本附加值就低的产业交易成本,促进农产品的市场交易和农村剩余劳动力的就近转移,有助于实现农村现代化,是社会主义市场经济条件下农村经济社会发展的客观要求,并把它当作区别于西方经典模式的"另一条道路",是走中国特色城市化道路的唯一、正确的选择。而"中等城市论"从综合平衡不同规模城市利弊的角度,力图扬长避短。但这都是在强调规模大小,而非突出功能强弱。所以,本书第四章提出,中国应走"点轴神经元"似的功能扩散式新型城镇化道路。

2000年10月中共中央关于"十五"计划的建议明确指出,要逐步形成合理的城镇体系。注意发展城市间的经济联系,发挥中小城市对小城镇发展的带动作用和大城市的辐射带动作用,走出一条符合中国国情、大中小城市和小城镇协调发展的城镇化道路。随后,2002年党的十六大报告便正式提出,"要逐步提高城镇化水平,坚持大中小城市和小城镇协调发展,走中国特色的城镇化道路。"毫无疑问,规模本身无法协调,而是协调不同规模下的城市功能,不舍小城镇,必及大农业,农民的作用必将得到发挥,只是政府应有所作为。所以,城镇—政府—"三农"三方关联。要把城镇化做"新",也不是强调"规模"的,而是经济、社会、生态的城乡

---

① 周牧之.托起中国的大城市群[M].北京:世界知识出版社,2005.
② 安虎森,陈明.工业化、城市化进程与我国城市化推进的路径选择[J].南开经济研究,2005,(1):48-54.

"功能"性统筹、协调，是以"人"为本的，可知"农民"在其中的价值和意义了，而且"农民"二字的内涵也不是户籍的，而是职业和身份的烙印。政府要把这个职业和身份树立起来。

七、乡村市场本位——"人"型结构论

不固守乡村市场本位，很难真正意义上实现大中小城镇协调发展的新型城镇化，因为中国有八亿多农民、近五亿农村劳动力，人口流动、产业协调和吃饭问题就是政府"三农"政策考虑乃至中国整体经济可持续发展的首要目标之一。"物有本末，事有终始，知所先后，则近道矣。"作为有着五千年农业文明的国家，恪守乡村和农业本位是从古代到近代中国历代执政者的坚守，也是从新民主主义革命到改革开放以来，我党所一直恪守的治国之道。[①]

十八大以来，以习近平同志为核心的党中央，高度重视"三农"问题，高度关注决定中国乡村命运的乡村地位问题。早在 2013 年 7 月 22 日，习近平同志在湖北省鄂州市考察农村工作时就十分担忧地指出："农村绝不能成为荒芜的农村、留守的农村、记忆中的故园。"在新的历史条件下，明确乡村在中国走向新常态发展中的本位地位，从乡村本位出发探索解决中国"三农"问题之道、探索中国特色的城镇化之路，成为以习近平同志为核心的党中央解决"三农"问题的新思维。[②]

无论新型城镇化如何发展，解决"三农"问题必须固守自身相关市场的建立、发展和完善，绝不能只寄望于城市化一端。笔者提出"人"型结构论，强调要从乡村本位引申出农村市场必须依靠农业系统内外部的条件和因素，不断完善其生产要素的优化配置功能，尤其强调"人"——理应作为市场主体的农民如何在农村市场中发挥作用：其一是"人"的两个支撑点是来自农业系统内外的人力资本的两大积累，包括农业系统内部新型职业农民等的培育，以及来自系统外部的高校专业人才培养的内流（如支持涉农专业大学生返乡创业的人力资本投资）；其二，他们所支撑且必须要支撑的是实实在在的"三农"发展项目。没有实实在在的"三农"发展项目，就拧不紧农业市场中要素优化配置的绳索，就找不到农业市场和产业发展的根本。其三，三方结合点，即"人"的中心点就是"市场"，也就是社会发展中"人"本位和经济发展中"市场"本位的有机结合（见图 2-2）。

既然是"市场"本位，那就必然存在风险，所以，农业发展项目须以地缘、要素、市场、产业为特征的，促进低附加值、分散经营、融资困难、结构低级的农业及其产

---

① 张孝德. 习近平总书记的乡村本位新论[EB/OL]. 人民网-人民论坛,2015-10-21.
② 同上。

```
        ┌─────────────────┐
        │ "三农"发展项目    │
        └─────────────────┘
                 ↑
              ╭──────╮
              │ 市场  │
              ╰──────╯
              ↗      ↖
┌──────────────────┐  ┌──────────────────┐
│ 农业系统内部人力资本积累 │  │ 来自农业系统外部的人力资本 │
│ (新型职业农民等的培育) │  │ 积累(高校毕业生返乡创业) │
└──────────────────┘  └──────────────────┘
```

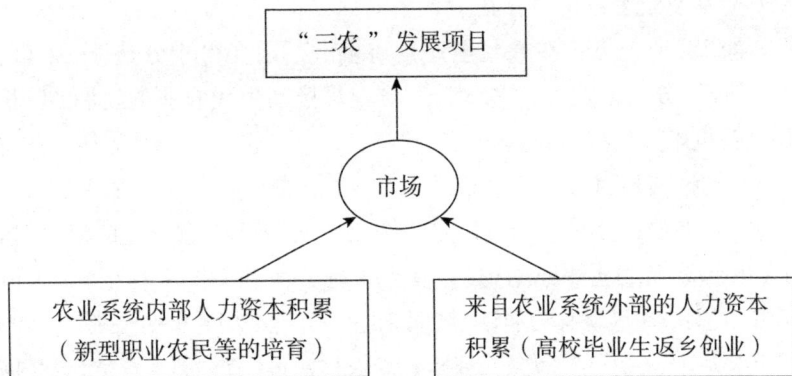

图 2-2 乡村市场本位的"人"型结构

品市场的风险的转移、分摊或化解,着力农业供给侧改革,并集中资源开发以需求为导向,符合社会发展进步所需要的农产品、农业项目和农业文化。围绕供求开发农业市场和项目,这是"人"型结构论着力"三农"人力资本开发和积累的初衷。因此,考虑到风险因素,PPP 农业合作项目可以成为其项目开发的选项之一(参见第四章和第六章相关内容)。

推动项目发展和"三农"建设最关键的是人,是融入市场、心里装着"市场"的"人"。乡村本位的核心是作为职业而不是以户籍界定的农民。农业人力资本的积累当前有两个有利的发展趋势:接受新鲜事物和适应信息化的新型职业农民(包括乡村种植能手)越来越多(当然还需要更多培育);返乡大学生(包括高校涉农专业大学毕业生返乡创业和大学生村干部)越来越多(趋势很好,但还有很多制约因素)。当然,坚实的"三农"人力资源基础,还需要政府着力打造。

乡村市场本位自身的活力与动力,在中国农村实践中,本身就源于当年小岗村 21 位农民私按手印、分田单干,其集体创举后被国家肯定并以政策形式在全国推行。个人利益诉求通过政策推动,借助一定程度的市场驱使,使国家利益不断最大化。这一进程使农民睁眼看见了广阔的"社会":都市化的生活方式和新鲜的消费主义文化。即使是现在,"三农"创新(包括实现土地流转、推动家庭农场建立、促进新型合作社经营等)也会增添诸多动力和活力,但农村人力结构却存在诸多问题[①]:我国十几年来的劳动力大转移,农村青壮年进入城市化进程,特别是近年来文化程度较高的农村劳动力不断向非农产业的转移,使农村的劳动力平均品

---

① 参见笔者拙著《三农利益论:要素·市场·产业·政策·国际经验借鉴》,上海交通大学出版社,2013 年版。

质下降，尽管从总量上看仍然存在 1.5 亿左右农业剩余劳动力，但实际上一些地区的农业生产劳动力无论在数量上还是质量上都已变得十分缺乏。[①] 事实上，"386199 部队"（分别指妇女、儿童和老人）很难推动现代农业的发展。[②] 长此以往，农民利益也难以根植于农业这一基础产业之中。这也是本研究围绕"三农"强调"人"型结构论的初因。

"三农"发展项目及其市场可以是一个更广的"三农"意义上的概念，如文化项目和文化市场，让习近平总书记的"乡土味道""乡愁"和"乡村记忆"永恒驻入"绿水青山"之中，这里就有功能性"城镇化"的影子。2014 年的中央"一号文件"提出要"传承乡村文明"的新思想，要求在新农村建设中"创新乡贤文化，弘扬善行义举，以乡情乡愁为纽带吸引和凝聚各方人士支持家乡建设，传承乡村文明"。因为中国文明、中国城市文明和中华文化发展与传承之根不在城市，而是在乡村。

甚至"三农"发展项目还可以是关于"三农"治理本身的。例如，乡村市场本位必然增强以个人为中心的价值取向，增加个人选择的自由性与多元性。于是，城镇化背景下的个体化变革给农村治理秩序也就带来了多重张力，以及制度再嵌入的困境。农村治理转型的制度设计便是一个重要课题。农村治理转型要在法治的基础上重建乡村社会认同，推进农村公共性建设，同时应注重将传统治理模式与现代治理制度、策略相结合。[③] 本研究强调这种制度设计应是有利于农民融入和参与市场的，应是考虑个体力量的衔接和综合利用的，否则不仅无法形成"三农"力量，更是无法进行有效的社会治理。所以，"人"的特性可以在乡村市场本位"人"型结构论关于"三农"的发展中得到一定程度的体现。

第二节　研究现状述评

目前国内外有关农民市场参与的研究文献，大多集中在分析影响农民市场参与的因素，或单纯研究农民的组织化问题上，较少涉及构建提升农民市场参与能

---

① 见本节第一部分"博弈论"中的相关内容。

② 调研显示，1980 年后出生的新生代农民工举家外出打工的越来越多，四川省三台县玉星村 489 户人家有 127 户举家外出打工，比例高达25%。他们有的一年回家一次，有的两三年甚至几年不回，村里有 10%～20%空房长期闲置。很多地区年轻劳动力的"流失"甚至导致种田后继乏人，农村农田荒废，土地板结，环境一定程度地被破坏，农产品不靠化肥农药催产不行，量增却质降，村治组织松垮，人才缺乏以致出现村霸。

③ 张红霞，方冠群，张学东. 城镇化背景下农村个体化趋势及社会治理转型[J]. 理论导刊，2016（3）：70-73.

力的渠道从而进行机制方面的研究,因此也没有分析那些影响因素与渠道构建和机制设计的关系,当然也未能揭示其对推动新型城镇化建设的作用及其意义;即使是国内文献,除少部分探讨了影响因素和偶尔提及渠道外,大多都只是概念性地一带而过,更未系统性研究与我国经济发展和城镇化建设水平相一致的、具有一定阶段性特征的因素,从而探索映射这些影响因素,并体现一定层次、以增强农民市场参与能力为目的的渠道、机制及其具体的政策设计。

一、农民市场参与能力的影响因素分析

国外学者 B. Gani and A. Adeoti(2011)、I. Jan(2012)、S. Ohen et al.(2013)等利用多阶段随机分层和随机立意抽样以及二元 logit 模型分析技术,对尼日利亚等国农民不同层次的市场参与水平及其影响因素进行了实地调研和分析,认为距离、合作社成员关系、基础设施、受教育程度、家庭规模、农地规模和牲畜数量、组织参与、市场信息和合同关系对农民的市场参与影响较大。除此之外,S. Zheng et al.(2012)认为,风险舒适度、经营成本和作物类型也是影响农民认知并参与合作社,以及通过合作社影响其参与市场的重要因素。

H. Lu et al.(2010)对江苏省 167 个菜农调查后发现,关系网对其与买方信任关系的建立从而降低市场参与的交易成本有着重要影响,它有助于改善农民参与现代高端市场并鼓励理性交易。O. Emily et al.(2010)则通过对洪都拉斯等国农业投入产出市场的分析后认为,交易成本对决定农民的市场参与影响显著,而且土地租赁的安全性、劳动力可获得性、农场外收入、家户首领性别等非价格相关因素,也对农民从事市场交易的数量产生重要影响。因此,农产品交易量本身不能完全说明农民的市场参与能力,还要看这种交易量的变化是由什么因素决定,包括组织参与的情况,这恰恰为本研究在中国国情下刻画和测度其农民市场参与的能力与水平提供了一定的思路。

值得注意的是,A. Khuu and E. Weber(2013)在分析澳大利亚西部地区作物保险时得出结论:农作系统的风险因素影响着农民市场参与的意愿和程度。E. Defrancesco et al.(2008)在分析意大利的情况时认为,其劳动密集型经营类型和家户收入较高依赖农业活动制约了农民对农业环境刺激计划的参与,而农民对环境友好型实践活动的态度和观念对农业环境措施的实施有着重要影响,因此在设计和交流农业环境措施以促进农民的市场融入与参与时需要加以认真考虑。

关于组织参与,即农民组织化问题的分析,陈俊梁(2009)认为,提高农民组织化程度是实现农村改革和发展第二次飞跃的关键;高宝琴(2010)则把农民组织化程度的提高作为乡村的生长点;而黄钢(2011)不仅认为现代新型农业合作组织形

式是实现农业现代化的基本微观组织形式,而且还提出了诸如"科技企业带农户"等以科技为支撑的新型农业合作组织模式。张广荣等(2013)基于对河北省838个农户的调研数据,从农民视角对农民组织化的制约因素进行分析后结果表明,农民主体作用弱化、政府主导力量不足、农村精英缺失等因素制约了农民合作组织的创建、运行及可持续发展。这些文献都强调了提高农民组织化程度的重要性,并对相关影响因素做了分析,但它们并没有对农民的组织化程度本身进行测度,当然也没有说明农民组织化程度提高对其市场参与能力的影响,因而无法阐释那些提升农民组织化程度从而提高市场参与能力的政策措施的力度,所以相对说来还是有些抽象,这正是本研究力图解决的问题。

结合众多的文献分析发现,有关影响因素的分析实际上存在两个共性问题:一是对各因素之间的相互影响缺乏研究,二是就各因素对农民市场参与能力的影响层次(程度)的分析相对欠缺,因此无法说明像农民组织化这样的因素对其他因素所产生的重要影响,以及这些影响如何对农民市场参与能力和程度的刻画进行描述。实际上综合归纳后发现,经济越发达的国家,其影响农民市场参与的因素就越偏向于市场风险、环境可持续、农民自身意识和态度;反之则偏向于诸如距离、农场规模、生产要素等基础因素;一些强有力的过渡因素(诸如组织化程度、市场信息等),其影响也甚为明显。这为本研究开展相关调研做了很好铺垫,尤其是基于中国自身新型城镇化建设的国情,相关调研就会变得更有针对性,这有助于探索农民有效参与市场的合适渠道,并建立维持农民市场参与能力的长效机制,从而优化政策决策。

二、提升农民市场参与能力的渠道分析

A.Burki and M.Khan(2011)、E.Rao *et al.*(2012)分析了肯尼亚、巴基斯坦等国包括超市在内的农副产品供应链等市场参与渠道对其技术和规模效率产生的显著影响。这一事实结合农业发达国农贸市场(如美国加利福尼亚州非常闻名的戴维斯农贸市场①)经营农产品超市的作用,进一步说明本研究对提升农民市场参与能力渠道探究的重要意义。但这些文献只是单一渠道分析,更不可能结合中国国情,阐释新型城镇化进程中那些提升农民市场参与能力的重要渠道及其相应的选择条件。同样,类似文献(A. Louw *et al.*, 2007)分析了与中国国情相似(城市化及其日益增长的中产阶级,不断变化的消费模式)的南非超市供应链上的小农市场参与,这为开展案例对比研究提供了一定便利,而且有助于本研究开展促进小

---

① 参见第六章第二节相关内容。

农融入市场的战略和政策措施的探索。

另外,农业合作社也被期待通过与购买者的合同安排(包括会员形式的利益安排、买卖方的交易安排等),促进小农现货市场交易和现代供应链之间的纵向协调(X.Jia and J.Huang, 2011)。农民还可以通过农业合作社等农业组织直接或间接地参与市场。E. D'hôtel and P.-M. Bosc(2011)认为,即使是农业市场化和农产品自由贸易的时代,农业组织通过其对经济活动的控制和政策决策过程的参与,凸显它适应和促进制度变革的能力,因此相关政策会影响农产品市场的功能发挥,虽然这些政策还因农场部门的不同而有所差异,但在这些部门里它们直接关乎农业组织的影响力。这不仅说明了农民市场参与的相关渠道,而且还一定程度地体现了借由政策促进农民市场参与能力提升的机制,这又为本研究进行合理的政策设计奠定了基础。实际上,农业合作社、家庭农场和农业企业三方渠道互通的关系研究,以及构建一个稳健的农民市场参与体系和机制,促进和提升新型城镇化背景下解决农业弱质性这一根本问题中的农民市场参与能力,正是本研究的重要内容。

D. Bardhan(2012)还对影响(乳业)农民市场参与营销渠道选择的影响因素进行了分析,并试图对农民的市场参与度进行刻画。R. Stringer(2009)则从蔬菜生产基地规模、生产者和加工厂的距离远近、生产者和加工商合同细则的订立水平、生产者有否食品安全认证四个特征分析了其协调成本,从而影响蔬菜供应商的渠道选择问题。这都将有助于本研究加强对相关内容的分析。

三、促进农民市场参与能力提升的政策设计

邓万春(2007)认为,农民市场参与行为由欲望转变为需要的动力不仅出于农民自身认识及其经济条件的改变,更是制度和政策因素使然,因此需要改善其制度和政策环境,降低农民市场参与的风险。V. Kameswari(2011)、K. Moon(2011)分别以印度和澳大利亚为例,说明了政府的政策设计可以引导农民参与市场,从而推动农业生产要素获得高效产出。C. Nwigwe et al.(2009)则以小农样本所具有的广泛代表性,提出有关支持其市场参与在生产性资产(如土地)和市场等方面的具体政策干预措施,这将为本研究探索中国小农经济特征仍明显,而新型城镇化建设又有待进一步推进背景下的政策设计,提供了极好的实证检验的机会。

即使是有关农民组织化的问题,我国很多合作社是源于农民企业家和政府的"计划",而不是小农自下而上、集体行动的"市场"过程(Q. Liang et al., 2012);以此为基础,S. Mukhopadhyay and S. Chakrabarti(2010)以印度为例,认为公私伙伴关系(PPP)可以在产品产前产后管理上为其提供组织、基础设施和技术上的支持,

这有助于加强小农与市场的连接，进而提高收入。笔者所做的相关研究（专著《三农利益论：要素·市场·产业·政策·国际经验借鉴》）也认为，一个良好的 PPP 关系可以通过建立以要素、地缘和产业为特征的农业合作发展项目，将农业风险从农民向农民、农企和政府三方共担的方向转移，它也将为增强农民的市场参与能力提供一种新的渠道和机制，本研究将从农民组织化水平、市场参与能力、新型城镇化建设等方面继续深入分析。

四、关于农民市场参与和农民收入及其利益的关系研究

B. Gani and A. Adeoti（2011）通过全市场参与指数（TMPI），分析了尼日利亚农民不同层次的市场参与和多渠道的市场准入对其农产品销售水平从而收入增长的关系，认为通过对小农多渠道的市场准入，进而增加小农购买力及消费品需求，对其福利改进发挥了极其重要的作用。利益与农民市场参与的渠道选择密切相关。H. Michelson（2013）在对尼加拉瓜 2000—2008 年的超市供应链的地理位置进行分析，并使用双重差分测度供应商和非供应商资产，以评估小农市场参与的福利效应后认为，对超市的销售增加了农户生产性资产，因此建议那些即使只在地理和水资源方面拥有优势的农民，也能参与市场获益。

事实上，对农民市场参与的利益的研究，也是政府政策干预的基础。H. Takeshima and L. Nagarajan（2012）在强调农民的市场参与增加其收入的同时，认为它通常会减少物种的多样性，但只要通过政策鼓励农民更好地进入市场交换新物种，并从培植新物种中获得更高回报，市场参与就可以在增加诸如（印度）小粟生产者的农场物种的同时增加净收入。他们认为，对印度平原和山地的比较分析，有助于通过利益相关者的市场参与，为未充分利用的作物在其自身农业生态系统中的农家保护，设计合适的政策干预。

总的来说，目前研究农民市场参与的国外文献较多，而且主要是探索其影响因素，较少涉及渠道问题，且不具系统性，而国内文献除了少部分研究影响因素和渠道外，几乎没有探索中国当前国情，特别是新型城镇化背景下的农民市场参与问题。再者，这些文献都没有从机制上去描述和研究农民市场参与能力的提升，显然无助于从长效性和可持续性的角度进行相关促进其能力提升的政策框架设计，甚至包括具体措施的制定、完善和实施，因而不利于农业弱质性问题的解决和新型城镇化的发展。

第三章

农民市场参与的影响因素及其能力刻画

本研究最基础性的工作在于对农民市场参与的能力和水平进行描述和刻画，特别是以现有文献分析和问卷调研为基础，构建农民市场参与能力的指标体系，描述并测度中国现阶段农民市场参与的能力和水平，进而说明不同层次的影响因素与不同经济发展阶段和水平的关系。

第一节　农民市场参与能力提升的影响因素分析

要对农民的市场参与能力做出较为准确的判断和刻画，并促进其市场参与，首先要对影响农民市场参与的各种因素进行分析，本节将对此做一些探讨。

一、相关调研和考察

根据研究需要，通过对江苏、上海、四川、山东、河南、甘肃等多个地区的调研，包括发放问卷，访问政府官员，考察农业科技园等，我们对其农民的市场参与情况进行了大致摸底。总的来看，东部地区虽然农产品市场及其组织形式相对比较发达，但以家庭农场和合作社为基础的产业化水平仍然不高，农民融入市场的系统性能力（包括信息接收、技术运用、产品创新、政策理解以及一定程度地存在市场分割导致的市场拓展问题等）都还不够强；而中西部的一些农村地区仍然交通不便，信息闭塞，长期以来经济落后，农民的市场观念较淡薄，缺乏风险意识、创新意识和市场竞争意识。许多人对市场缺乏了解，不能按照市场需求变化组织生产经营，很难适应市场经济要求，因而常常在市场竞争中处于不利地位，更谈不上通过市场参与促进农业产业发展了。

（一）江苏镇江农户

镇江农户以个体种植户、承包经营为主，农场主以及大规模农田几乎没有（人均农田只有 3~5 分）。农民年龄偏大，年轻人大多出外打工。这些农民对"市场"无清晰认识，只熟悉土地日常耕种，如何时施肥、何时收获、何时销售等。当销路不好时，蔬菜就只能自家消耗或者送给邻居、亲戚。同时，镇江的农业产值近年占比下降。由此可见，这里的农民市场参与感很低，农业产业化、规模化生产很难实现。而且 2009 年五万多亩"万顷良田"建设工程推进的"土地承包经营权流转"，却在农民看来，大都是"非自愿"的。自己的"稻田""良田"在很突然地发下合同后就"任务"式地被要求签署流转，而且不流转不行，别人流转了，你的土地夹在中间，种植一旦被糟蹋，没人会管，再者承包费太低，每亩 700 元根本无法满足生活所需，收入水平不升反降①。大量耕地被流转用于建生态种植园，改成了种树（据说一旦当地开发迁村，就会获得双倍补偿），连当地干部都对承包商不了解，似乎有悖政策初衷，并没有让农民增收致富。

在调查中还发现，尽管镇江政府响应新型城镇化的号召，实施了相应政策促进三大产业协同发展，不定期宣传农业知识的讲座，并帮助农民参加农业保险，而且还把 2018 年定为"基层合作组织提升年"，试图全面强化基层社和农民专业合作社建设，但目前感觉政策抓手不足，至少之前对农民的市场参与没有明显的着力点。就像前面说的，镇江新区为了保障土地被流转农民基本生活的相关政策②，也被当地农民认为那些只是地方政府的一种姿态，他们对此"并不领情"。

（二）上海孙桥现代农业开发区

上海孙桥现代农业开发区原本是全国第一个综合性现代农业开发区，是农民市场参与、市场运作的先锋军。现代化的自控温室、农业研发、观光旅游等，是沟通中外农业、传统与现代农业的桥梁。调查中了解到他们采用的是企业管理模式，销售有三方渠道：（1）出口；（2）内销，上海各大超市均有专柜；（3）高端的礼品、蔬菜。目标市场主要是中高端市场，因此价格定位平均高 1.5 倍。负责人郭先生透露说都

---

① 大路镇退休教师赵辉算了一笔账：一亩田一季种小麦，一季种稻谷。一亩水稻可打 1200 多斤（可打大米 1000 斤左右），一亩小麦可收 700 多斤，按大米每斤 2 元、小麦每斤 1 元计算，减去成本费后，农民一年的收入约 2000 元，而现在一亩土地第一年的流转费只有 700 元，即使加上第一年的青苗费也只有 1300 元，"收入不但没有增加，一年反而每亩还减少了近 1000 元。"汪孝宗. 江苏镇江新区"万顷良田"工程："惠农"还是"毁农"[J]. 中国经济周刊,2010,(36)：30-32.

② 给予土地承包经营权流转的农户享受每年每亩定额保底分红；无劳动能力、人均月收入低于 220 元的可进入社会低保；60~80 岁的老人可领取每月 50 元，80 岁以上的老人可每月领取 100 元的城乡老年居民补贴等。此外，"万顷良田"工程的离地农民已纳入被征地农民就业优惠范畴，享受就业、创业扶持政策，包括创业规费减免、税费减免、小额贷款优先以及免费职业介绍、免费提供就业岗位信息、免费培训等。

市农业主要供应城市新鲜蔬菜、维持城市生态平衡,建议农户们成立农民专业合作社,或者作为其他企业的加盟生产基地,捆绑大企业,以谋求更好的发展。

孙桥坚持"以产业育品牌,以品牌拓市场",融科技农业、设施农业、生态农业为一体,种苗研发、产品生产和销售于一体,结合了地域、资源、政策等方面的考虑,包含了观念、体制、机制等方面的创新,而且还实现了投资多元化(独资、合资、合作、土地或农业设施租赁、技术入股等灵活多样的形式,吸引中外资、国有、集体和民营企业共同入驻)。

但从目前的发展趋势看,该开发区已经越来越不能符合上海城市发展的路径,因此这个地区正在被进行着大规模的改造,其农业的特色也正在慢慢褪去,进而逐步变成城市的核心功能区,在促进农民市场参与的作用方面也并没有发挥多大作用,反而受到了城市化趋势的极大影响,现代农业产业化的实施面没有铺开,产业化(后劲)不足。园区虽有全产业链,但精细化不够充分,集团子公司各自为政,连种子公司、种苗公司、检测公司等市场独立主体都没有自己的销售团队,集团化管理较弱,没有形成核心产品体系,[1]品牌效应不明显。结果是,园区产业发展与其城市进程中的土地价值不匹配,引领和示范作用不够突出。

(三)四川省射洪市及其大堰村

射洪市有耕地 40928 公顷,气候条件优良,农业复种指数达到 26.8%,被评为"全省农业产业化经营先进县"。

虽然该市农业生产总值占本市总产值的三分之一,但其占比也正在逐年降低,这是工业、旅游业等其他产业发展的一个必然结果。该县的农户类型多种多样,个体种植占了 20%,农产品多是自产自销,其农产品交易额中,农民直接面对消费者的成交额比例达到了 80%。农产品的价格主要由市场决定,农民也有机会参与价格制定。当地也有农民自发组织的生产合作社,在政府的规章制度和帮助下,统一生产、统一定价,一定程度上增加了农民的收入。同时,政府也会因地制宜,在部分乡镇发展特色农业,根据其地理位置、土地、交通等情况,开展农家乐、观光农业、特色农产品种植基地等。另外,也有公司资本介入农产品的产销环节,这对于该县的农业市场大有裨益,但是由于目前农民的力量处于弱势,也存在大批发商压价收购,农民参与产品流通的程度低等诸多对融入市场不利的现象。为了帮助农民更好地参与市场,当地政府也多方面多角度地对农民给予帮助。如在信息传递方面,政府通过专门网站、短信、广播等平台,发布相关信息、种植技术;在降低风险方面,当地政府提供了农业保险,同时会及时发布气候信息;在农技培

---

① 孙文华. 对孙桥发挥现代农业桥梁作用的战略思考[J]. 现代农业科技,2016(2):297.

训、人才引进方面，当地通过农民工培训、大户补贴、人才引进计划等，吸引农民返乡务农，增强农民的竞争力。最后，受访官员也提到，提升该县农民的市场参与能力，应主要从基础设施（道路、水利等）改进，提供市场信息（实时报价、市场状况等）以及良种开发等三个方面着手。

该市大堰村目前主要是靠土地流转和发展乡村旅游来实现农民增收。该村利用其地处城郊的优势，发展农家乐、休闲菜园等新产业。同时，农户从传统的粮食种植逐渐转向蔬菜种植，以增加收入。除此之外，当地农民的土地大多分为两部分，一部分土地是自留地，种植的作物可以自己直接拿到市场上去交易。另一部分土地由村委会统一组织和管理，按面积给农民支付租金，种植物由专门的机构收购。当地农民以中老年为主，农业和工业的结合度较低。大堰村支部书记说，虽然没有专门的指标来评估过农民的市场参与度，但可以肯定的是，农民参与市场的兴趣和途径都是具备的，而且当地政府很乐意通过提升农民文化水平、建设以农民参与为基础的新型农业产业化模式，减少中间商对农民收入的瓜分，真正实现农民增收。不过，毕竟四川多山峦丘陵，基本上没有大面积的平坦土地，要实现大规模、机械化的统一生产还是相当困难的，所以还是要秉承因地制宜原则，绝不能盲目开展新型农业建设。

（四）对山东农村经济协会和农业合作社的调查

调查中了解到，山东省社团管理局曾对农村经济协会进行过普查，还联合山东省社科院非营利组织研究中心先后对省内部分地市农村经济协会进行过实地典型调查。调查中发现，农村经济协会初显发展势头，但因观念、体制和政策引导措施等方面的原因，其发展面临许多迷惘和困惑，通过协会增强农民与市场的对接还存在很大差距。（1）首先，无论是政府部门还是普通农民对发展协会的必要性很是认可，但对协会的性质，与农民的关系及其如何发挥作用等方面的认识还不清楚。现实发展中协会规模又小，管理也不规范，"如何发挥作用"不仅是协会自身而且也是政府必须考虑的问题。（2）其次，近年来，农业产业化步伐加快，但农民进入市场的组织化程度却较低，虽然一些种养殖大户、农民企业家和科技能人纷纷带头自发组建农村经济协会，①但因无专职人员，也不具备《社会团体登记管理条例》规定的登记条件，大多尚未登记。该省民管局也采取了诸如调查摸底、

---

① 就这一点而言，跟其他组织如农业合作社和城市中协会有些不一样，农村经济协会自下而上的自发性、自主性和自愿性的特点比较明显，虽有一定程度的政府扶持和引导，但无组织基础，一般由行业中技术能人、经济强人牵头组建。如全国人大代表、九间棚农科技集团公司董事长刘甲坤就是平邑县金银花协会的会长；济宁市人大代表、人称"鲁南乔木王"的王继连是该市任城区李营苗木协会会长。

发文降低门槛、放宽登记条件、减少报批环节、简化登记程序、减免登记费和公告费等一系列措施,从而推动了一些农民的加入,但农民来自协会的利益分配及其可持续增进的动力还需要一定的机制去推进和维护。(3)一些协会(如莱芜养猪协会、泰安大汶口作物育种协会等)非常重视农业科技的开发与推广,注重产品创新,积极与大学、科研院所建立联系,甚至还自己成立相应研究推广机构,但如何将农技在农民中普遍推广,促使在农业产业化道路上形成系统内外紧密相连的供应链和价值链,从而真正发挥市场作用和产业集群效应,还需要认真思考。

当然,通过技术培训、信息推送、科技示范、加强内外部联系(包括走出国门竞争)等措施,不少协会(如泰安上高养鸡协会、烟台苹果协会、荣成渔业协会、莱芜生姜协会等)充分利用市场,在帮助农民增收和提高自身抵抗市场风险能力方面发挥了相当大的作用。不像集体企业、合作社、供销社等组织,农民可以直接融入,但协会需要进一步厘清其行业纽带和技术支持与指导作用,让农民进一步理解协会在其与政府和市场之间的沟通和服务作用,从而通过协会融入更多农业组织和农业市场。要知道,只有积极发展农产品行业协会和农民专业合作组织,并让更多农民融入,才能建立健全为农民服务从而支持农业市场化、产业化发展的社会化服务体系。

调查中了解到,在20世纪50年代山东省就出现过农业生产合作社、供销合作社等组织,在后来实行家庭联产承包责任制后,许多地方又出现了类似"公司+农户"的合作经济组织形式,农民可以自愿入股分红,一定程度地解决了农民买难卖难问题,这对调整区域生产结构,巩固和壮大集体经济,以及搞好为农服务起到了一定引领作用。但在调查中发现,合作社并没有留给农民好印象,一些农民认为,合作社"合"的成分不足,"单向"联系较多,有点资源和产品被"盘剥"的感觉。

而且,无论是协会还是合作社,政府在其中的作用如何,值得探讨。由于各地区经济发展水平的差异,政府应一定程度地对协会发展有所作为,特别是资金问题,尤其在经济相对落后的地区,会员对交费问题尤其敏感,一些协会都不敢收,生怕影响会员加入,有些必要的协会活动只能由会长、副会长等出资。因此,难说协会的建立及其作用的发挥有了一个良性运作的机制。当然资金支持是暂时的,重要的是通过扶持,创造协会和合作社的"自我造血"功能,形成建立在农民利益获取基础上的组织支持机制。

[国研报告] 九省农民合作经济组织调查要述①

国务院发展研究中心农村经济研究部与财政部农业司合作,对全国

---

① 韩俊,秦中春,张云华,等.九省农民合作经济组织调查要述[R].国务院发展研究中心农村经济研究部,中国经济时报,2006-08-22,A01,有删节。笔者注:尽管报告已10余年,但相关问题至今仍存在,所以此处摘选,望能引起关注和思考。

九个省(浙江、山东、河北、吉林、安徽、河南、陕西、四川、甘肃)的农民专业合作经济组织(既包括专业协会,又包括专业合作社)的发展状况进行了调研。

九省农民专业合作经济组织的发展总体上经历了三个阶段。第一阶段是20世纪80年代初期至90年代初期:合作组织以农民专业技术协会为主,主要从事技术交流和推广活动。但因其合作领域窄、层次低,会员与合作组织之间呈现"松散型"关系,当会员掌握某些方面的技术后,组织就处于自生自灭的状态。第二阶段是20世纪90年代初期至末期:合作组织向技术经济合作型升级,除了从事技术合作,还为会员提供生产资料供应、市场信息、产品销售、农产品贮藏及运输等项服务。有些还办起实体,从事农产品加工、流通服务,或者与农业产业化龙头企业相结合,形成了"公司+专业合作经济组织+农户"的产业化经营模式。第三阶段是从21世纪初到现在:在各地党委、政府的政策引导下,我国发展农民专业合作经济组织的工作已经进入了一个新的阶段,其数量规模不断扩大,质量不断提高,合作组织的覆盖面扩大,因其在促进农民发展产业、搞活经济、致富增收方面的作用越来越强,社会上对发展合作组织呼声也越来越高。

调查发现,当前在各地合作组织的发展中,好的典型还不多,比例还不高(比较规范的好的典型不到整个调查数的一半),发展处于初步阶段的多,虽然通过合作组织的形式,已经把农民"组织起来",但合作起点低、组织任务定位不明确、合作的事业还不发达,距离"组织得好"和"发展得好"还有较大差距,合作组织缺乏强有力的生存、发展和服务能力。

随着党中央、国务院对发展农民专业合作经济组织的重视,全国人大新修订《中华人民共和国农业法》对农民专业合作经济组织的发展做出了相应规定。近几年来,九个省的党委、政府对这项工作也十分重视,采取了一系列支持政策措施和办法。一是明确对合作组织发展的政策和要求,从税收、信贷、用地、用电等方面出台了具体的优惠政策,为合作组织的发展创造良好的外部环境。二是浙江省在为农民合作组织提供法律保障方面走在全国前列。省人大常委会于2004年颁布了全国首个农民专业合作条例《浙江省农民专业合作社条例》,解决了长期以来困扰农民专业合作社发展的法律地位问题,使之走上了法制化管理的轨道。三是开展典型示范,引导和探索合作组织发展的模式创新。陕西省从2003年起,在原来一个示范市(西安市)和五个示范点的基础上,由省上和各市各抓十个示范农协(合作社),每县各抓三个示范协会,全省共抓400个左右示范合作组织。四是财政专项扶持,推动合作组织增强合作经营服务能力。山东、安徽、河南、吉林、陕西、河北、四川等省在这方面工作力度较大。五是建立扶持机制,解决合作组织发展存在的实际问题。安徽、四川等省在这方面力度很大。

综合对九个省的调查分析,一系列政策措施和办法推进了农民合作经济组织的建立和发展,取得的主要成效有四个方面:一是提高了认识,统一了思想,明确了发展农民专业合作经济组织的具体思路和做法;二是有效地发展了一批典型,在实践中带动了合作组织的发展,合作组织的数量和质量均有较大提高;三是为合作组织的发展创造了一个良好的环境,解决了合作组织在经营中存在的一些实际问题;四是探索了由政府牵头促进合作组织发展的一些先进做法,创新了合作组织发展的体制和机制。

但综合本次调查情况分析,各地在支持合作组织发展方面的政策措施和办法,在实践中还存在一些难点和需要解决的问题,主要表现在以下方面。

(1)干部的认识和能力与发展的要求有差距。仍有不少地方领导认为专业合作组织在提高农民组织化程度、发展优势产业等方面的作用可有可无,相当一部分县乡领导干部对本地的各类合作经济组织了解得少,研究得少,指导得少,缺乏领办创办的热情,不少部门和领导还仅把发展农民专业合作社作为发展农村、农业和农民经济的权宜之计,农民专业合作社发展工作还没有落实到必要的位置。

(2)支持政策不完善,可操作性还不强,优惠政策没有到位。据甘肃地区反映,目前合作组织缺乏应有的政策法规和舆论支持,扶持力度还有待进一步提高,尤其是市、县两级,具体的、可操作性强的扶持政策很少,农民专业合作经济组织依然存在登记门槛高、资金紧缺、贷款难、公共服务缺位,技术供给不足等问题。据四川省反映,该省前些年已从供销社的改革、专业技术协会发展完善等方面发文指导,提出了原则要求,但因缺乏整体的要求和有力的扶持措施,未引起重视,加之缺乏舆论导向、培训引导、扶持帮助等配套的具体措施,一些基层干部和广大农民对农民专业合作经济组织基础知识知之甚少,一些基层组织和行政管理部门还习惯于以行政手段推动工作。

(3)政策手段不足,政府的协调和服务能力还不够。一是缺乏一个强有力的综合协调和领导机构,对合作组织进行服务和管理的体制不顺。据吉林省反映,该省有的是组织部门帮助创办的党员合作社,有的是农业部门帮助建立的专业协会,有的是供销社系统创办的专业合作社,等等,没有一个明确主管部门,无法形成有效的推进合力。二是政策支持财力不足。三是税收问题。四是金融支持缺乏手段。金融机构对合作社非常陌生,合作社没有足够的资产去抵押,又无其他经济组织为其提供担保,所以其发展得不到金融机构的支持,资金贷款很难。五是风险分解缺乏手段。据浙江省反映,该省是沿海省份,受台风、洪水等袭击,因灾造成的损失几乎每年都有发生,由于国家至今还没有开设鲜活农产品保险品种,致使合作社每年都要承担自然灾害风险,阻碍了合作社投资力度和规模发展,也降低了社员、农民收入。

(4)支持政策的制定和执行受到多方面制约。一是国家关于农民专业合作经济组织的相关法律规范不够明确。一些农民合作组织没有进行登记,没有取得社会公认的法人资格,因而在经营资格、银行贷款、税收抵扣、商标注册等方面都不同程度地遇到了困难。一些合作组织为了解决对外交往问题,不得已又去注册"公司",对内以"协会""合作社"名义活动,对外以"公司"身份出现,造成发展和管理上的混乱。"社团法人"和"企业法人"双重身份,与其发展的"合作社"法人地位不相符合。二是相关专业人才、知识和经验普遍不足。据甘肃省反映,该省从2004年才开始试点,各级业务部门缺乏专业人才,合作组织缺乏有实践经验、合作理论、市场知识的牵头人,农民缺乏合作知识。三是部分基层政府部门干预或介入不当的现象也存在。一些由乡镇直接兴办的农民专业合作经济组织行政色彩较浓,造成组织的运行机制不健全、民主管理不落实、成员联系松散等弊端。

(五)河南农技推广中的农民参与调查

跟在四川、重庆等地考察有些类似,河南的农技推广也主要是靠政府。虽然其农业科技推广体系中的参与主体较为多元化,包括农村经济合作组织、农业企业和农业科研教育机构等,但真正基于农民需求、依靠农民自身推广的机制还较欠缺。全省200多个乡镇设立农技推广站,六万多名农技专业人员,以及所聘任的包括县首席农技推广专家在内的近二万名责任农技人员,经常在农业生产第一线进行工作指导,及时解决农民种养殖及加工生产中所遇到的问题;而且焦作市、扶沟县等地还通过现代传媒,向农民传授和推广短平快的农技信息;夏邑县等还通过广播电视台向农民专栏推送推介新品种、新技术信息,并率先开通农技 110 电话等便民服务。

但调查发现,作为一个农业大省,农民真正直接使用的农业技术主要还是传统技术,农民获取生产技能的主要途径主要还是依靠传统经验,农技推广、特别是现代农技推广似乎与农民之间隔着一条鸿沟(这与农民自身的文化素质和绝大部分知识青年外出打工不肯返乡有一定关系)。在没有对农业新技术加强认知,从而面临使用风险,加之农业低附加值下自然和市场风险双重影响的情况下,农民不愿也不敢立即采用新技术新品种,时至今日这一问题仍然存在。所以,这一带有计划经济色彩的农技推广模式,显然没有重视农民在农业生产中的主体地位,没有重视农民在农技推广和吸收中的主观能动性,造成农技供需脱节,甚至有时是把农技推广当成例行性任务来应付。因此不可能真正发挥所谓"高、尖、精"技术的作用,更不可能基于农民主体地位的利益机制去发展农业。

就像之前调研中发现的,政府虽在大力推动"农业科技下乡",但有些技术却"水土不服",没有根据具体的生产地理气候条件、技术运用的劳动力状况、技术产品的供求情况加以运用,其最终成效并不显著,农民也并未因此而大获增益。据笔者调查,有些地区的农村青年想凭借自己的能力,甚至想动用自己的资金,检测当地荒山土壤成分(他们认为目前还没有这样的"技术下乡",所以得自己劳作),以便承包翻新做果树栽种或畜牧养殖,或者开发可以适合当地土壤生产的、有市场前景的农产品。这些情况从根本上说是与我国农业甚至"三农"发展的要求不相适应的,其主要原因有:首先,科学研究与经济发展脱节,产学研结合不紧密;其次,农业科研、教育、推广部门缺乏统一协调,农业科技不能系统性地加以运用;再次,农业科研及技术推广的资金投入严重不足;最后,农业科技力量尤其是农技推广队伍薄弱且不稳定等。①

[记者调查]已推多年的农业"一号技术"农民为啥就是不买账?②

《中国农资》记者团队在山东、山西、河南、河北、江苏、浙江、四川、广东、广西、海南、西藏、新疆等多个省、自治区走访调研时发现,被称为中国农业一号技术的"水肥一体化"在经过多年的发展后,虽取得一定成就,但也集中暴露出地域发展水平不平衡、相关系统不匹配、市场不规范、农民不买账等问题。在许多大棚经作区,节水灌溉设备大面积"撂

---

① 参见笔者拙著《三农利益论:要素·市场·产业·政策·国际经验借鉴》,上海交通大学出版社,2013 年版,第 25-26 页。

② 魏萌, 韩玮, 李昕宇. 水肥一体化的春天离我们还有多远[J]. 中国农资, 2018,(25): 3-4, 有删节.

荒"，大水漫灌施肥导致严重的污染、浪费等现象令人触目惊心，某些地区的水肥一体化建设甚至沦为"面子工程"，并面临被边缘化的厄运。"路漫漫其修远"，作为实现农业绿色高质量发展的基础性技术之一，水肥一体化的"春天"究竟离我们还有多远？针对这一问题，记者对相关行业专家、企业负责人，以及种植户进行了采访。

在由"卖方市场"转为"买方市场"之后，农资企业逐渐发现，以往只要坚持做正确的事，就能赢得市场；而如今，不仅要做正确的事，还要以能被终端认可和接受的方式去做，才能赢得口碑。面对我国"人多、地少、水缺"的现实，大力推广水肥一体化技术无疑是一件再正确不过的事情，但在政府部门的强力推动下，"形式大于内容"的"野蛮生长"，以及配套要素间的失调，导致水肥一体化技术在落地的过程中与现实脱节，并未得到终端用户的普遍认可，出现了"剃头挑子一头热"的现象。

据了解，目前，新疆水肥一体化面积达到3000多万亩；内蒙古、黑龙江、吉林、辽宁计划发展3800万亩。此外，云南、海南、广西、陕西、青海、河北、山东、河南、山西等地也在加大推广力度。在此过程中，不同生态类型和作物栽培区域，结合当地农业特色，形成了不同的水肥一体化应用模式。农业农村部全国农业技术推广服务中心节水处处长杜森将其概括为六大区域六种模式：东北玉米、马铃薯滴灌水肥一体化；西北棉花、玉米、马铃薯、果菜膜下滴灌水肥一体化；华北小麦、玉米喷灌、微灌水肥一体化；西南玉米、马铃薯、果菜集雨补灌水肥一体化；设施农业喷滴灌水肥一体化；果茶园喷滴灌水肥一体化。

总体来说，水肥一体化技术在全国的推广和发展并不均衡，其中，新疆、内蒙古及东北地区的基础设施建设和使用情况较好，而在以大棚为代表的北方经作区和以果树为代表的南方经作区，却存在设备闲置的情况。对此，中国农业科学院农业资源与农业区划研究所产业发展中心主任张树清表示，虽然国家在基础设施层面投入巨大，但从水肥一体化的实际应用率上来看却并不高。以美国和以色列为例，其灌溉农业中25%的玉米、60%的马铃薯、33%的果树采用水肥一体化技术，以色列的综合应用率则达到了90%以上。反观国内，按照九亿亩灌溉面积计算，水肥一体化应用比例只有3%。"不仅应用率不足，发展也并不均衡。目前呈现为瓜果蔬菜等经作和设施农业应用较多，大田作物区应用较少，且大多数地区的水肥设备和技术较为落后，使该项技术在节水节肥、提质增效方面的功能大打折扣。"

当前,政府及相关企业普遍存在"重设备、轻技术,重产品、轻服务"的现象。水肥一体化需要灌溉设备、水溶肥料与水肥一体化技术及服务有机结合,但目前一些地区只注重灌溉工程建设和设备配备,且设备仅用于农田灌溉,没有将水、肥结合起来,因而未能真正地实现水肥一体化。记者在山东寿光、江苏徐州等地的大棚蔬菜区走访时发现,当地政府虽然为种植户铺设了节水灌溉管网,但使用情况却不容乐观。据徐州某蔬菜种植大户介绍,这些管网建好后几乎一直处于闲置状态。对此,土肥资源高效利用国家工程实验室农化专家张海平分析说,在设备、技术、产品等诸多方面,水肥一体化的推广都存在脱节和不匹配的情况。政府铺设的管网"千篇一律",没有综合考虑当地的农业生产环境,同时也没有匹配的水溶肥产品和配套技术,在后续的服务支持方面也较为滞后。由于水质、肥料及设备品质参差不齐,设备灌溉用水成本较高,操作烦琐且无人指导等问题,农民大多对免费安装的水肥设备弃而不用。深圳溉朴农业科技有限公司总经理王月茹认为,节水灌溉设施与水溶肥发展脱节、资金密集型行业产业链资金流动性不足和农产品销售渠道不畅是水肥一体化发展面临的三大困局。

由于准入门槛低,加上相关标准的不健全和市场监管的不到位,导致国内水溶肥品质参差不齐,市场长期处于无序竞争的状态。河北萌帮水溶肥料股份有限公司国内营销总监于海阔表示,随着水溶肥产业的火热,众多企业纷纷推出相关产品,由于企业对价格和品质的定位不同,不同原料的选用导致产品价格产生差异。在此情况下,一些企业为增加利润以次充好或生产低质伪劣产品,使种植户花高价反而收效低,从而造成对水溶肥怀疑和抗拒心理,影响行业的长远发展。

受到高利润的诱惑,各类企业进军水溶肥市场,国内的大多数水溶肥生产企业并不具备技术积累资源,产品品质堪忧。且大多以肥料的水溶性这一片面的指标来夸大宣传,不重视技术与服务支持,导致农民在施用了价格较高的水溶肥产品后,发现效果与传统复合肥无异,甚至还达不到传统施肥的效果。与传统单质和复合肥相比,高端和功能型的水溶肥概念五花八门,农民很难根据经验分辨良莠,因此这一领域也成为坑农害农的"重灾区"。湖北祥云(集团)化工股份有限公司市场部部长江曙表示,水溶肥品质不佳,容易对灌溉管网造成伤害。由于形成沉淀,导致滴灌后的养分有缺失,造成原本设计好的含量下降,肥效不明显。此外,滴灌设备不光因低价劣质导致水溶肥产品堵眼,水垢、青苔等都很容易造成堵眼。

任何农业技术，最终的落脚点都在于人。水肥一体化技术固然好，但如果不能激发农民的使用热情，再好的技术也无用武之地。在河南、河北、山西等地走访时，记者发现，不论是大田作物区，还是经济作物区，当地农民对水溶肥的接受程度普遍不高。问及原因，河南的一位大蒜种植户坦言："不是不想用，实在是太贵！"江曙说："水溶肥产品相对于传统肥料，价格确实偏高。近年来国内多种作物周期性滞销，让农民的成本控制意识紧绷，都不愿用价高的肥料。""不过，随着国内生产企业技术研发力度的加大和生产工艺的不断升级，水溶肥的价格已经越来越亲民。其实，如果农民选用性价比较高的水溶肥产品，从产品的品质和产量上都会有明显的提升，结合水肥一体化技术的恰当运用，不仅省时省工，还可以节省一大笔成本。"

江曙认为，农民之所以对水溶肥有所抵触，肥料价高是一个方面，最关键是依赖传统种植方式，不仅收益低，而且种植习惯根深蒂固，一时很难扭转。他举例说，在很多经作区，农民使用水溶肥的方式，与传统复合肥没有差别，仍然是大水漫灌或冲施，即使有完备的节水灌溉设施也弃之不用。很多人还是不习惯喷灌、滴灌，并且在肥料的用量上，农民还是倾向于大水大肥。国内绝大多数小农户缺乏设备管理经验，一些人在试用喷滴灌设备后，因面积不大而且浇水时间过长，用了一两年后发现维修成本高等问题而舍弃使用滴灌。另外，小农生产的地块比较分散，自给自足的生产方式可以忽略人工成本，而水肥技术中输水管带与机播、机收互相影响，每年都要更换一到两次，也容易造成农民的反感。于海阔指出，之所以我国大部分地区，尤其是水资源较为丰富地区的农民在使用水溶肥时仍采用冲施的方法，是因为绝大多数农户对水肥一体化技术缺乏认识和了解，没有节水节肥的意识，也缺乏相应技术人员的服务和指导。"农民的习惯是水肥一体化推广的最大壁垒，如果不能引导农民改变施肥习惯，再先进的设备和技术也无法形成高效的生产力。"

[记者调查] 农技推广20年推广率不到20%，农民为何不买账？①

2015年的政府工作报告提出，要大力发展节水农业。加快新技术、新品种、新农机研发推广应用。记者近日在山西省闻喜县调查采访中发

① 许伟，岳旭辉. 农技推广20年推广率不到20% 农民为啥不买账[EB/OL]. 央广网，2015-05-23，有删节.

现,当地摸索了很多旱地节水技术,可是推广率却并不高。究其原因是什么? 如何解决? 中国乡村之声记者、中央台驻山西记者岳旭辉做了相关报道分析。

闻喜县邱家岭秦胜利的 200 亩农田,两行小麦中间的土地拱起,上面覆着一层白色的塑料薄膜。这个窍门(小麦地膜覆盖技术)能帮他比普通旱地增收 200 多斤小麦。该县山地多平地少,75% 都是旱地,没有灌溉条件,农技站试点推广的这项技术却能最大效用地利用降雨,而且还不会污染耕地。推广站站长谢海申大学刚毕业,即从 1995 年就致力于推广小麦地膜覆盖这种该县独有的技术,如今已经 20 多年过去了。该技术能有大旱大增产,小旱小增产之效,每亩地最少可以增产五六十斤,最多可以增产一二百斤。

地膜覆盖技术、沟播技术、深耕深翻、增施有机肥,这四项技术是闻喜人民长久以来深受旱情折磨后摸索出来的经验。然而,现在在闻喜县这些技术的覆盖率却不到 20%,这也让谢海申感到无奈,种粮食效益比较低,无论在旱地里总结出什么经验,都不如外出打工赚钱。"麦子的价钱太低,老百姓把增产的这一点点效益看不到眼里去。一亩地增产一百斤,一斤小麦一块三,一亩地多收一百三,他还不如出去打工。"秦胜利深有体会,他介绍说,早在几年前,村里人就基本外出打工了,旱地要么撂荒,要么承包了出去,他就是承包户之一。

农业技术推广率不高是农技推广普遍存在的问题。相关数据显示,我国农业科技成果转化率仅为 35%~40%,真正具有规模的转化率不到20%,远远低于发达国家 75%~80% 的水平。中国人民大学农业与农村发展学院孔祥智认为,在我国,农技推广属于行政性推广,是"自上而下"进行的。这样的推广方式具有十分明显的政策导向,但是却无法针对各地区不同情况完成推广任务。孔祥智认为,农业技术会不会为农民所用,要从成本和收益两个方面来平衡。比如闻喜县的薄膜覆盖技术,光薄膜一亩地就得花费 50 块钱的成本,如果再算上人工,老百姓不接受也是情有可原的。在农业推广体系建设上,孔祥智建议,可以利用像种粮大户、专业合作社这样的新型经营主体来推广,把好的技术真正用在刀刃上。"我觉得如果一些新型经营主体,他把土地流转来了后,就会有投入了,他得不到收益就会亏本,他就会采纳这些新技术。所以技术推广,要看农民收益,这是基本原则。"

（六）甘肃农业资源与市场调研

甘肃地处西北,矿产资源丰富,能源种类较多,目前已形成以石油化工、有色冶金、机械电子等为主的工业体系,是中国重要的能源、原材料工业基地。但据调查,甘肃农业由于受到自然条件的影响,加之基础设施落后,其农业经济结构不合理等问题突出。首先,因经济基础较差,农业发展资金短缺,以致农业投资不足。2017 年甘肃省财政一般公共预算收入为 815.6 亿元,而一般公共预算支出为 3307.3 亿元,其中农林水支出为 519 亿元,粮油物资储备支出 9.4 亿元,分别占总支出的 15.69% 和 0.28%。① 2016 年甘肃省地方一般公共预算支出 3150.03 亿元,其中农林水支出 488.10 亿元,占比 15.5%。甘肃省全年全社会固定资产投资 9664 亿元,其中农林牧渔业投资 702 亿元,占比 7.26%,虽然占比超过了全国 4.1% 的平均水平,但其绝对值远远低于山东、河南、江苏、四川等农业大省。②

而且,调查发现,尽管甘肃农业财政投入近年占比有所提高,但其仍然大多粗放经营,机械化程度和土地产出率都很低。甘肃省大部分地区干旱少雨,水资源贫乏且调度不力,加之水利设施不完善,其天然降水利用率还不到 10%,一些地区采取大水漫灌,渗漏和流失严重,灌溉水利用率不到 40%,再加之栽培技术不配套,土壤水分的利用率不到 70%。该省河西绿洲灌区五市州虽然经济发展较好,但荒漠化威胁较严重,植被覆盖率很低,水资源约束十分明显,存在水环境进一步恶化的问题;而中东部干旱半干旱区年降水量仅 250～600 毫米,受生态环境和社会经济发展双重制约,其中低产田比例高;临夏州的农业生产条件也很差,其土地和劳动生产率都很低;白银市资源相当枯竭,城乡经济融合度低,对农村经济的带动能力也十分有限。

再者,2012 年,甘肃省有农村劳动力资源 1256.49 万人,实际利用 860.75 万人,占 68.5%。虽然目前全省化肥亩施用量已达到发达国家的水平,但其有效利用率只有 30%,比全国平均水平低 10 个百分点。在种子的使用上,大部分地区超量播种 20% 左右,造成很大浪费。甘肃省有丰富的农作物秸秆资源,是发展畜牧业的一大优势,但目前的饲用率不到 20%。另外,在农产品的收获、贮藏、加工过程中也存在利用不高和严重浪费的现象。

然而,就是在资源这样匮乏的情况下,甘肃省政府为打造农产品进城与工业品下乡的"双向"流通渠道,促进农民收入及其消费的增长,于 2013 年专门出台了

---

① 参见甘肃省统计局,国家统计局甘肃调查总队. 2017 年甘肃省国民经济和社会发展统计公报[R]. 2018-04-08,及其计算。

② 参见国家统计局. 中国统计年鉴(2017)及其计算。

《关于加快农村市场体系建设的实施意见》,提出了农村市场建设的三个"全覆盖":大型超市及配送中心覆盖到县区;农贸市场覆盖到重点乡镇;综合服务社覆盖到行政村。自此,该省利用财政资金对每个市场扶持40万元,积极引导、调动和吸收社会资金参与市场建设(据测算,政府每投资一元钱就可以带动社会投资27元),重点扶持人口基数大、农产品产量丰富、集散作用明显,并位于农产品流通结点的乡镇新建市场,逐步实现农村集贸市场覆盖到重点乡镇。

到2014年底,该省在两年之内建成了200个县乡农贸市场(之前引导建设的农贸交易市场已有719个),2015年又新建了100个县乡便民市场。这些市场的建设进一步丰富了市场交易的内容,解决了农产品交易以路为市的问题,改善了农村农产品市场交易及其消费的环境,畅通了农产品交易的渠道,进而促进了农民收入和消费的增长,特别是为其生产生活提供了种种便利,繁荣了农村经济。但在调查中发现,"全覆盖"下该省仍有300多个乡镇没有便民市场,特别是一些人口在一万人以上的重点乡镇,农民交易难、交易远的问题在局部地区仍然存在,而且现有县乡农贸市场交易方式还较落后,基础也较薄弱,功能尚不完善,辐射带动能力弱的问题仍然影响和制约着其农村经济社会的发展。直至2018年,省商务厅仍在通过项目方式加强县乡农贸市场的建设及提升改造工作,加速市场真正"全覆盖"。

据调查,新建或改建一个农贸市场,少则投入两三百万元,多则上千万元或更多。40万元的财政资金虽然可以起到"四两拨千斤"的作用,但在农贸市场的具体建设中,各地仍然因地制宜,依势推进,有的与"双联"行动①和扶贫开发工作相结合;有的将其纳入新农村建设当中。当然,据被调查者反映,农村农贸市场的建设除了政府政策与资金支持,还需要加强后续的维护和监管,丰富市场的形式和内涵,特别是结合产业结构的调整升级和产业内部结构和内容的优化,实质性地充实和完善农贸市场的发展,才能真正让更多的农民融入市场并从中受益。

二、影响市场参与的相关因素

根据调研和相关资料考察,影响农民市场参与的因素有很多,大致可以分为两类:一是与农民市场参与相关的直接因素;二是与农民市场参与相关的外部环境约束。

---

① 以单位联系贫困村、干部联系贫困户为主要内容的联村联户、为民富民行动。

（一）与农民市场参与相关的直接因素

1. 受教育程度

受教育程度直接关系到农民对市场信息的认知、捕捉和获取,市场融入手段、方式和技术的利用,以市场为导向的农资农技的使用和农产品销售,及其市场参与效果的评估、反馈及其调整的能力。

在调查过程中,我们发现,农民的受教育水平普遍较低,特别是西部地区的文盲率还比较高,小学及其以下的教育水平占了绝大多数,这在一定程度上与几十年来当地经济发展的落后水平直接相关,同时也与因之对教育的重视程度普遍不高有关。促进农业增长方式的"两个转变"乃至现代化和小康目标的实现,关键在于"三农"人力资本的有效开发和利用,而教育和培训则是促进"三农"人力资本积累的根本途径。从农业生产的角度讲,人力资本能促使"三农"其他生产要素的综合利用,从而提高农业劳动生产率,增加农民收入;进一步讲,"三农"人力资本质和量的提升,能促进农业系统及其内部各子系统的功能发挥和职能优化。

然而中国农民受教育程度仍较低,且各区域间呈现明显的不均衡。东部地区如上海、北京、浙江和天津等地,农民人均纯收入较高,农民的教育水平和农科素质较高,主动适应市场的意识、欲望和能力都较强;而诸如贵州、西藏、云南和甘肃等西部地区的农民人均纯收入较低,市场意识薄弱,市场参与能力不足。调研期间在与农民交流的过程中我们发现,受教育程度相对较高的农民对"市场"这个概念有较为深刻的理解。他们能对未来的农作规划,或特色农业项目开发,或开办家庭农场等有较好的设计和描述,其中相当一部分人还积极参与了农业保险,并积极争取农业贷款资助,主动拓宽自身农业发展的渠道。近年来随着新农村建设的不断推进,特别是现代农业、有机农业、绿色农业和农业产业化的发展,知识的地位就愈发突出,受教育水平较高的农民更能适应新型城镇化下农业的发展趋势,并主动补足自己不能适应市场和农业发展需要的教育短板。

当然从宏观角度看,受教育程度对农民在农业系统内的市场参与能力的影响,还要取决于教育对其劳动力流动的影响。往往农民受教育程度越高,他们就越有机会在各地区间或各产业间流动,如果这种流动是农民脱离农业、脱离农村的原因,那么这种流动在一定程度上就成了农业市场化、产业化的制约。但若地区或产业融合程度较高(地区间或产业间的市场障碍少、一体化程度高),那么农民受教育的程度越高,就越有利于农民全面而综合的市场参与能力的提高。

［调研纪实］农业人力资本积累与大学生返乡①

调查发现，在从事农业生产的人群中，中老年人占了绝大多数，他们也略有一些无奈的"抱怨"：现在青年一代都外出工作，高学历人才都希望在外面得到更好的发展。由于受到农村经济发展水平和生活条件的限制，与农业相关的工作对大学生没有足够的吸引力，即使不是大学生，青壮年劳动力都外出打工，剩下一个"386199"部队，原来的"留守儿童"也不断地被带到了打工的父母身边（如表3-1所示，能明显看到最近几年的这一特点），农村农业生产者越来越整体偏向老龄化状态。他们切身感受到，这与新农村建设所需要的人才有些不相符，最后还留下了一声叹息："以后粮食谁来种，农业这个班谁来接啊?"

表3-1　进城务工人员随迁子女及农村留守儿童在校生数

年份	进城务工人员随迁子女在校生数（人）		农村留守儿童在校生数（人）	
	小学	初中	小学	初中
2017	10,421,804	3,644,540	10,644,790	4,860,813
2016	10,367,103	3,580,615	n.a.	n.a.
2015	10,135,581	3,535,380	13,836,634	6,355,741
2014	9,555,861	3,391,446	14,095,310	6,658,856
2013	9,308,533	3,463,140	14,404,725	6,862,774
2012	10,355,426	3,583,291	15,178,772	7,531,887

资料来源：中国国家统计局. 中国统计年鉴［M］. 中国统计出版社，2013—2018.

从乡村受教育的情况看（见表3-2），农村更多的群体基本上只接受了初小教育。2013—2017年，初中、小学毕业人数占三阶段毕业生总数的平均比例分别为33.27%和63.40%，而且毕业人数年均下降幅度达10%和6.4%，其专任教师人数年均降幅也分别达5.82%和5.25%。国家统计局第六次全国人口普查的数据显示，乡村文盲人口占15岁及以上人口比重为7.26%，小学38.06%，初中44.91%，高中7.73%，大专以上仅占2.06%（见表3-3），大大高于城市和县镇水平，而美国农民大部分是从州立农学院毕业的；法国7%以上的农民具有大专文化；德国

---

① 关于农业"人力资本积累"，还可详见笔者拙著《三农利益论：要素·市场·产业·政策·国际经验借鉴》，上海交通大学出版社，2013年版，第18-25页。

6.7%的农民具有大学文凭;日本农民中 5%是大学毕业生,高中毕业生占 74.8%。①

表 3-2　乡村教育情况　　　　　　　　　　　　单位:万人

指标	1995 年	2000 年	2013 年	2014 年	2015 年	2016 年	2017 年
一、高中							
毕业生数	33.1	39.2	26.0	25.2	24.7	23.3	23.1
招生数	44.7	64.4	28.1	27.0	27.0	27.0	27.8
在校生数	113.2	157.8	81.5	78.6	77.0	75.7	77.9
专任教师	9.4	10.4	5.5	5.5	5.5	5.5	5.7
二、初中							
毕业生数	684.6	903.8	313.9	251.1	235.3	224.7	207.9
招生数	1017.3	1265.9	274.5	249.7	232.3	227.1	224.0
在校生数	2659.8	3428.5	814.5	748.5	702.5	667.0	643.4
专任教师	149.9	168.2	73.1	68.5	64.5	60.8	57.5
三、小学							
毕业生数	1328.7	1567.6	560.3	474.3	440.9	432.3	430.8
招生数	1791.1	1253.7	591.8	534.7	539.1	517.2	486.9
在校生数	9306.2	8503.7	3217.0	3049.9	2965.9	2891.7	2775.4
专任教师	382.7	367.8	219.9	211.6	203.6	197.5	177.2

资料来源:国家统计局.中国农村统计年鉴[M].北京:中国统计出版社,2018.

表 3-3　各地区按受教育程度的 6 岁及以上人口统计

地区		乡村	县镇	城市
6 岁及以上人口	合计	609708623	248689641	384147858
未上过学	小计	44174664	9927309	8034432
	%	7.25	3.99	2.09

---

① 王凤山,阎国庆,任国岩. 加快转移农村富余劳动力的探讨[J]. 农业经济问题, 2005 (3): 60-63。

续表

地区		乡村	县镇	城市
小　学	小计	232068330	63862851	61280552
	%	38.06	25.68	15.95
初　中	小计	273812219	105773418	138590585
	%	44.91	42.53	36.08
高　中	小计	47099999	45914114	93632752
	%	7.73	18.46	24.37
大学专科	小计	9415451	15448744	43746324
	%	1.54	6.21	11.39
大学本科	小计	3022393	7516700	35086700
	%	0.50	3.02	9.13
研究生	小计	115567	246505	3776513
	%	0.02	0.10	0.98
文盲人口占15岁及以上人口比重	%	7.26	3.87	1.90

资料来源:根据国家统计局第六次全国人口普查汇总数据(2012-07-19)整理计算.

就我国现实农业劳动力及其生产率而言,近五亿农村劳动力中文盲、半文盲和小学文化程度者约占44%,其中受过技能培训的仅为1%。农民平均受教育程度仅为三年,而美国为13年,加拿大和日本为14年。文化素质低下不利于农户获取市场信息或不能通过对信息的正确分析判断形成正确的生产经营决策,不利于农户使用和推广农业新技术[1],致使我国农业科技的应用水平较低,也使他们难以很好地掌握和运用现代科学技术,不利于促进其创新能力的提高。

劳动力的低素质也制约了农业剩余劳动力的有效转移和农业劳动生产率的不断提高。据统计,中国每一农业劳动力负担耕地面积只有2.1亩,生产粮食1500多公斤,仅能在较低水平上负担四个多人的农产品供应,而在美国每一农业劳动力负担耕地674亩,生产粮食8.5万公斤,

---

[1] 据调查,在农村培养植棉技术员,高中、初中、小学文化程度者分别需要半年、一年、二年后才能胜任,而文盲、半文盲则基本无法胜任。

能在较高水平上负担 56 人的农产品供应。另据《2001 年世界发展指标》的数据显示:1997—1999 年,中国农业劳动生产率为 316 美元,仅相当于日本的 1.03%,韩国的 2.58%,巴西的 7.35%,约为印度的 80%。同样,据世界银行的数据显示,在 2010 年世界及 128 个国家(地区)的农业发展比较中,中国的劳动生产率为每个农业劳动者按 2000 年不变价计算的农业增加值为 544.96 美元,仅排在第 103 位,是世界平均水平的51.3%,日本水平的 1.3% 和美国水平的 1.1%。而按世界银行的研究显示,劳动力受教育的平均时间每增加一年,GDP 就会增加 9%。从业人员文化程度以及高层次文化程度人员比重过低,必将影响相关行业的技术进步和生产效率,给我国农业经济结构调整、产业升级及城镇化进程带来严重制约。

另外,农民文化素质的低下不利于农民解放思想,更新观念,建立市场经济新概念。这一方面表现在农民市场意识、竞争意识、效率意识、营销意识、品牌意识等淡薄,另一方面也表现在农户交易行为不规范、法律意识不强,因而经常出现农民急功近利、自行违约、自毁品牌现象,或坑农害农现象发生时不能及时利用法律武器维护自身利益。受教育水平低的种种不利因素影响最终使得农民收入难以提高。据调查,农业劳动力为大、中专文化程度的农户人均纯收入分别比高、初中组以及文盲、半文盲和小学组高 14.5% 和 24.5%。① 上述种种负面影响也必然制约着农业市场化进程,并在一定程度上增加农业产业化经营所面临的自然风险和市场风险,削弱真正实现农业产业化经营所需的组织和物质基础,降低农业产业化经营的经济有效性,更谈不上农业现代化的实现(见表3-4)。

表3-4　农业生产经营人员数量和结构　　单位:万人、%

数量和 　　结构 人员	农业生产经营人员数量和结构	规模农业经营户农业生产经营人员数量和结构	农业经营单位农业生产经营人员数量和结构
农业生产经营人员总数	31422	1289	1092

---

① 瞿建蓉. 我国农业市场化建设中的三个核心问题[J]. 新疆社会科学, 2001(5): 46.

人员 \ 数量和结构	农业生产经营人员数量和结构	规模农业经营户农业生产经营人员数量和结构	农业经营单位农业生产经营人员数量和结构
农业生产经营人员性别构成			
男性	52.5	52.8	59.4
女性	47.5	47.2	40.6
农业生产经营人员年龄构成			
年龄 35 岁及以下	19.2	21.1	19.7
年龄 36—54 岁	47.3	58.3	61.2
年龄 55 岁及以上	33.6	20.7	19.1
农业生产经营人员受教育程度构成			
未上过学	6.4	3.6	3.5
小学	37.0	30.6	21.8
初中	48.4	55.4	47.0
高中或中专	7.1	8.9	19.6
大专及以上	1.2	1.5	8.0
农业生产经营人员主要从事农业行业构成			
种植业	92.9	67.7	50.3
林业	2.2	2.7	16.4
畜牧业	3.5	21.3	16.6
渔业	0.8	6.4	6.2
农林牧渔服务业	0.6	1.9	10.6

资料来源:国家统计局.第三次全国农业普查主要数据公报(第五号)[EB/OL],2017-12-16.

从大学生返乡情况看,据统计,近几年来仅约2%的大学生返乡创业,虽然其就业领域比较宽泛①,也为"三农"发展输送了一些新鲜血液,但远不足以上升到农业人力资本积累的高度。实际上,比例不占少数②的大学生生于斯,甚至很长时间长于斯,与农村有特殊的感情,并一定程度地了解当地的乡土气息,如果能够回流农村(并不是强调只有农村户籍学生才应该回农村,而是基于传统情怀),加之自己所学(特别是农业院校的毕业生,具有一定的专业文化素养,以及相对长远的眼光和大胆开拓创新的能力),本可以促进农村人力资本积累的③,但好不容易"跳出农门",他们却更愿意选择城镇。

大学生是一个年轻的群体,他们朝气蓬勃,年轻有活力,做事有激情,自信心足,创新能力强,敢于对传统创业观念提出挑战,对市场需求相对有较准确的把握,能够提出可行性的创业项目。如何将大学毕业生资源一定程度地运用到农业生产,就是一个值得研究的问题。尽管据有关数据统计,一名创业者平均可以带动五人左右就业,但敢于在农村创业的人员比例毕竟还是太低。尤其在当前城乡二元结构影响下,城乡户籍制度及其附带的教育、医疗、养老保险等社会公共服务资源的差异,很大程度上影响着农村大学生的就业选择,影响着他们返乡创业,为家乡建设出谋划策的热情和抱负。

从普通本科农学毕业生人数来看,总量虽有一定上升,但其占总毕业生人数的比例很低且呈一定下降趋势,从 2012 年的 1.77% 下降到 2015 年的 1.7%,2017 年也只有 1.73%;而从他们的就业去向看,一部分毕业生选择继续深造读研,而另有一部分毕业生即使选择参加工作,但从事的也都是农技研发推广、园艺设计及动植物研究及其管理工作,还有少部分从事水产、物流、森林资源保护与环保等工作。实际上,从农业市场化、产业化和现代化的发展方向看,除了上述工作,随着合作社和规模农场的发展,从事农业服务、种苗培育、小作物产销、科技金融合作等活动也将越来越多,农业的人力资本积累已经获得了一定的内在推力,

---

① 返乡大学生一部分选择了考取基层公务员、中小学教师,一部分从事种养殖、农村电子商务、农村生鲜物流配送、乡村旅游经济、民俗文化产业、农副产品生产及深加工、农业信息咨询及服务等行业。资料来源:谢枭鹏,邵琳娜,杨春艳,等. 农村籍大学生返乡创业就业 SWOT 分析[J]. 安徽农业科学, 2019, (13):249.

② 农村户籍大学生招生比例超 60%,当然在校大学生城乡户籍比例却占了 4∶1。

③ 其实返乡大学生的专业运用也已打折扣:除了农村本身的基础条件较为薄弱及缺乏系统性政策支持外,大学生自身的思想认识及其知识储备与其创业性的运用也有一定差距,需联系实际学以致用,其经验教训有待在实践中不断总结。

但外在方面还需要政府建立农业人力资本积累的常态化机制。

总之，农村需要引进新的生产要素，包括新的机械和种子、新的技术和信息，更需要引进拥有现代科技知识并将其用于运作新型生产要素的人。传统的农业种植能手，虽有丰富的种植经验和一定的市场推销能力，但眼界和知识面还是相对要窄些，获取、接受和分析现代信息的能力还是相对要差些，辨别市场需求并对其进行科学化预测的能力还是相对要弱些，这必然不足以支撑农业市场化、产业化和现代化的发展要求。所以，农民当前的那"一声叹息"实际上是对外部"人力资本"的渴求。

2. 当家人性别关系

性别角色对家庭决策有着十分重要的影响，也影响着家庭收入的来源与分配。家庭内部男女分工及其权威关系在不同文明和不同时代有着显著不同，农村家庭更是如此。不提古代，且说当代，仍然存在男主外女主内的角色分工。虽然中华人民共和国成立伊始，国家就通过一系列政策措施，赋予了妇女融入各种社会生产劳动的平等权利，但目前仍然是男性为主，也就是说当家的主要是男性。尽管重男轻女会让相对多的女性更多失学而从事农活，但还称不上其农业生产已能真正融入市场和农业产业化的进程，而男性从小可能会接受更多的教育，在劳动力流动越来越频繁的情况下，他们更可能脱离农业生产，因此反过来将更不利于农业的市场化和产业化进程。

主内主外的劳动分工显然会影响农民的市场融入。内及家务、自给自足，外及融通、交流、交易与市场。前面已提到当家的主要是男性，但如果当家的男性从事的是农业以外的行业（如外出打工），那么对其家庭农业经营的市场参与能力就会减弱，相反如果其从事种养殖，或者从事农业产业开发项目，无疑对农业的市场化促进会有很大推动作用，因为男性本身在获取土地、信贷、培训和技术等方面的欲望和能力要远远大于女性。而且在改革后的涉农工作中，农户组织成了政策发展的主要目标和项目开发实施的主要场所。尽管国家撤走了对农村生产的大部分干预，但控制了土地和劳动力资源的男性户主依旧是国家政策和项目关注的对象。①

从大的角度说，由于劳务输出的大多数是男性，由此导致的农业劳动力女性化会进一步使得农业弱质化，那种小规模分散经营，主要用于解决农民自己"口粮"之需的生计农业，远不及集约型、产业化程度较高的精细农业，必然影响农业

---

① 中国妇女研究会. 建设社会主义新农村与性别平等——多学科和跨学科的研究［M］. 北京：中国妇女出版社，2007.

内部系统的良性循环和自身功能创造，这无疑不利于农民在"三农"市场中的深度融入。加之性别角色还可以在乡村治理中得到反映。据调查，青壮年男性，特别是当家的男性的外出一定程度地弱化了乡村治理，包括治理的质量和速度。这同样不利于农民的市场参与和农业的产业化发展。

3. 家庭规模

在大多数社会里，家庭在商品生产、分配、消费和人口再生产、社会化以及子女同住和财富转移中扮演着重要的角色。[①] 而家庭规模大小实实在在地影响着"三农"人力资源的配置，农业经济活动的决策、运营和管理，当然也会对国民经济的其他方面产生着不同程度的影响。根据国家统计局公布的数据，我国农村户均人口1953年为4.26人，1974年为4.73人，1982年为4.57人，2000年为4.20人，2006年为4.05人。2010年第六次人口普查的全国平均家户规模为3.10人。2012年北京大学中国家庭追踪调查(CFPS)的户均规模为3.4人。而2014年国家卫生计生委"中国计划生育家庭发展追踪调查"数据显示，户内同住人口数量仅为2.72人，且城镇(2.63人)少于乡村(2.76人)，东中西部地区总体相差不大，分别为2.74人、2.76人和2.71人，东北地区仅为2.38人。与这种趋势相一致，由多代人组成的大家庭越来越少，两代户大量增加并已占据主体地位。特别是由已婚夫妇及其未婚子女组成的二代家庭已逐渐成为主导，其次是父母同一已婚子女及其配偶和子女组成的简单三代家庭。

事实上，在无重大自然灾害以及科技进步日益发达的今天，家户规模小型化乃是生产力发展和社会进步的象征和标志，而人口的迁移流动(因而资源得以更加优化配置)和分户居住(当然住房条件改善是其重要影响因素)是家庭规模小型化的主要原因，且导致小家庭组建时间延后(初婚年龄提高)而家庭扩展时间压缩(子女生育数量递减)之势。这在农村，明显形成留守儿童、留守妇女、留守老人的留守家庭现象(这种现象也一定程度地存在于城镇)，这显然是不利于农民在当前"三农"背景下深度融入市场的，即使政府近些年都会出台惠农支农的"一号文件"，其效果也会大打折扣。

根据调查，同样也是被改革开放以来的实践所证明的，如果不考虑外出打工因素，家庭户规模变小，却是有利于经营和管理，有利于调动各方面积极因素的。在农村，在吃大锅饭的年代，一家老小无须太动脑子，随集体出工但未必出力，且当时人们相对保守，对改革和新技术新事物等接受慢，这极大地影响了"三农"生产力的发展。但改革开放后，家庭联产承包责任制包产到户，情势即变，面对这样

---

① 吴正，李树苗，梁在. 婚姻和家庭. 人口学[M]. 北京：中国人民大学出版社，2012.

的新机遇,勇于接受新事物的年轻人便开始纷纷与老一代分居,并主动迎接新的挑战,同时也渐渐地促进了老人们的思想转变,传统意识、宗族观念、家族意识、威权观念逐渐淡化,代之以年轻人的开放、融入、尝试和创新,表面上的人情冷暖则是以更加包容、理解、尊重和体谅的形式加以诠释。

但劳动力的流动,尤其是生产率提高而土地边际产出又很小,加之农业融资困难导致的农村剩余劳动力(特别是离土又离乡)的外流,使得留在农村的大都是年龄偏大或妇孺类的小型家户,这极大地影响了农村现有农民市场融入的计划决策能力、信息接收能力、集约经营能力、市场营销能力。更甚地,这样的劳动力结构带来的农村孤独寡郁的氛围如不能得到解决,农业沦为家户经济附属地位的认识会进一步加重,这不仅不能促进农民的市场参与和融入,而且也无法解决农业长期的弱质化问题。只是家户小型化这一进程,在当前更是伴随着土地流转和(新型)城镇化的发展,才促使更系统性地去思考"三农"问题的解决。

4. 农地规模和牲畜数量

实际上,这是一种对农业传统生产要素的概括。传统意义上,如果农地规模和牲畜数量大,则自给自足程度比较高,反之需要与外部市场交换,以满足生产经营和生活消费之需。但现代市场经济条件下,如果农地规模和牲畜数量大,则资源集中度往往较高,规模化经营也会变得更加容易,其规模经济一方面源于对农具、化肥、饲料等生产资料的综合利用,另一方面还来源于获取这些资源的讨价还价能力的提高,这都会使单位生产性投入的成本降低,从而使生产经营效益提高。例如,吉林省公主岭市一个"大户"2016年种了2700公顷玉米,而促使他将2017年种植计划提高到一万公顷的原因就在于效益本身,因为"团购",其生产资料等投入很低,每公顷种植成本仅3500元,而普通农民则普遍要7000元;而且在产出上,单产要高出附近农民10%以上,又是近2000元的效益;在质量上,他生产出的是一等、二等优质玉米,每公顷效益又能增加2000元。"一降两增",他每公顷纯收入就约4000元。①

目前随着土地流转和种养殖技术的不断推广,农村一些种养殖能手也开始不断捕捉市场信号,扩大自己的规模经营面积,特别是近年来国家实施了一系列惠农政策,使农村土地上的投资也进行了相应调整。如工商资本投机后的退出,传统大户盲目贪大后的收缩、稳步推进或"逆势接盘",都在做出市场竞争条件下的选择。因而土地规模的可调整性直接影响着农民的市场参与程度。在华南农业大学李琴主持的关于土地适度规模经营的课题组看来,基于农户种植业利润最

①　郭翔. 为何有人"毁约弃耕",有人"逆势抢地"[N]. 新华每日电讯,2017-02-22,(6).

化目标,平原地区东三省农户户均适度经营规模的最低标准为 30 亩左右,中部地区为 23 亩左右,西部地区为 11 亩左右,中部丘陵地区户均最优耕地经营规模为 24 亩左右,中部山地规模略小,为 10~21 亩;而基于劳动力的机会成本的角度,不论是在平原、丘陵地区还是山区,东北地区人均适度规模经营面积最高,为 35~47 亩;中部地区次之,为 20~35 亩;东部地区最低,人均 15~19 亩,而西部平原地区为 33 亩,丘陵和山区分别为 22 亩和 17 亩。以户均 2.5 个强劳动力计算,东北地区农户户均最优面积为 88~117 亩,中部地区为 50~75 亩,东部地区为 40~48 亩,西部地区则为 34~82.5 亩。①

　　显然单个农户的农地规模并不是越大越好,它也有一个合适的上限,也就是说农地(包括牲畜数量)仍然存在边际报酬递减的现象,因为一定规模的农地需要与其他生产要素相结合,才能形成真正的生产力,甚至包括与社会化的服务相结合,加之农场主本身及其所雇佣的劳动力的素质也要跟得上这样的规模化经营,否则就是简单地积攒土地,其效率同样会大打折扣。这一点在工业化和城镇化的今天更是一个值得关注的问题。具体说来,现有农村劳动力的生产率(从而劳动回报率)显然是个问题,更何况在中国国情下,土地还有它自身的特殊意义,在土地可以流转的今天,我们需要充分尊重农户自主选择,充分发挥市场的决定性作用,但也需要考虑在制度完备进程中发挥土地作为社会保障根基、制度转承载体和社会自主稳定的功效。当然反过来讲,在工业化和城镇化下,如果禁止或限制土地流转,必然出现更多的惰耕和弃耕,于国于民不利,不要把眼光放在工业化和城镇化下就认为土地集中相对于农业产业是外生变量,确保稳固国民经济之根基和保障 8 亿多农民(其至 14 亿国民)之民生,就得靠土地。因此必须考虑土地引致的市场、产业和社会性问题。从这些意义上,研究新型城镇化下基于农地等传统要素规模化经营的农民市场参与问题,就显得具有十分重要的价值和意义。

　　5. 生产经营成本和作物类型

　　农民融入市场,形成有竞争力的农业,才是经济长期稳定发展的基础。而影响农民市场融入和农业竞争力的一个重要因素就是农产品的生产经营成本,再者就是农产品的差异化(包括质量),或者说作物类型及其质量。归根结底,农业对农民来说,除了养家糊口,要有钱赚,要有经济基础,才会也才能去真正融入市场,去面对竞争与挑战。

　　规模经济只是降低成本的方式之一,然而规模经济的产生也是有条件的,如存在可规模化利用的生产要素,以前可收获的劳动力红利就是其一,然而小块细

---

① 李琴. 把握好土地适度规模经营的尺度[N]. 农民日报,2017-04-10,(3).

碎化的土地使部分地域的农业难以获得规模化经营带来的好处,更何况还有难以获得的技术和资金,就连一般的农资也存在垄断性销售的现象,这些都无疑会推动农业生产经营成本高企,农民融入市场自然举步维艰。跟美国相比,我国谷物劳动生产率平均水平大约仅为其1%,即使按实际劳动时间折算,也不会超过5%,而日工资水平却已达其20%左右。生产率低的一个根本性原因就是我国农户经营规模大都过小,农业科技有效普及率、转化率和农业纵向专业化水平都太低①,加之化肥、农药等的垄断性及其高投入②抬高了要素使用成本,降低了土地单位成本产出效率。

在所有生产经营成本中,种子、化肥、农药、饲料、农膜、农机和土地租赁等农业投入占了大头,而且其价格都一直在不同程度地上涨,这必然影响农民的生产收益,影响其市场参与的积极性。相对而言,农业投入的人工成本不大,一般家庭成员根本不计成本,但临时性、季节性的雇工成本则在不断上升,目前一般每人每天70~350元,其中以120~200元居多,用工成本年均增幅在10%以上。如果没有合适的经营类型,雇工成本的上升必然对家庭农场经营带来冲击,不利于促进农民市场参与的组织形式的培育,而一定程度和一定形式的劳动力的流动,是推动市场活跃的必要条件。

另外还有一些隐性成本会制约农民的市场参与,如融资困难带来的成本(包括由此引起的利息等显性成本)、经营升级成本(低附加值产业链上价值增值较困难,而寻求突破的部分农产品加工营销企业、饲料生产企业等税费负担却依然不轻)、品牌"包装"成本(包括在从无到有过程中促进品牌建立和进行营销包装的成本等)、为上述活动所发生的管理服务成本等,若不能系统谋划促其降低,这些成本就是农民市场参与的拦路虎。

就作物类型而言,事关农民的多样化经营。走出多样化经营这一步,本身就

---

① 在农业科技的普及上,虽然通过培育示范点,一定程度地发挥了"以点带面"的辐射效应,在推广组织薄弱的前提下提高了技术传播的效率,但它无法真正解决技术普及问题,特别是在一些农户因缺少资金补贴和政策扶持的情况下,他们很难完全复制样本,只能简单模仿,不能完全执行技术操作和生产实践中的规范和标准,必然影响产出的效果和普及的动力,降低了有效需求。再加上一些农业技术的针对性和应用性本身就不强,有效供给差,最终使得我国农业科技成果的转化率也只有30%~40%,仅为欧美发达国家的一半。

② 我国化肥用量自1984年首次高于美国后,已经连续30多年成为世界上化肥使用量最多的国家。据FAO统计,中国2014年的化肥用量占世界的31%,相当于印度(第二位)和美国(第三位)的总和。我国化肥平均用量400公斤/公顷(某些地区甚至高达600公斤/公顷),是世界公认警戒上限225公斤/公顷的1.8倍以上,更是欧美平均用量的四倍以上,世界平均用量的三倍以上。

事先做了一些有关"市场"的功课，包括对资源和市场的调查等，甚至包括对土壤水文、风力风向、自然气候等的调查①，寻找适合经营的产业和种养殖类型及其相应的技术。一般而言，单一的劳动密集型经营类型是缺乏市场竞争力的，其家户收入也较高地依赖农业活动自身，其长期的自我积累和可持续发展的能力较弱，而人力资本和技术密集型的种养殖业连接农业和工商业，紧跟市场，紧跟消费者，因此政府应该在促进农业企业、家庭农场和合作社在农产品差异化产业链上下功夫，寻求农业技术的恰当利用和农产品竞争力的有效提高。

事实上，不管是为了降低成本，还是多样化经营，都是有利于促进农民去认知并参与农业合作社的，或者说都有利于他们通过组织的力量去促进其生产经营活动，提升自己参与和融入市场的能力与水平，这也是降低经营成本的有效方式之一。

6. 农业系统外收入

在劳动力大流动的今天，如果农民外出务工收入远远超过务农收入，那农民在农业系统外的市场参与能力就会增强，反过来就会削弱其在农业系统内部的市场参与活动。而据调查，务工收入返流农村对农业的市场化和产业化支持是有限的，甚至务工汇款还会对劳动力流出地的农业生产产生消极作用。姚懿桐等人（2015）经过研究，更是量化为每增加一元务工汇款，将导致农户农业生产收入减少0.05元，非农生产收入反而会增加0.26元。② 究其原因，一方面，正如前面提到的，留在农村的劳动力市场信息接收能力、农机农技运用能力、生产运营转换能力都较低，因而其生产效率很低；另一方面，长期的外出务工趋势使返流汇款收入数量越来越小，而且流入农村的部分汇款收入并没有进行实质性的农业生产性投入。实证研究（钱文荣、郑黎义，2010）也发现，家庭成员外出务工并没有使农户从农业生产中获得的现金收入发生改变。③ 泰勒等（Taylor et al., 2003）早期对中国农村劳动力外出务工对农户农业收入影响的定量考察也发现，一个劳动力外出务

---

① 据调查，在我国主产区的谷物生产中，灌溉因素构成了劳动总成本的30%左右，近年来华北地区有不少农户因灌溉综合成本高而放弃了小麦种植。

② 姚懿桐，王雅鹏，申庆玲. 劳动力外出务工对农户家庭收入的影响——以湖北省4个县（市）为例[J]. 浙江农业学报，2015, 27 (4)：690-696.

③ 钱文荣，郑黎义. 劳动力外出务工对农户农业商品化率的影响——基于江西省四个县农户调研的实证分析[J]. 南方人口，2010, (4)：59-64.

工将因劳动力流失和汇款流入的双重影响,使每一个农户农业收入净减少 869
元。① 而姚懿桐等人 2015 年的研究认为,每增加一个本地务工劳动力,将因劳动
力流失的直接效应(-4136.67 元)和汇款间接效应(-268.99 元),导致农业生产收入
减少 4405.66 元,而非农生产收入增加 3775.02 元(两大效应分别为+2494.83 元和+
1280.19 元);每增加一个外地务工劳动力,将因劳动力流失的直接效应(-3742.82
元)和汇款间接效应(-96.51 元),导致农业生产收入减少 3839.34 元,而非农生产收
入增加 8305.69 元(两大效应分别为+7846.35 元和+459.34 元)。②

也正因为考虑到代际衔接下③的长期外出务工趋势,家户对其农业生产性投
资及其资本(资产)积累就会出现减弱趋势。刘承芳等(2002)基于江苏省六县
(市)的实证分析显示,家庭非农就业劳动力的比例是影响其农业投资的一个重要
消极因素。④ 李强、毛学峰(2008)从外出务工者本人角度的研究也发现,农民工
在给家人汇款时,农业生产性投资是预期用途中被忽视的一项。⑤ 实际上,他们
相当一部分务工收入投向了(空置率较高的)房屋建设(大部分农村婚娶的必要条
件)。

农业的各种生产性投资不足,必然导致农业的生产率下降。Rozelle et al.
(1999)分析了劳动力外出务工对中国玉米生产的影响后发现,外出务工人数每增
加一个,农户的玉米单产水平就将净下降 14%。⑥ 尽管表面上汇款的流入可以显
著增加农药和化肥的投入,但这并不意味着现存农村劳动力的技术效率的提高,
反而会弱化集约经营的能力,甚至一定程度导致管理优化、要素盘活、信息获取等
方面的"偷懒"行为,不利于在经营模式和市场运作等方面的创新。当然上述分析

①　TAYLOR, J. E., DE BRAUW, A., ROZELLE, S.: Migration and Incomes in Source Commu-
nities: A New Economics of Migration Perspective from China[J]. Economic Development and
Cultural Change, 2003,52(1):75-101.

②　姚懿桐, 王雅鹏, 申庆玲. 劳动力外出务工对农户家庭收入的影响——以湖北省 4 个县
(市)为例[J]. 浙江农业学报, 2015, 27 (4): 690-696.

③　即不仅仅考虑单个人的外出务工及年长后的返回,而是考虑在可能的有效劳动力续存期
间的家户劳动力代际外流。甚至在小家庭数量不断增多以及务工地社会保障加强的情
况下,务工劳力不回流(或减少回流)、务工收入不回寄(或减少回寄)的趋势加强。

④　刘承芳,张林秀,樊胜根. 农户农业生产性投资影响因素研究——对江苏省六个县市的实
证分析[J]. 中国农村观察, 2002, (4): 34-42.

⑤　李强, 毛学峰, 张涛. 农民工汇款的决策、数量与用途分析[J]. 中国农村观察, 2008,
(3): 2-12.

⑥　ROZELLE, S., TAYLOR, J. E., DE BRAUW A.: Migration, Remittances and Agricultural
Productivity in China[J].American Economic Review,1999,89(2):287-291.

主要都是基于"离土又离乡"的远距离劳务流出的情况。"离土但不离乡"的短距离劳务流出情况已越来越成为问题①，一个与工业化与城镇化不同向、不同调的问题，"离土不离乡"越来越成为现今"离土又离乡"的一种劳务流出的过渡"状态"②。只要有效劳动力不回流，上述农业生产率的下降就值得长期关注。

尽管传统上农业纯收入是农村家庭的主要收入来源，且工资性收入稳居第二，但目前工资性收入比重日益上升，且渐渐超过经营性收入（见表3-5、表3-6），因此基于上述农业系统外收入的影响分析和笔者的初步判断，基本上可以得出结论：农民基于农业系统的市场参与能力应该是一种下降的趋势。当然有效劳动力回流与否绝对是一个重要前提。特别是就中国的地区差异加以讨论，东部地区产业联系相对较紧密，劳动力（包括农村劳动力）在产业间的流动相对较中西部地区要强，因此其务工收入有利于促进其市场参与，从而有利于农业产业发展，但就全国而言，还不能明显地看出这一趋势。哪怕仅是受地理自然等条件的影响，也至少说明务工收入对农业市场化的促进仍是有条件的。

表3-5　2007—2012年农村居民家庭人均收入情况　　　　　单位：元

指标　　年份	2012年	2011年	2010年	2009年	2008年	2007年
农村居民家庭平均每人纯收入	7916.6	6977.3	5919.0	5153.2	4760.6	4140.4
农村居民家庭平均每人工资性纯收入	3447.5	2963.4	2431.1	2061.3	1853.7	1596.2
农村居民家庭平均每人家庭经营纯收入	3533.4	3222.0	2832.8	2526.8	2435.6	2193.7
农村居民家庭平均每人财产性纯收入	249.1	228.6	202.3	167.2	148.1	128.2
农村居民家庭平均每人转移性纯收入	686.7	563.3	452.9	398.0	323.2	222.3

资料来源：国家统计局官方网站：http://data.stats.gov.cn/easyquery.htm? cn=C01.

---

① 然而，根据现有的调查，"离土不离乡"比"离土又离乡"对家庭的资金收入支持要强。

② 这个"状态"既包括地理位置的"状态"，也包括农业生产性创造能力的"状态"，还包括与工业化、城镇化对接的作为生产要素"人"的运动"状态"。

表 3-6　2013—2016 年农村居民人均收入情况　　　　单位:元

指标 年份	2016 年	2015 年	2014 年	2013 年
农村居民人均可支配收入	12363.4	11421.7	10488.9	9429.6
工资性收入	5021.8	4600.3	4152.2	3652.5
经营净收入	4741.3	4503.6	4237.4	3934.9
财产净收入	272.1	251.5	222.1	194.7
转移净收入	2328.2	2066.3	1877.2	1647.5

资料来源:国家统计局.中国统计年鉴[M].北京:中国统计出版社,2017.

7. 组织参与及其成员关系

这里说的"组织"主要是指农业合作方面的组织,包括农业合作社或者农业协会、市场化经营的家庭农场、特定农产品的共同市场组织、"公司+农户"之类的契约组织、政府+农企+农民的 PPP 合作项目/组织等。陈俊梁(2009)认为,提高农民组织化程度是实现农村改革和发展第二次飞跃的关键;高宝琴(2010)则把农民组织化程度的提高作为乡村的生长点;而黄钢(2011)不仅认为现代新型农业合作组织形式是实现农业现代化的基本微观组织形式,而且还提出了诸如"科技企业带农户"等以科技为支撑的新型农业合作组织模式;张广荣等(2013)基于对河北省 838 个农户的调研数据,从农民视角对农民组织化的制约因素进行分析后结果表明,农民主体作用弱化、政府主导力量不足、农村精英缺失等因素制约了农民合作组织的创建、运行及可持续发展。这些文献都强调了提高农民组织化程度的重要性,并对相关影响因素做了分析。

总体来说,在国家相关政策扶持下,农业合作组织的数量和模式越来越多,合作和影响范围越来越大,其农机化、多元化、一体化生产水平正在得到不断提升,其对农民及其家户的市场带动效应也日益明显。2015 年所调查的新型农业经营主体(这里除了合作社,还包括龙头企业、家庭农场等)带动的农户数量平均达 248 户,主要体现在生产资料购买,农产品销售,资金、技术等方面的支持,如所调查龙头企业帮助农户统购生产资料的金额平均为 298 万元左右,为农户提供信贷担保的户数平均 20 户左右,为本县域农民开展现代农业科技知识培训的次数平均 5 次。45%专业合作社为社员提供过融资服务,28%为社员提供过金融中介服务。所调查专业合作社甚至还向非社员提供过农业生产资料购买服务,农产品销售服务,农产品加工服务,农产品运输及贮藏服务,良种引进和推广服务,农业技术培训等服务,其专业合作社比重依次为 25%、37%、13%、17%、26%、37%。约 1/5 所调查的家庭农场向农户提供过借贷帮助,平均提供借贷款 9.76 人次,平均提供借贷款金额 38.86 万元;约 1/4 的家庭农场向农户提供过农业科技知识培训,平均提供农业科技知识培训 54.90 次。①

但不论是在合作组织体系内还是在其体系外,包括对农民的教育和培训等相关服务却还远远不够完备和到位,在农民范围内进行有效组织扩散的机制不够健全,导致组织建立和发展是一个问题,农民借此参与市场、融入市场却成了另外一个问题。事实上,诸如"合作社"之类"自上而下"行政色彩较浓的组织参与似乎有所下降,其他类型的组织参与力度不够、程度不深,要么适应市场运作机制合适的治理结构不到位,无法进一步推进;要么利益分配不到位,缺乏内在动力;要么意识/信息不到位,深耕力量不足;要么政策等保障措施不到位,系统性支持缺乏。这些都无法确保农民能够深度地参与农业组织,融入农业市场,因而总体上组织化程度不高,无法有力地推进农产品标准化与差异化、品牌化与形象化、系统化与规模化生产,进而推动农业市场化、产业化和有竞争力地发展。

最根本的是,要发挥农民在这些组织、在农业生产中的主体地位,而不能让农民成为只是被雇用的劳动力,不能让这些组织成为政府在农村的所谓"代理人",不能让合作企业成为"三农"的刮利敛财者。政府要确保农业组织的"互助性",这是在农业式微条件下促进农业组织建设的初衷。只有这样,组织成员的关系才会逐步理顺。在当下,这并不是一个宣传力度够不够的问题,农民就夹杂在它们中间;也不只是一个认识不够的问题,而是对它们的感觉不好;传统观念是一回事,而现在农民的组织接触却并不紧密;组织有作用,其利益落脚点却可能并不重在农民。产权不明确,内部控制问题明显,无法突出农民的主体地位,其主动加入农业合作组织的积极性自然会降低。怎样才能突出这一主体地位? 政府应有所作为,包括政策扶植是其应有之义。

(二)影响农民市场参与的外部因素

1. 市场距离及基础设施

最初农村市场的形成是在有剩余产品的前提下,力求通过交易实现满足相互需求,而且交易的距离是在不影响其劳作的距离范围内选择的,即不需要花很多时间以免妨碍到他们的其他活动,因此当初的农村市场的分布主要是以村落距离并加之一定的基层行政单位为基础,并随着对外交流交易范围的不断扩大和交通

---

① 经济日报中国经济趋势研究院新型农业经营主体调研组. 新型农业经营主体盈利状况趋好[N]. 经济日报, 2016-08-22, (6).

基础设施的不断完善,逐渐向县乡城镇集中,这大大推动了规模化农业和以市场为导向的农业的发展,而基础设施落后的乡镇,其市场便无法扩展,农民的参与程度自然很低。

后来通信、网络等软硬件基础设施的发展,特别是"互联网+"的出现,进一步拉近了农民和市场的距离,尤其是通过设施关联,农民的市场意识不断地被全方位洗礼,市场参与的自觉性在不断增强,渠道也在逐步拓宽,但围绕农产品基于农民市场主体地位的市场开拓,由于受到各方面因素的影响,尚待进一步加强。确实,互联网的发展正在悄然改变这一切。例如,2016年2月17日国家发展和改革委员会(简称"发改委")就与阿里巴巴集团签署了结合返乡创业试点发展农村电商战略的合作协议,计划三年内共同支持300余试点县(市、区)结合返乡创业试点,发展农村电商,并按照合作节奏设立约1000个县级服务中心和10万个村级服务站,发改委力图加强统筹规划、综合协调和资源整合,不断改善试点地区创业环境,而阿里巴巴集团则将以农村淘宝及关联公司为先导,带动试点地区发展本地化农村电商业态,打造集渠道建设、电商平台、双向流通、人才培育聚合为一体的农村电子商务生态链和生态圈,软硬件基础设施建设齐头并进,但愿这样的合作能缩短产业内和产业间的市场距离,真正突出农民的市场主体地位。

[媒体纪实]电商创业促进农村市场繁荣①

以山东省菏泽市大集镇为例,这里曾经只是一个中国再普通不过的农业乡镇,没有交通优势,不临国道、省道,只有一条县级公路,也没有资源优势,务工是农民最主要的收入来源。但就是这个地方,靠着历史上若干人搞摄影服饰、布景加工的传统,三四年间,发展成为拥有六个"淘宝村"、主营演出服饰生产加工的大众创业基地。在大集镇丁楼村,全村300户家庭有280家开有淘宝店,全村年销售收入超100万元的服饰加工户达30多家。收入增加是显著的变化,而更重要的是,因为农村电商的兴起,大集镇人口开始出现回流,超过160位大学生回乡创业,2500多位外出务工农民返乡工作。过年之际,大家都在感叹农村村庄凋敝、人口外流、生机乏力,一幅"逃离"的境况。但是在这里,有产业、有年轻人、有知识分子、有斗志、有希望、有未来。在电商带动下发展起来的大集镇正在推进新型城镇化建设。事实证明,农村创业只需要一个支点。

但事实上,彻底的农民工"市"民化,没有几代人的努力很难实现,回乡这条路

---

① 施维. 电商创业能否解决农村留守问题[N]. 农民日报,2016-02-25,(03). (标题为作者所加)

也并不见得就好走。在中国绝大多数农村，产业支撑的乏力导致就业、创业机会匮乏，给农民选择的余地极为有限。总体上，农村的创业发展依然是一条狭窄的道路。农民尤其是留守农民对市场存在着物理的和心理的两大距离。正因为这一点，市场距离仍然是目前最现实的影响农民市场参与的阻碍因素。

2. 市场信息

1997 年，我国农业进入了新的发展阶段：农产品由卖方市场过渡到买方市场，农业结构开始战略性调整，农村市场信息服务的"开路先锋"作用开始显现。1998 年中共十五届三中全会通过的《中共中央关于农业和农村工作若干重大问题的决定》就要求完善信息收集和发布制度，向农民提供及时准确的市场信息；2000 年中共中央、国务院关于做好农业和农村工作的意见，继续要求农业行政主管部门尽快制定农产品市场信息采集标准和规范，完善信息发布制度，建立及时、准确、系统、权威的农业信息体系；2001 年农业部改组建立农村市场信息体系建设领导小组后出台的《"十五"农村市场信息服务行动计划》，要求基本建立起覆盖全国省、市、县、大多数乡镇以及有条件的农业产业化龙头企业、农产品批发市场、中介组织和经营大户的农村信息服务网络。很明显，这些努力都在试图让市场信息更加贴近农业生产主体，人们也已经在围绕市场情况考虑和安排生产、经营和消费活动。

进入 21 世纪后，无论是加入 WTO 后成员农业的竞争，破除"二元结构"的城乡信息统筹，还是合作社和家庭农场的发展，甚至十九大后人们追求美好生活在农业上的作为，都需要充分的市场信息助力问题的对称性解决。

但目前的涉农信息重在供给方面（例如设立开展涉农信息化工作的职能、管理和服务机构，包括服务站、服务网络和数据中心，信息采集系统，"信息发布日历"制度，信息化服务平台、信箱、热线等），没有培养需求，特别是没有根据世界农业发展的形势和中国农业发展的实际情况，去创造农民对涉农信息的自主性需求，因此必然会影响涉农信息供给的质量和效用，尤其是在农村青年劳动力外流的情况下，这一问题会加剧。关于信息自主性需求的创造，一是要让农民知道有什么样的涉农信息，能从哪里去获取，还要让农民知道如何用、怎么用这些信息，进而进一步增强他们对涉农信息的主动获取，甚至自主采集和挖掘。

当前涉农信息供需之间衔接存在的突出问题主要表现在以下方面。

（1）农业信息量本来足够大，但其网络接收从而数据库建设、传播和处理的基础设施建设滞后，致使获取渠道少、传播速度不快、时效性不强。虽然农业部、科技部等部委和一些部属单位在农业数据库和数据仓库等方面开发建设了一批农业公用基础数据库，建立了农业综合数据库集群、数据仓库系统，也已建成逾百个大型涉农数据库(最主要的数据库是由农业科研单位先后引进建立的 CABI、AGRIS、AGRICOLA 和 FSTA 数据库,以及由中国农科院牵头创建的农业数据库和农业光盘服务网络),约占世界农业信息数据库总数的 10%,但作为其市场主体的农民却使用率极低,就连一般的、已经建设的农业网站大多也是千面一孔。数据库不只是用于研究,更重要的是要有助于指导农业实践,然而农业数据库容量很小,不到世界的 1%,数据库产值不到世界的 0.1%;在上网人数方面,上网人员非农用户多、农业用户少,农业的经常性用户大约只占 0.5%。据统计,我国农村网民 1.31 亿人,在全国网民职业结构中,农民职业仅占 5.3%,人数为 2570 万人,全国平均每个农业网站每天只有 41.6 人次的页面访问数,访客在线时间平均只有 5.81 秒。① 农业部一项对我国 1000 个农村固定观察点农户信息使用情况的调查显示,在我国,能够通过互联网获得市场和技术信息的农村家庭只有 0.8%,绝大多数农民仍以电视、广播等传统方式作为获取信息的主要渠道,不但信息量小,而且针对农业生产的技术含量低,大量的实用性农业信息不能及时地传递到最需要信息的农民手中。作为市场主体的农民应该是农业信息最大、最基层的用户群,可是在农业信息服务向数字化、网络化发展的今天,农民却一直游离于网络和网上农业信息资源之外,这对农业信息化和信息化农业的发展极为不利,当然无法促进农民的市场参与。

(2)农业信息服务和产业转化人才短缺,一方面是有效信息的开发人才不足,另一方面是信息的传递转化人才不足,无法提升与农民真实信息需求的市场化对接水平。大多是普通产品、种子、农药等一般性市场信息,而针对地区类型②、农业群体、种养殖群组、上下产业链衔接、产前产中产后一体服务、消费群体、特定技术类型的信息相对不足。而且,农业信息服务还涉及农业生物技术、气候、地理环境、农产品销售等多个领域及其相关信息的采集、存储、分析、计算、传输等多个环节,这要求服务人员既要懂得农业科学技术,又要懂得信息技术,甚至拥有一定的市场经济效益分析能力,从而有针对性地传递信息,并进行相应的产业转化。但是目前这样的复合型人才还很少(当然也一定程度地反映出产学研分割较严重的特性,尤其在农业领域),因而农业信息资源的开发利用明显不够,这极大地制约了农业信息服务质量从而影响农业经济效益的提高,反过来又会进一步弱化,至少是放缓农民对农业市场信息的索取和吸收意愿。突出表现在农业信息的采集

---

① 董裴. 农业网站农村访客不足三成[N]. 中国经济导报,2009-09-12,(B03).
② 这里的地区类型,不只是指农产品运动各环节的地理区域类型,还包括消费及信息运动载体的地区类型。

范围窄，在实际工作中其采集渠道主要来自报纸、杂志、网络以及各地农业部门提供的农业信息材料，并且采集标准不够规范，时效性较差，信息的开放性和共享性差，作为国民经济基础的农业的信息公共产品特性还需要进一步提高。就作为农业市场主体的农民而言，在其生活的农村，直接面对面接触的一线农业信息服务人员素质堪忧。我国农业信息化人才资源仅占信息技术人才总数的0.9%，而省、市级农业信息化人才队伍就占了0.8%，县、乡镇农业信息化人员只占0.1%。①可见，农业信息化人才队伍奇缺。尤其县、乡一级的农业信息技术人员不仅人数偏少，而且学历也偏低，有的还只有初中甚至小学文化，甚至不少人员是因工作需要或调整岗位转过来从事这项工作的。这些人对计算机技术、网络技术、通信技术不精通，只懂些简单的操作和进行一些简单的维护工作。这直接影响了农业信息化的建设和发展。

（3）基层农民信息需求总体很弱、意识不强，市场观念淡，自我驱动力不足。一是源于农业的边际效益不高（与单个农户无法形成规模化生产有一定关系），无法产生足够强的欲望，去驱使信息供求双方在市场中主动开发和获取信息；二是农民的素质相对偏低，对市场及其信息本身不够敏感，无法捕捉有效信息，更无法有效识别信息的生产力及其价值特性；三是正如前面提到的农村信息基础设施落后，一定程度阻隔了农民与信息的接触。农民及基层工作人员的市场信息意识，直接影响农民对农业信息的需求数量与质量，而囿于"养在屋前屋后、卖在村前村后"的农产品生产流通状况，及其价格"无从谈起"、只得"道听途说"的现状，根本无法营造真正的市场交易氛围，哪来农民真正的市场参与？现实中的市场需求变化莫测，新技术、新品种层出不穷，"没有信息没人'冲'，一有信息一窝蜂"的现象时有出现，农业信息中介机制缺少、传递途径缺乏、服务手段单一，农业信息稳定地连通"最后一公里"②任重而道远。虽然近些年供求双方的条件都有一些改善，③但根本性问题还存在，仍然没有形成机制性、制度性措施去系统性解决这些问题。农村的通信网络设施发展很快，如何将其有效地运用到农业生产信息的发掘上去，政府应该有所作为，以使农民能自觉地、主动地通过这些设施去有效地接触农业生产经营实用信息。其实，唤醒农民市场意识、增强农民市场观念的不仅

---

① 刘小平. 加强农业信息化进程中人才队伍建设[J]. 农业经济与科技,2008, 19(3)：35.

② "最后一公里"问题的解决，只有供求双方相向而行，才可能更快地达成目标，这也是"城乡融合"的标志之一。但很多人会把它理解为"信息从采集、加工、存储、传递到用户"的单向"行程"问题。

③ 如，丰富多彩的优质新品，不断满足消费者多样需求，但其农产品质量标准和食品安全信息服务及时性和准确性不够，因此对信息服务的要求也在与时俱进。

仅是政府下面的经管站、农技站、农资站、广播站等服务人员，完全可以是家庭农场、自发性合作社、农业种植能手等市场团队和个人。但目前在市场意识培育方面的机制性、系统性设计不够，靠散兵游勇、单兵作战的农民肯定无法促进信息的有效传播和利用。

3. 社会关系亲密程度

稳定和谐的社会关系网络对买卖双方信任关系的建立从而降低市场参与的交易成本有着十分重要的影响，它有助于改善农民参与并不断融入现代高端市场并鼓励理性交易，而且越是能够融入社会关系网络，就越说明其本身就更具有群聚的欲望和能力（这也是前面提到参与组织的影响因素之一）。反之，一个不和谐的社会网络，双方无法建立信任关系，其生产经营行为就越是倾向于"单打独斗"，越是远离市场交易的中心。长期封闭和分块经营的农业生产就是其真实写照，而现代农业需要互通有无，需要市场扩展，需要规模化生产，这都离不开彼此间的信任。有时候，也把它定义为农民拥有的"社会资本"的多少。

一是自然关系，即长期自然形成的社会架构从而形成社会人际关系网络。长期自然形成的社会网络结构，因成员亲疏程度，会在其中形成不同的社会群体，而他们具有的相似偏好和共同利益及集体意识，在农业社会中会促进生产性合作，即使在新型城镇化劳动力外流情况下也会促进生产和生活互助。如果有一定的市场引导，这种互助无疑会推动传统农业通过增进农民的市场参与向现代农业的转换（例如现代意义的家庭农场）。但必须抓住网络群体和节点上的关键人物，这样才会纲举目张，形成网络效应。但就整个市场的体量而言，这种群体的市场力量可能是相对有限的，而现代社会能够促成市场便利扩张的，往往是第二种关系。

二是人为关系，即人为基于自身市场利益增进的意愿而主动构筑的买卖双方的信任关系，例如合同关系。通过合同建立的信任关系，感觉情感关系并不那么亲密，但却体现的是基于双方需要和优势基础上的资源配置和利益交换关系，更多地反映了市场那只"看不见的手"的作用。而且合同关系的加强，也会一定程度上促进人际网络情感关系的加强，它不仅会扩大关系范围，更会增强社交网络的"多样性"。市场信息和资源范围与层次的扩大，会进一步体现出更大的比较优势，增加市场交易的机会和获利的可能性。

美国社会学家马克·格拉诺维特（Mark Granovetter, 1974）把亲人、同学、朋友、同事等相互间十分稳定，然而传播范围有限的社会认知，称为"强连接"（Strong Ties）现象；而那种社会关系更为广泛，却肤浅的社会认知，需要靠交流和接触才能产生的一种联系较弱的人际交往纽带，则是一种"弱连接"（Weak Ties）关系。根据 150 定律（邓巴数字），每个人拥有稳定社交网络的人数维持在 150 个左右，其中强连接20~30个,弱连接120~130个。研究发现,其实最密切的社会关系并不是"强连接",而常常是"弱连接"。"弱连接"虽然不如"强连接"那样坚固,但有极快的且可能具有低成本和高效能的传播效率,因而其构筑的社会关系相较于"强连接"对一个人的工作和事业关系而言,就会更为密切一些(特别是在家庭小型化的社会里,当然不应忽视"强连接"存在利益扩张而不仅仅是情感加强的可能性问题)。

与强连接相关的,可能更多的是情感信息,容易形成相对封闭的自循环内部网络系统(并弱化与其他系统、其他信息、其他观点的融合),至少它会在一定程度上压抑基于市场交易及其利益关系信息的传播,因为其信息的冗余程度远比弱连接要高,例如一个朋友或亲戚听到的信息,可能在另一些朋友或亲戚那里早就传播开了。因此,"弱连接"(例如那些靠契约维系的关系)在我们与外界交流和市场交易时发挥了关键的作用,因为这样的连接所得到的信息可能不但不多余,反倒更适用,而且通过不同渠道可获得多样化信息,容易促成相对稳固而多样化的交易,从而取得社会结构变革的结构性利益。农民的市场参与也正需要通过"弱连接"促成信息在不同圈子传播而使参与范围不断扩张,这便是弱连接的威力。

当然,正因为弱连接互动次数少、感情较弱、亲密程度低,因而互惠交换的次数和内容少而窄,从而显示出弱连接在社会结构中的价值,它是不同社会集群之间传递信息的有效桥梁,这对于在相对封闭的农村社会促进农民的市场参与至关重要。即使事业上的主要合作伙伴和主要客户有时会转变成一定程度的强连接(在农村这种可能性相对较低),但在互联网+时代促使可能交易和支付平台的建立使得供求伙伴在选择性变大的情况下,弱连接仍然会被凸显出来,它比强联系更能充当跨越其社会界限在各群体之间去获得信息和其他资源的桥梁(因为一般多认为强连接多是基于性别、年龄、教育程度、职业等固有身份特征发展起来,而弱连接则更多基于不同个体的社会经济特征而建立)。"三农"及其与产业外部的联系更是如此,更不用说农民去参与和融入市场了。

而且由于弱联系沟通相对较少,信息表露不全面,"弱联系"的信息收集者、创造者和传播者往往更加专业化和职业化,对市场交易的针对性就更强一些。正是因为针对性强的特征,其信息传递的链条就会相对较短,这对于总量较大、且很分散的农民群体来说,加强相互间及其与外部的联系就具有十分重要的意义,目前就农民市场参与而言,这种短的连接似乎都还做得很不够。因此加强农业产业内外合同关系,促进订单农业发展对促进农民的市场参与极其重要。

社会学家马丁·吕夫(Martin Ruef)通过问卷调查还发现,创业想法来自家人和朋友这些强联系讨论的,只占38%;而来自客户和供货商这类商业伙伴这些弱联系讨论的,却高达 52%;另有人则是受媒体或专家启发。而在其另一结论(大部分创业团队仍然由家人和朋友构成,强联系团队和弱联系团队的数目对比差不多是 5∶3)下,似乎农业领域基于集体规模化经营模式下的创业实践应该大有作为,而且在其包括农业种植能手、返乡创业者、农业企业家、大学生村干部等农村人力资源流动条件下,其创新能力还会进一步提高(弱联系团队的创新能力差不多是强联系团队的 1.18 倍)。

4.“三农”系统风险因素及其风险舒适度

“三农”系统的风险因素首先考虑的是那些客观的、具有明显地域特征的自然风险,这又分为两类,一是难以通过人们的努力获得解决的风险,比如因为地质地貌或水文星象变化等自然变异引起的灾害性自然风险如地震等,这样的风险防范也越来越多地随着科学技术的发展得以改善,如地震天气预测、星象云图观测等,对农民市场参与的影响都是正面的;二是通过人们的意志可以获得一定程度降低的缓发性风险,如因为植被破坏和森林锐减等人为影响引起的干旱等,①对于这样的风险,诸如环境友好型实践活动对农民的态度和观念的影响就是积极的,从而对政府有关农业环境措施的实施进而农民农业市场的参与就有着十分重要的促进作用。

其次就是需要更多地着眼于市场风险(从而技术和社会风险)的分析,这主要基于农民抗风险能力的研究。如果自然因素更多地影响农民种好丰产,那么市场风险因素更多地是影响其卖好丰收。而在市场风险的前端,是技术包括其适用性决定了其市场竞争的能力;社会风险则从后端影响着农产品的市场适销性。市场因素包括产业结构变化和消费者需求结构变化等引起的市场竞争风险;因市场本身变化引起的土地等租赁的安全性和劳动力等要素的可获得性;土地流转及相关生产要素流动导致的其他不确定风险等。技术风险主要是农业技术的适用性问题,一方面是能否适合当地条件(如土壤状况、气候情况、适宜的耕作方式等)的使用,另一方面是能否被农民恰当地使用(如是否有针对性地培训,从而被农民恰当地理解和使用等),再者就是与农业结构升级相关的技术升级风险(这与前两者紧密相关,并寻求如何与产品需求改变相一致,即需要如何有效地通过“农民”将“土豆”的生产部分地转移到“木耳”的生产上)。对农业供给侧结构性改革来讲,这一类风险的解决十分关键。社会风险包括因利益冲突从而引起的社会经济治理问题(当然也包括农村社会经济治理自身存在的一些问题,如村委会产生的程序

---

① 就连全国人大代表、甘肃省定西市岷县禾驮乡石门村党支部书记石寿芳也说道,村里 282 户都靠种药材富起来,尤其种当归都有 1700 年历史,但全靠水土、气候(盖大棚却影响药材品性和药效),结果,2016 年村里遭了大旱,一下子绝收了三分之一,村里很多人一年都白干了。资料来源:江娜. 帮助农民应对农业三大风险[N]. 农民日报, 2017-03-07, (01).

规范性及其效率问题);由于农村劳动市场结构变迁和国家经济社会发展,从而引起财税制度变化和社会保障程度的变化;农村经济结构变化引起的机会获得感及其预期等等。

这些因素因为农民不同的舒适感知度,其影响农民市场参与的程度也有所不同。这大致可以分为两类:一类,感知相对比较差的,例如土地流转纠纷,而相关部门又未及时做解释和处理的那一类,这对农民市场参与的影响是负面的;另一类是能被相对积极处理的风险因素,如农民对环境卫生和市场秩序治理,以及农业保险的积极态度对其市场参与有着重要的积极影响。对于相对收益不确定的现代要素投入(而传统生产要素风险和不确定性相对较小,但收益率却较低)而言,总体上农民是偏好的(只是需要在农村,或者说在"三农"情境下建立一定的生产力形成机制),尤其是对农业产业化进程中的现代农民或者新型职业农民而言,更是如此。

当然,不同的农民对风险的认知度本身也是存在差异的,这会不同程度地影响他们抵抗风险的能力和决心,进而影响其市场参与的进程。对风险认知的差异会受到多种因素影响,如自身文化及身体素质、家庭收入、人际关系网络、家庭成员包括身体潜质在内的总体状况等等。不同资源约束下的农民或农户对现有资源和可能获得资源的处理目标和态度是有差异的,如为生存而奔波的农民,首先要保障家庭的稳定与安全,由此带来的效用显然会高于利润最大化的效用。这本身又涉及整个国家对农民社会保障的重视和实现程度,进而从宏观层面影响农民对相关风险的可预见性和舒适感(无论是对于风险规避者,还是风险爱好者,都是如此,只是风险偏好者自我处理风险的能力会更强一些)。

实际上,在经济全球化的当今,农民所要面临的市场及其风险都远比以前要大。在国内可买卖农产品,本地市场却不一定是你的市场;外国市场可买卖本国农产品,农民却未必知道市场行情。而且农业本身的弱质性、农产品的低弹性、农村市场的相对封闭性及其生产上一定程度的羊群效应,在农业产业链及其延伸中的价值创造与获取并不是一件容易的事,它需要熟悉掌握各产业自身的运行规律,并打通产业间的生产、市场和价值联系。正如全国人大代表、江苏省沛县胡寨镇草庙村党总支书记秦真岭说:"政府工作报告提出要打造农村一二三产融合发展新格局,这是真正让农民增收的举措。"①因此从这个角度讲,促进"三农"发展的不仅仅是为其提供信息,更要培养和提升农民广阔市场的认知与参与能力,让他们真正搞清楚应该"生产什么,如何生产,卖什么,怎么卖",产供销"随行就市"、人财物"合理配置"的问题。当然,"信息"得先行。

---

① 江娜. 帮助农民应对农业三大风险[N]. 农民日报, 2017-03-07, (01).

5.政府支持体系

政府对式微农业支持体系的建立及其强有力的支持,是影响农民市场参与程度的重要因素。这主要体现在以下几个方面。

(1)以财政为中心的政策支持体系。财政资金的筹集及其对"三农"发展项目的支持,会一定程度改善私人资本不愿加大对产出率和附加值都较低的农业投资的局面。私人资本以利润最大化为目标,而财政资金还要保障农业作为国民经济基础性的地位,保障国民吃饭穿衣这一基本需求。这样,在"三农"各项改革(尤其是供给侧结构性改革促进农业产业质的提升)过程中,农民才会有积极参与的基本动力。"巧妇难为无米之炊",收入低,借贷难,投入少,产业资金流动性差,农民对市场的思考就必然会少,其市场参与的能力就必然会差。

(2)以生产要素为核心的政策支持体系。特别是对科技、信息、人力培训及人力资源的支持和帮扶。这主要是对生产要素质量提升的扶植与支持。当然也包括对土地产权及其流转制度的改革。劳动力是最活跃的生产要素,科技是第一生产力,信息及其网络是农业现代化的要件,而土地等要素是农业生产重要的载体和根基。基于生产要素联合需求的特性,政府对农业生产要素通盘系统性支持对农业市场化、产业化、现代化至关重要,也必然影响着农民在其市场中的角色扮演和作用发挥。

[调研纪实]农业科技与农民培训

本研究调研问卷发现,大多数农民都渴望能够有机会参与农技培训,提升自己的实用技能,但他们认为真正能够帮助到农民们的农技培训少之又少。尽管在各级党委、政府的重视下,开展了多种形式的农技培训,主要以实用技术、绿色证书、农广校、高等院校进修、失地农民培训等为主,但也发现两方面的问题:一是技术嫁接到当地农民及其他运用载体的结合程度不够深,部分流于表面形式的结合,效果大打折扣;二是技术在农村没能得到有效的推广和铺陈,农民的自发性运用不强。确实,调查反馈发现,能够得到有效培训的农民,往往能够走在市场的前沿,掌握较为先进的技术,率先走上致富之路。特别是在农业产业化、市场化程度不断加深后,农民参加各种培训的愿望非常强烈。他们希望得到可持续的组织保证、管理支持、措施到位,以及不断获得相关培训信息和资料(包括教材和相关读物)支持。

(3)以保险保障为支撑的政策支持体系。这分为两个层面,一是农业保险本身的政府支持,二是政府对农业产前、产中和产后服务的提供及其体系培育的重视。中共中央办公厅、国务院办公厅于 2019 年 2 月 21 日印发的《关于促进小农户和现代农业发展有机衔接的意见》就提出，要建立健全农业保险保障体系，发展与小农户生产关系密切的各类保险，鼓励地方建立特色优势农产品保险制度，完善保险市场，建立第三方灾害损失评估和政府监督理赔机制。很显然，农民不能参与和融入这个市场，就不利于支持体系有效发挥作用；反过来，只有通过保险保障体系的完善，农民才能更好地融入市场。

对影响农民市场参与的因素的分析，正说明平时我们经常看到的诸如市场交易规模之类的指标并不能完全说明农民的市场参与能力，还要看这种交易量的变化具体是由什么因素决定的，这为刻画和测度中国国情下农民市场参与的能力与水平提供了一定的思路。结合众多的文献分析发现，经济越发达的国家，其影响农民市场参与的因素就越偏向于市场风险、环境可持续、农民自身意识和态度；反之则偏向于诸如距离、农场规模、生产要素等基础因素；一些强有力的过渡因素（诸如组织化程度、市场信息等），其影响也甚为明显。这为基于中国自身新型城镇化建设的国情，做更有针对性的分析，就更有助于探索农民有效参与市场的合适渠道，并建立维持农民市场参与能力的长效机制，进而优化政策决策。

三、农民的生产行为变迁及其组织化影响

现代经济社会的发展以产业、城乡、个群等关系变迁在空间结构上的互动体现出来，具体表现为结构升级、融合发展、个性化表达的传播、交流与互助。就农业的生产、消费和生活而言，这种发展变化也有了一定的起色，但相对于其他产业和部门来说，农业或者农民的投资还是有些保守，消费偏向谨慎，生活略显单调。毫无疑问，消费和生活模式的改变会对其生产行为产生相当大的推动作用，但其改变的基础还是缘于生产模式改变从而收益上的增长。

从中华人民共和国成立到改革开放，再到融入世界经济体系，中国的农业生产和农民的生产行为也有了一定的改变（见图3-1）。从最初的集体决策、集体合作到后来的联产承包、包干到户，逐步实现着两大转变：一是从计划经济到市场经济、从粗放生产到集约生产的转变，逐步解决集体决策下的无效率和资源浪费问题；二是注重自我决策、自我流动的个性经营和追求个性品质的发展，逐步实现从满足自给自足、温饱到追求有品质的富裕生活的转变。前者强调公平，但可以"出工不出力"；后者强调效率，既要合理"出工"，还要更好"出力"。但就"三农"情境而言，毕竟个人的力量是有限的，因此权力的下放，也会使个人相对无法承担的"风险"不断积累，最后产生市场失灵。

20世纪70年代之前，在农业内部，早期专注合作社的"大生产""大锅饭"，生产资料和消费资料都很缺乏，甚至连个稻麦扬灰都要分堆到户做燃料或肥料，工

具基本上是犁耙锄头。80年代起分田到户,还有了自留地,种粮积极性提高,也搞起了一些副业,除了村社温室育种,家户还可水果栽培、种桑养蚕、养鸡养鸭等,生产工具不断机械化,同时引入了农业外部的一些工商业,但是单户经营规模很是有限。这一过渡到实行市场经济后,劳动力流动更加频繁,并部分地实现了土地流转,家庭农场、农业企业不断出现,各种类型的合作社不断涌现①,并开始出现"自下而上"的生成特征,产业间的融合度加深,农民可以自建农场,自办企业,自设饭馆,自营运输,也可跳出农门到城镇营利谋生,不断"市"民化,如图3-1所示。

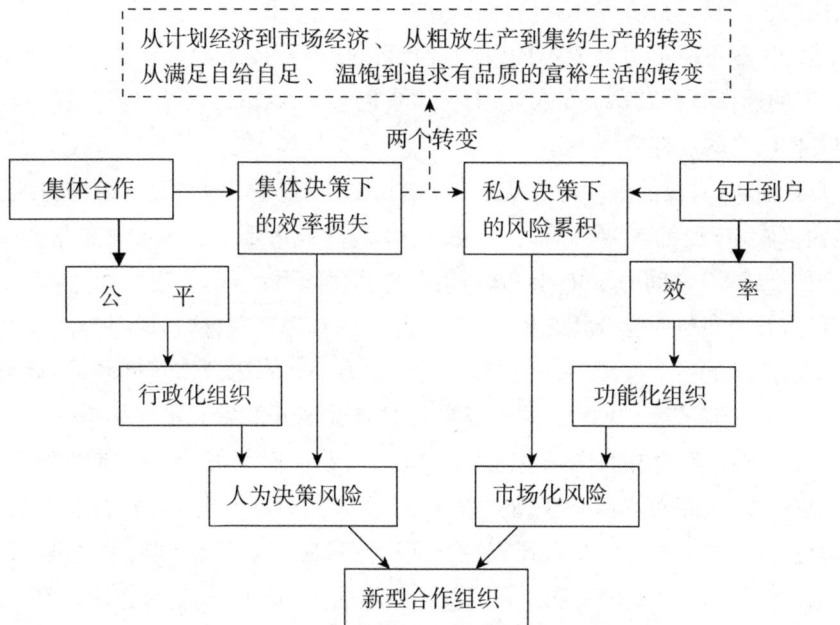

图3-1　农民生产行为变迁及其组织化影响

---

① 自2007年《中华人民共和国农民专业合作社法》颁布十多年来,农业合作社发展迅速。据农业农村部的最新数据显示,我国每个村平均有三个农民合作社。截至2018年底,全国依法登记的农民专业合作社达217.3万家(《人民日报》2019年11月26日第10版数据是220.7万家),是2012年底的3.15倍(是该法2007年颁布时约2.6万家的83倍多);实有入社农户1.1亿多户,约占全国农户总数的49.1%(资料来源:杨久栋,纪安,彭超,等. 2019中国新型农业经营主体发展分析报告二——基于农民合作社的调查和数据[N]. 农民日报, 2019-02-23, 007)。伴随规模扩大,合作社逐步向一二三产融合拓展,向生产、供销、信用业务综合合作转变,向社际联合迈进。目前,超过一半合作社提供产加销一体化服务,服务总值11044亿元(资料来源:乔金亮. 全国依法登记的农民专业合作社达204.4万家[N]. 东方城乡报, 2018-05-08,B05)。

单就伴随农民生产行为变迁的组织化特征来看，以过渡期分成前后两个阶段，前一阶段相对地建立了"行政化的组织"，突出行政架构，不仅像村社乡组等这样的建制，就是农村合作社也是"自上而下"地建立，农业科技也是"自上而下"地"填灌"。后一阶段却不断地产生着"现代企业制度"下的企业，在农村，像"乡镇企业"这样的组织方式也在不断地被革新着。而且为了解决市场失灵并促进政策效率的提高，新的组织形式或者组织方式不断出现。除了农民可以自己随时进入市场买卖以外，农业经纪人、农业企业、家庭农场、新型农业合作组织等不断提高着农民的生产经营自由度和灵活性，农民可以更大程度、更大范围地合计经营得失。他们虽然不懂得机会成本的概念，但可以依机会成本的性质进行选择性决策，这样的选择既可以发生在农业内部不同生产部门之间，也可以发生在农业系统内外部门之间。

具体而言，农民的生产行为变迁在各类组织（如"农户＋一般的市场组织"自然形式、"农户＋经纪人"代理形式、"农户＋农企"吸入形式、"农户＋专业合作组织"合作形式等）之间的不同组织化程度差异体现如下：

目前农民参与程度较高的是"农户＋经纪人"代理形式，这正说明"经纪"只是农民融入市场的一个过渡，他们不想也没有能力去认真思考市场问题，因此通过"经纪人"代理最省事；"自然"的市场参与只是改革开放后农民连接市场的一种基础形式；排在第二位的是"合作社"合作形式，在他们看来，大家一起"合作"可能会使责、权、利相对均衡一些，而"农企"毕竟以利润最大化为目标，他们担心自己的利益会流失或被"牺牲"。所以在其他产业看来作为市场主体的"企业"却是农民融入最差的形式。随着农民自身能力的增强和"企业"利益的合理分配，农民的融入程度自然也会发生变化。

而从交易的内容看，各类组织基本都以粮食作物为主，但表现出了一些与组织形式相对应的新的特征：例如，市场交易内容越多（如水果蔬菜，其他特色种养殖等），就越需要"经纪人"打理，其获取渠道自然更多地偏向于地方种子公司、基地或专业市场，而"合作社"新品更换比例最多（甚至包括地方特产、苗木花卉、畜牧产品等），因为风险会分散给其他社员和组织共同承担，而且部分新品的地方化特点也与地方性合作社结合更加紧密，因此获取的渠道也更直接地依赖合作社，然后间接地通过地方种子公司、基地或专业市场实现相关交易；"农企"虽也有较大比例更换新品，但在当前农产品市场发展态势下，其更换的机会成本和风险会较大；一般直接参与市场交易的新品无疑是最少的，因为个人去承担风险及其损失的能力较弱，准备会更加不足。

与此对应，农资供应也是"合作社"最稳定（此类组织形式中农户对农业生产过程中农资投入品来源的稳定性的重视程度比较高,另一方面也因为大部分的农民专业合作经济组织对其成员提供统一购买农资投入品的服务),其技术服务需求意识也最强,订单推动最多(这反映了其产品销售市场的稳定性和农资技术信息服务的可靠性);"农企"次之(这两种组织形式也会更多地带来农民自身种养规模的变化),"经纪"产品销售的组织形式,其农资供应相对不够稳定,当然也缺乏技术服务需求意识。这些特点都与前面的描述是一致的。

调查的实际结果也反映出农民组织化参与意识的提高。就合作社而言,无论在资金借贷方面,还是在信息、经验获取方面,都比以前更加便利和充分,大部分社员都满意并愿意保持与其加入的合作组织的长期稳定关系,如果退出反而会损其经济利益和家庭收入。

当然,虽然这些组织形式一定程度地提高了农民的组织化程度,但总体说来,这并不能说明农民的市场参与度就很高。由于上面各组织形式的差异,加之农民自身的异质性(资源禀赋及连带属性、参与意愿与欲望、产出能力和责权利差异、组织内部结构差异带来的反向影响不一致),既影响着组织的发展,也影响着农民的参与与融入。事实上,大多数农民的组织,尤其是合作社的核心成员为其人格化的代表,他们拥有更多的决策权和剩余索取权,他们也为此提高了这些组织的对外谈判权和索取权。尤其在新型城镇化发展下这两个特点(对内的分层特点和对外的力量渗透)都很重要,需要认真关注并加以仔细研究。

第二节　农民市场参与能力的测度指标及其体系构建

有效的市场参与是农民摆脱贫困从而提高收入和粮食安全的可靠途径,然而各影响因素对其参与能力的影响渠道、方式和层次(程度)都各不相同,因此首先需要就这些影响如何对农民市场参与能力和程度的刻画进行描述,以便对症下药、辨证施策,真正提高农民的市场参与能力。

一、市场参与能力刻画指标体系

农民的市场参与是将自给自足的农民融入农产品的投入和产出市场,以期提高他们的收入水平,从而减少贫困,因此可以考虑从农产品运动的全过程即产前、产中和产后三阶段进行其市场参与和融入的刻画。

(一)市场参与的产前刻画

1.新技术/新品种研发与推广度(服务站点、研发投入)

$$MPI_{111农业科研投入占比} = \frac{R\&D_{农业}}{R\&D_{全国}}$$

没有研发，就没有竞争力，当然不利于农民的市场参与。

2016 年农业 R&D 占全国 R&D 支出为 1.64%，与 2015 年相比提高了 0.04 个百分点，但与 2009 年相比下降了 0.29 个百分点（见表 3-7）。2017 年规模以上农副食品加工业 R&D 费用（2745770 万元）只占全国规模以上工业企业 R&D 费用总和（120129589 万元）的 2.29%；而 2010 年该比例（478254 万元/40153965 万元）更是低至 1.19%；虽然其年均增长 28.36%，但与市场发达国家相比，其占比还是低出很多。[①]

$$MPI_{112农业科研投资强度} = \frac{R\&D_{农业}}{GDP_{农业}}$$

2016 年中国农业 R&D 支出为 257.3 亿元，按照现价计算，比 2015 年增长了 13.17%，比 2009 年增长 129.17%。2016 年农业 R&D 投资强度为 0.40%，虽比 2015 年提高了 0.03 个百分点，但仍不到美国的 1/6 和发达国家平均水平的 1/5，甚至也只相当于发展中国家平均水平的 1/2 左右；而且与全国 R&D 投资强度 2.12%[②]相比，也相差甚远（见表 3-7）。

表 3-7　中国农业 R&D 投入

年度	2009	2015	2016
（1）农业增加值（亿元）	34161.8	60870.5	63672.8
（2）农业 R&D 经费（亿元）	112.3	227.3	257.3
（3）农业企业 R&D 投入（亿元）	13.5	34.1	38.6
（4）农业 R&D 投资强度=（2）/（1）	0.33%	0.37%	0.40%
（5）全国 R&D 总经费（亿元）	5802.1	14169.9	15676.8
（6）农业 R&D 占全国总 R&D 比重=（2）/（5）	1.93%	1.60%	1.64%
（7）全国 GDP（亿元）	348498.5	686449.6	740598.70
（8）全国总 R&D 投资强度=（5）/（7）	1.66%	2.06%	2.12%

资料来源：袁学国．2016 年中国农业 R&D 支出分析［EB/OL］．尚农智库，2018-07-21．

① 美国 2016 年仅联邦研究经费预算农业部就占到了 3.23%，2017 年还达到了 3.44%。

② 根据《2018 年全国科技经费投入统计公报》，2018 年该数据为 2.19%。

2.农资储备与市场供应充足度(良种种苗繁育与推广度、农资市场化销售程度)

$$MPI_{121农资储备充足度} = \frac{Q_{农资生产储备量}}{Q_{农资市场需求量}}$$

该指标反映保证市场需求的农资供应水平及其程度。指标数值越大,说明该地区农资供应越充足,越能够提振该地区农民市场参与的信心。没有很好的农资供应水平,在当前"三农"情境下,必然影响农民"等米下锅"的心态和未来的生产经营决策。如果农资的市场化供应水平越高(当然包含一定的市场监管),农民市场参与的意识就越强。同时该指标的变动(特别是该指标较大幅度的提升)也能反映出农民市场参与能力的提高,但前提是农资生产要有农民一定程度的参与,哪怕是农民与农资生产企业在信息方面的沟通、销售方面的市场联通、农资需求结构的反馈,甚至直接吸引农民劳动力的加入(作为生产要素,或者作为合作伙伴)等,都能从不同角度反映那样的参与。

反过来说,农民市场参与能力越强,农资需求量越大,该指标将会一定程度地下降,但在此基础上,随着需求信号的传递,农资生产储备能力一旦提高,该指标就会反映出一个更高水平上的市场参与能力的增强。从这一角度上讲,农资的供求水平在市场竞争中反映出来的农民市场参与水平是一个动态变化的过程,需做具体分析,包括对农资供应结构①和供应季节性变化的分析。但可以肯定的是,稳定的生产储备和市场供应是基础,需求变化是动态变量,最终反映到该指标的变化,必然体现出不同(农资)市场规模下的不同程度的市场参与水平。

农资供应不仅仅是要确保供求量的匹配,从市场角度讲,农资储备不足或形成垄断性供给,都会抬高农资价格,增加农业生产成本,减少农民收入,降低农民市场参与的意愿,进一步导致农业生产要素(尤其是劳动力)退出农业系统,影响"三农"长期发展。常言道"一年之计在于春",只要春节一过,"备农资,保春耕"的消息就会铺天盖地,"农资储备充足"的信号也随即被不断发布出来。就2020年的情况,供销合作总社经济发展与改革部副部长马继红3月28日表示,截止到目前,全国供销合作系统累计储备春耕备耕农资达到2758万吨。供销合作总社高度重视湖北地区农资供应情况,所属中国农业生产资料集团公司在湖北肥料短缺期间就承诺对接供应八万吨的肥料,并随时补足供应缺口,向有关生产企业积

---

① 例如钾肥因资源限制而亩产量小,必然影响市场供应和贸易水平,从而影响种植结构和经营品种,影响农民的市场化参与程度。

极采购十万吨肥料,支持企业恢复正常运营。① 可见,农资的供应水平对农业生产和农民的市场参与的重要意义。

$$MPI_{122农资供应密度} = \frac{V_{农资供应额}}{GDP_{相应农业产值} \cdot A_{农资供应范围(面积)}}$$

此指标反映一定面积的农业产值所依赖的农资供应水平。相对来说,此指标数值越大,说明该地区农资供应相对充足。但从另一方面讲,该指标变小,如果市场参与能力变强,也可能是由于两方面变化引起:一是农业科技进步引起的效率提高;二是农业生产和发展方式正在调绿。当然还有另一种情况,即当农民市场参与能力降低时,就是农资的实际使用在减少,农地撂荒,农资(特别是农药化肥)质量下降,甚或价格走低、收益下降都有可能是其原因。由于数据获取问题,以2015 年为例,该年中国农资市场容量超过 1.5 万亿元②,农业产值为57635.8亿元,农作物播种面积为 166374 千公顷③,由此算得农资供应密度为每千公顷每亿元产值的农资投入仅约为 160 元。

[市场行情]农资行业运行的新情况和存在的主要问题④

2019 年上半年,化肥供应能够满足需求、市场运行有所波动,但行业存在一些诸如化肥需求下降、全供应链库存减少、流通企业面临经营困难、农资假冒伪劣之类的问题。

化肥总体需求较去年减少。一方面轮作休耕面积扩大,用肥需求有所减少;另一方面农产品收购价格连续多年下跌、农民经济效益下滑、种植和用肥积极性不断降低,撂荒现象时有发生。具体表现在两方面:一是国内东北等多地出现了春耕化肥销售剩货的现象,市场需求普遍低于经销商预期水平;二是夏季追肥需求较去年同期晚近一个月,且需求量同比有明显减少。

氮肥生产厂商库存减少,开工不稳,部分品种价格波动较大,经营风险较高。根据中国农资流通协会监测,2 月末至 3 月末,全国尿素平均批发价格由 1986.2 元/吨上涨至最高 2065.5 元/吨,一月内上涨4%。而随

① 倪铭娅,赵白执南. 供销总社:截至目前全国供销合作系统累计储备春耕备耕农资达 2758万吨[N]. 中国证券报·中证网,2020-03-28.
② 中国产业调研网. 2020 年中国农资市场现状调研与发展前景预测分析报告[R/OL]. 中国产业调研网,2020-09-02.
③ 国家统计局. 中国统计年鉴(2016)[M]. 中国统计出版社.
④ 中国农资流通协会. 2019 年上半年农资市场运行情况及趋势预测[EB/OL]. 农资网,2019-07-15,有删节.

着春耕用肥的结束,尿素价格又连续下跌,在6月末又回落至2000元/吨左右。2月初至3月末,全国尿素企业开工率在54%~64%,4月起至6月,开工率才逐渐保持在七成左右。

受化肥进出口关税调整影响,化肥进出口活跃度提升,国内外市场联系更加密切。2019年1月1日起,钾肥、磷钾二元复合肥、氮磷钾三元复合肥出口均由征收关税降为零关税,4月1日起化肥类商品的国内生产销售、出口环节、进口环节增值税税率由10%降至9%。受其影响,国内多品种化肥进出口量均大幅增长。根据中国海关数据统计,2019年1—5月,中国累计出口各种肥料1057万吨,同比增长41.9%;累计出口金额29.49亿美元,同比增长53.0%。累计进口肥料579万吨,同比增长15.6%;累计进口金额18.37亿美元,同比增加15.6%。进出口关税的减少使得国内市场与国际市场的关系更为密切,有利于化解国内硫酸钾和复合肥过剩产能,也有利于春耕期间国内市场对国际市场资源的利用。

流通企业受到工厂、农民双重挤压情况严峻,经营面临挑战。根据实地调研情况,基层农民对于春耕用肥期间价格变动不能接受,经销商普遍在用肥旺季前或用肥开始时确定价格并不再变动。因此春耕期间国内多地出现价格倒挂的情况,很多流通企业经营面临较大困难。同时,在化肥价格高位、粮价较低、农民用肥积极性不高的形势下,一些偷减含量、假冒伪劣的产品在市场上仍有生存空间,损害农民利益。

$$MPI_{123种苗市场成长指数} = \frac{R_{种苗销售收入}}{IN_{种苗繁育投资}}$$

此指标反映了良种种苗的市场需求和销售情况,从而说明了农村对良种种苗的重视和利用程度。

联合国《世界人口展望:2015年修订版》报告指出,全球人口激增将对未来粮食供应形成巨大挑战,也将进一步推动全球种子市场规模的扩大。2014年至2020年全球商品种子市场复合增长率将达到5.4%,至2020年全球商品种子市场规模将达到720.9亿美元。然而根据国际种子联盟统计报告显示,2014年全球商品种子市场规模约为500亿美元,70%左右的商品种子市场集中在20个国家,其中美国市场规模约为140亿美元,占全球商品种子市场规模的28%,位列第一。世界种子贸易也主要集中在发达国家,同样美国占据首位,其次是荷兰、法国,而作为农业大国的中国,种子贸易仅排在第19位。2014年全球前五大种子公司的销售额占据了种子市场53%的市场份额,而我国种子产业的总销售额份额虽然排在世界第二(约105亿美元,约占21%),但没有一家中国种子公司的市场份额达到 2%。根据中国产业信息网测算数据,2016 年农作物种子行业市场规模约为 840 亿元(较 2007 年增加 540 亿元,年均增长 12.12%)。据此测算,2016 年隆平高科的市场份额也不到 3%,登海种业与垦丰种业的市场份额不到 2%,荃银高科、敦煌种业、丰乐种业、万向德农的市场份额均低于 1%。

根据农业部统计数据显示,我国种子企业数量最多时达到 8700 多家,但注册资本在 3000 万以上的企业只有 500 家左右,不足全部种子企业的 6%。近几年随着行业政策的完善和企业结构的优化,种子企业数量开始减少,企业规模开始扩大。到 2015 年,企业数量下降到 4460 多家,并且近两年还在下降,而在这 4460 多家企业当中,行业前 50 家的市场占有率突破 30%。① 尽管种子行业结构得到一定程度改善,但我国种苗市场发展前景仍然十分堪忧。外资企业利用与国内高校和科研院所合作之机,大量搜集我国优异种源,进而凭借其先进的农业科技和强大的研发创新能力,对其筛选和改良,迅速占领我国种子市场,攫取了巨额利润。"中国是仅次于美国的第二大种子市场,市场规模超 500 亿元,却没一家企业能与国外种业巨头叫板",吉林省农业科学院院长岳德荣代表很是感慨并举例说,俨然已成为中国种业市场"大鳄"的美国先锋公司的玉米品种"先玉 335",四年时间就占据了吉林较大市场份额,人家靠的是"产量高、抗性强、品质好"的科技创新和研发投入。而全国种子企业多达 8700 余家,但都处于"小、乱、散"的竞争局面,90%以上的种子公司没有研发能力。② "自己拿不出过硬的良种,只能沦为跨国公司的加工车间。"作为上市公司,甘肃敦煌种业每年销售收入过亿元,给地方的纳税却只有几百万元,大部分利润要交给先锋公司。人大代表赵志海指出了"两大症结":以科研院所为主体的农业研发体制,使成果很难与实际对接;以乡镇站(所)为脉络的推广体系又"线断网破",导致粮食安全缺乏"科技支撑"。中国作为粮食消费大国,"小种子"急需长成"大产业"。③ 从这个角度上讲,农业科技没有有力地助推农民的市场参与,反过来,没有高效的农民市场参与,也无法拉动农业科技的推广与应用。

3.合作社发达程度(数量和类型综合度)

---

① 普华有策. 全球种子行业发展概况及国内竞争格局[EB/OL].普化有策,2018-06-26.

② 国外跨国种子公司的研发投入一般占其销售收入的 10%左右,有的高达 15%~20%。而我国拥有研发创新能力的国内种子企业不到总数的 1.5%,绝大部分企业研发投入仅占其销售额的 1%,有的企业还达不到这个数字。

③ 宋振远,王晓明,杨三军."八连增"后,粮食无忧? ——聚焦中国粮食安全[EB/OL]. 中央政府门户网站,2012-03-07.

$$MPI_{131农业合作社类型分布} = N_{种养殖} : N_{信贷金融} : N_{(科技)服务}$$

该指标以合作社功能分类,主要从市场完备程度进行考察,其中种养殖类合作社本身涵盖了生产资料的购买、产品销售、加工、运输与贮藏等功能,而且越是信贷金融类,特别是科技服务类合作社的比重越大,说明农民参与市场的程度相对就越深,农村人力资本积累的可能性也就越大。这也为更多的"三农"劳动力提供了更多的参与与融入市场的机会与可能性。

从现实的合作社调查看,从事种植业的合作社最多,占 77.1%;养殖业次之,为 34.9%;农机农技等服务、农副产品加工利用分别占 19.1% 和 19.4%,还有 12.8% 的农畜产品加工,而从事两个或两个以上行业的合作社占比达 60.7%。在为社员提供服务方面,80.6% 的合作社为社员提供农产品销售服务,为社团提供农技培训服务的比例也高达 78.9%,提供良种引进推广服务和农资购买服务分别占 73.6% 和 73.5%,但在农产品加工服务、农产品运输及贮藏服务上却分别仅占 46.0% 和 48.2%,而从事电子商务运营平台和金融信贷类的比例就更少(如农业保险购买方面仅占 23.0%[①],有些合作社虽有内部信用合作,并提供一定的金融服务,但业务开展量显然不足,目前农村信用合作社真正发挥作用的机制也明显欠缺),还有 1.3% 的合作社甚至从未提供过任何服务项目。不过,更多的合作社越来越多地开展了诸如生态农业(调查中占 49.0%)、循环农业(37.0%)、休闲观光农业(30.2%)、籽种农业(11.1%)、会展农业(5.1%)等之类的新业态。[②]

从这些数字看出,农业合作社的种类较多,农技服务的比例也似乎并不低,但真正对路、主动挖潜的服务种类单一,甚至有其名而无其实。当然,由于存在合作社兼业的情况,单一功能农业合作的划分较为困难,但也明显看出,信贷金融类合作社相当少,整个产业链还没有真正打通,这也是农业实现真正产业化、市场化的瓶颈之一。而且从下面农业合作社发展的规模指标也可以看到这一点。

$$MPI_{132农业合作社社均资产} = \frac{K_{合作社总资产}}{N_{合作社数量}}$$

根据全国农村固定观察点调查体系对 695 个农民合作社的典型调查,合作社

---

① 2016 年我国农业保险深度(农业保费收入/农林牧渔业增加值×100%)仅为 0.63%。根据《中国保险业发展"十三五"规划纲要》,2020 年该指标将达到 5%,然而目前美国、加拿大和日本的农业保险深度则分别高达 5.2%、4.1% 和 1.8%(中国农业科学院. 全国农业现代化监测评价指标体系方案[EB/OL]. 中华人民共和国农业部,2017-11-17.)。

② 参见杨久栋,纪安,彭超,等. 2019 中国新型农业经营主体发展分析报告(二)——基于农民合作社的调查和数据[N]. 农民日报,2019-02-23,(007).

的社均资产为 1234.13 万元人民币，①而 2016 年美国各种类型农业合作社总计 1953 个，农业合作社总资产 992 亿美元②，因此按当年人民币平均汇率为一美元 兑 6.6423 元人民币计算，社均资产达 33738.67 万元人民币，两国合作社的规模化 发展简直天壤之别。

4.农村物流发达程度（道路网密度、通信网络信息普及度）

$$MPI_{141农村道路网密度} = \frac{M_{农村村庄标准道路*总里程}}{A_{农村村庄总面积}}$$

注：* 标准道路指符合国家《农村道路规划规范》的道路。

如表 3-8 所示，由于数据采集问题，这里仅从农村公路密度看，该指标明显与 "三农"发展（农民的市场参与、农业的市场化发展、农村的环境建设等）有着非常 直接的联系。

表 3-8　全国部分省（区）市农村公路密度

省（区）市	公路密度（公里/百平方公里，年份）	第一产业产值（亿元，对应年份）	耕地面积（万亩，对应年份）	单位耕地面积第一产业产值（元/亩，对应年份）
1.宁夏（全区）	53.3(2018)	279.85	1103.51	2536.00
2.陕西榆林（全区）	84(2018)	231.00	1183	1952.66
3.成都	184(2018)	522.59	648	8064.66
4.河北	83(2015)	3439.4	9806.6	3507.23
5.廊坊	153(2017)	186.5	554	3366.43
6.浙江	108(2011)	1581	3105	5091.79
7.桐乡	280(2018)	21.76	57.75	3767.97
8.山东	155(2017)	4876.7	11410	4274.06
9.诸城	137(2017)	66.01	160	4125.63

---

① 彭超，杨久栋. 2018 中国新型农业经营主体发展分析报告（二）——基于农民合作社的调查和数据[N]. 农民日报，2018-02-23，(004).

② 李旭，李雪，宋宝辉. 美国农业合作社发展的特点、经验及启示[J]. 农业经济，2018，(11)：9-11.

省(区)市	公路密度 (公里/百平方 公里,年份)	第一产业 产值(亿元, 对应年份)	耕地面积(万 亩,对应年份)	单位耕地面积 第一产业产值 (元/亩,对应年份)
10.枣庄	183.36(2015)	154.11	276.1	5581.67
11.玉林	69.46(2017)	276.91	285.3	9705.92
12.梧州	42.7(2017)	136.4	249.66	5463.43
13.合浦	66.76(2018)	97.81	123.11	7944.93
14.江苏	138(2018)	4141.7	6875	6024.29
15.无锡	165.43(2017)	135.18	220.15	6140.36
16.南通	209(2014)	367.1	664	5528.61
17.临汾	93.38(2018)	93.8	796.33	1177.90
18.内蒙古伊金霍洛旗	38.2(2018)	8.2	48.27	1698.78
19.吉林	55.4(2017)	1429.21	10483	1363.36
20.安徽	123.2(2016)	2567.7	5549.83	4626.63

资料来源:通过互联网数据收集整理计算。

将上表的对应数据做成关系折线图[横轴数字为上表对应的省(区)市],如下图3-2所示,可以看出,虽然各省(区)市单位耕地面积第一产业产值与农村公路密度在绝对值上有一定波动幅度,但两者之间的变化方向和趋势有一定的一致性,充分说明以道路网密度反映的农村物流发达程度对第一产业产值的影响是非常明显的。

$$MPI_{142农村通信网络信息普及度} = \frac{N_{通信网络使用的农村人口数}}{N_{农村人口总数}}$$

表3-9说明农村互联网普及速度很快,2010—2017年年均宽带接入用户增长20.96%,但普及率仍较低。截至2020年3月,农村地区的互联网普及率仅为46.2%,远低于城镇76.5%和全国64.5%的平均水平,而2.55亿的农村网民规模,仅占整体网民的28.2%。[1] 通信网络用于农村实际生产经营过程的比例就更低,

---

[1]　中国互联网络信息中心.2020年第45次中国互联网络发展状况统计报告[R].中国互联网络信息中心,2020-04-27.

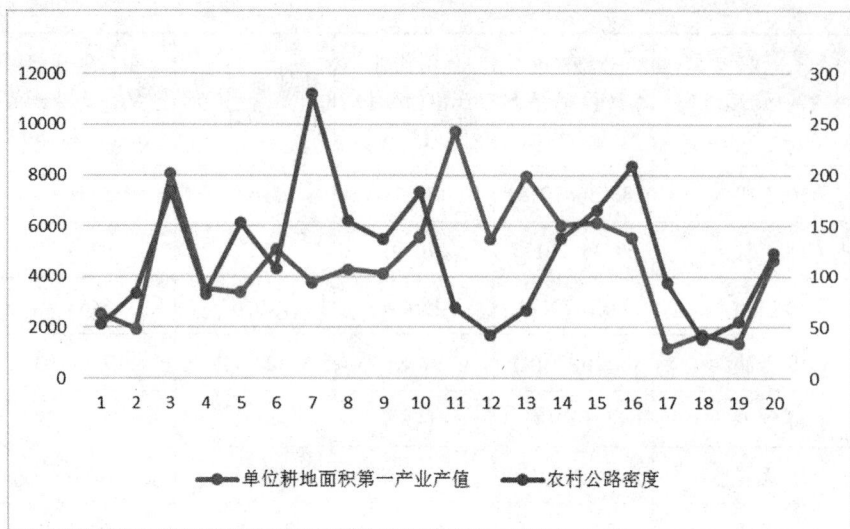

图 3-2　单位耕地面积第一产业产值与农村公路密度关系图

见市场参与的产中刻画指标 MPI_{241} 和产后刻画指标 MPI_{351}。

表 3-9　中国农村互联网宽带接入用户　　　　　　　　单位:万户

年份	2010	2011	2012	2013	2014	2015	2016	2017
用户数	2475.7	3308.8	4075.9	4737.3	4873.7	6398.4	7454.0	9377.3

资料来源:国家统计局. 中国统计年鉴[M].北京:中国统计出版社,2018.

(二)市场参与的产中刻画

1.土地流转度(土地可获得性的结果指标)

$$MPI_{211} = \frac{T_{实现流转土地面积}}{T_{全国耕地面积}}$$

据农业农村部统计,2004 年农村承包地流转面积为 0.58 亿亩,2012 年增加到 2.8 亿亩,增长 3.8 倍,年均增长 21.6%;2016 年达 4.8 亿亩,比 2012 年增加了 2.0 亿亩,增长 72.3%,年均增长 14.6%。[①] 如果按当前拥有的 15 亿亩家庭联产承包责任田面积计算,其占比达 32%。沿海地区比例甚至高出很多,如浙江土地承包

————————

① 　国家统计局. 改革开放 40 年经济社会发展成就系列报告之二十[R].国家统计局,2018-09-18.

经营权流转达到40%左右,上海超过60%;张家港、无锡等地比例则高达80%。①
到2018年底,全国2838个县市区开展了土地承包经营权确权登记颁证工作,共计
14.8亿亩承包地确权给了两亿多农户。② 毫无疑问,农村土地流转有力地促进了
耕地的规模化经营,③推动了农业的规模化发展,有利于调动资金、技术、信息、人
才和管理等资源在农村地区的集聚和辐射带动作用,但这一趋势如何反映农民的
市场参与,甚至要不要促进农民参与其中都值得深入研究(这在其他相关章节有
回答)。

另外,从土地流转方式来看,在转包、转让、合作、互换、出租、入股等几种形态
中,目前来看转让占近半数(而且很大程度上限于同一集体组织内部④),股份合
作或入股方式总体只占10%左右(见图3-3)。而从土地流转的用途来看,相当部
分耕地流转之后已经不再用于粮食作物的种植了,2016年就有2.08亿亩土地用
于非粮作物的种植,占比达到43.47%,这一方面反映了当前耕地流转市场的不规
范,⑤另一方面,这种土地经营转移或许已经超出了本研究对"农民市场参与"本
质的关注,应该引起高度重视。

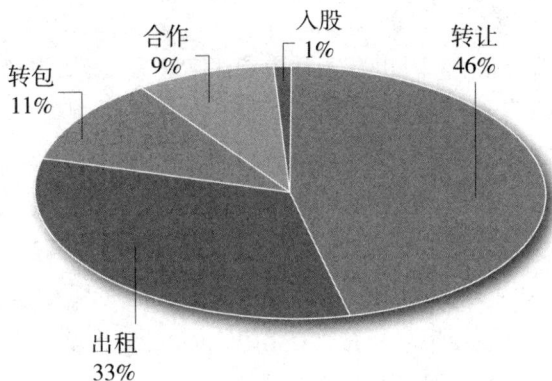

图3-3 土地流转方式及其占比

① 中国产业调研网. 2020—2026年中国农资行业现状分析与发展前景研究报告[EB/OL].
中国产业调研网,2020-05-25.
② 金里伦. 始终把饭碗牢牢端在自己手上[N]. 经济日报,2019-08-17,(01).
③ 根据第三次全国农业普查结果,2016年耕地规模化(南方省份50亩以上、北方省份100
亩以上)耕种面积占全部实际耕地耕种面积的比重为28.6%。资料来源:国家统计局. 改
革开放40年经济社会发展成就系列报告之二十[R]. 国家统计局. 2018-09-18.
④ 如何打破这一局限,在"机制"部分有相关研究。
⑤ 中国产业信息网. 2017年中国农业规模化经营行业发展现状及未来市场趋势分析[EB/
OL]. 中国产业信息网,2018-01-02.

2.农业劳动力就业率(劳动力可获得性的结果指标)

$$MPI_{221} = \frac{L_{农业生产中实际就业户籍劳动力}}{L_{农村户籍劳动力总量}}$$

该指标反映了农村户籍劳动力在农业生产中的就业情况,但 $1-MPI_{221}$ 并不反映农业户籍劳动力的失业水平,因为有些劳动力不从事农业生产,却通过劳动力转移在其他部门就业。虽然 MPI_{221} 无法反映农民的市场参与程度,但 $1-MPI_{221}$ 却可以说明农业生产劳动力可获得性的基础水平(之所以说是基础水平,是因为有些非农村户籍劳动力也可以从事农业生产,并成为"人"型结构论中农业人力资本积累的源泉)。随着农业合作社和其他农业组织的市场化推进,农村劳动力的市场参与状况可以部分地通过 MPI_{222} 和 MPI_{223} 得到反映。按 2018 年《中国农村统计年鉴》统计口径以乡村人口(2017 年 57661 万人)及乡村第一产业就业人员(2017 年 20944 万人)计,MPI_{221} 为 36.32%,但这与本研究的"农民"市场参与相关数据还是有一定出入,毕竟农村剩余劳动力为 1.5 亿左右,即使按乡村就业人员 35178 万人算,也仍然存在一定差距。

$$MPI_{222农业合作社劳动力参与度} = \frac{L_{农业合作社劳动力}}{L_{农业劳动力}}$$

截至 2018 年 2 月底,全国实有入社农户 11759 万户,约占全国农户总数的 48.1%。① 按中国国家统计局 2017 年平均每户 3.03 人的规模(诸多资料显示其劳动力比例约占 2/3,即两人左右)以及乡村就业人员 35178 万人、农民工总量 28652 万人统计计算,MPI_{222} 大约为 36.84%,说明农业发展的劳动力可获得性还有很大空间,这至少从农民工数量就可以窥见一斑。虽然这不是说明要让所有农村劳动力都留在农业生产上,剩余劳动力向城镇流动是资源优化配置和社会发展进步的标志,但结合新型城镇化和农业有组织化的发展,推动农业产业化进步,在劳动力资源上是有一定可运作的空间和发展潜力的。

$$MPI_{223农业合作社专职推进度} = \frac{L_{全职雇员人数}}{L_{雇员总数}}$$

该指标反映农民市场参与以农业合作社为基础的推动能力。2016 年美国农业合作社总雇员达 187 万人,其中全职雇员总数为 136 万人,占雇员总数的 73%。② 然而在我国,由于以往自上而下建立起来的合作社多是单纯销售农资,现

---

① 乔金亮. 全国依法登记的农民专业合作社达 204.4 万家[N]. 东方城乡报,2018-05-08,(B05).

② 李旭、李雪、宋宝辉. 美国农业合作社发展的特点、经验及启示[J]. 农业经济, 2018,(11)：9-11.

在自下而上建立的诸如金融服务之类的合作社又缺乏基层政府组织的支持,因而在管理和运作上难有像美国农业合作社那样的完整体系,全职雇员的比例相当低,甚至无以计量。现有大都靠"大户大股东""种植能手"维系的合作社,有时经营得像"企业"一般,难有农民真正市场参与的情况,因此推动农业合作社发展的基础动力还是相对缺乏。表面上有些合作社是有其名,感觉形式也很多样,但推动其发展"上联市场、下联农户"的"群众"基础弱,更似临时"雇佣"关系,而非长期"劳动合同"关系,没有系统的组织管理体系和机构。

3.农业科技等服务应用程度

$$MPI_{231农业生产性服务强度} = \frac{V_{农业生产性服务产值}}{V_{农业总产值}}$$

该指标不仅自身可以一定程度地反映农业相关市场的活跃程度,它也可以间接地反映农业生产性服务对农业实际生产经营活动的拉动及农民在其中的融入程度,因为农业生产性服务本身就是一个生产性中间投入服务从生产主体"内部"向外拓展,实现其"外部化"和"市场化"的分工演进过程,这是生产主体基于市场对成本和收益进行权衡的结果。但很遗憾的是,一直以来,对于农业生产性服务业,相关部门都没有开展相关专项统计,各地对其发展情况也缺乏定量描述。为此,2017年农业部、国家发展和改革委员会、财政部还专门发布了加快发展农业生产性服务业的指导意见,次年组建的农业农村部办公厅也发布了关于开展农业生产性服务业专项统计的通知,以便准确及时地反映和掌握我国农业生产性服务业的发展程度。

当然,实际情况是,由于单个农民在生产经营过程接受服务和技术咨询的比重还是很低,主要还只是表现为组织性地(如基于合作社)提供或接受服务和技术咨询。截至2017年,有17万家合作社实施标准化生产、拥有注册商标,4.3万家合作社通过"三品一标"质量认证。超过一半的合作社提供产加销一体服务,服务总值11044亿元。[1]如果按2017年中国农业总产值为61719.69亿元计算,MPI_{231}可以近似地为17.89%。

随着中国农业现代进程不断向前推进,农业生产必须要有相应服务业的支持。然而目前提供农业生产性服务的组织规模小、实力弱,加之劳动力流动使得农村劳动力减少,更是需要各类服务型组织帮扶。目前,全国农业公益性服务机构达到15.2万个,经营性服务组织超过100万个,涵盖了农业生产的诸多环节。但与农业农村发展的现实需要相比,农业生产性服务业仍面临着服务的规模化、

---

[1] 张红宇.农民合作社发展迈向新征程[N].农民日报,2017-12-26,(5).

专业化和组织化程度不高,服务方式不能充分满足农民群众需要,对普通农户带动力不强等问题,一定程度上影响了我国农业现代化发展的进程。

$$MPI_{232农业科技成果推广转化率} = \frac{N_{实际推广转化成果数} \times T_{正常推广转化周期}}{N_{研究鉴定及获奖成果数} \times T_{实际推广转化周期}} \times 100\%$$

该指标说明在促成科技成果运用方面"卖不卖力",在达成研发的产业或经济目的方面"有没有效"。有研究指出,我国目前每年有 6000~7000 项农业科技成果问世,但转化率仅为 30%~40%,远远低于发达国家 70%~80%的水平,真正得到普及的不足 1/3。[①] 截至 2016 年,我国的农业科技成果共有 59283 项,其中可以转化的有 16388 项,只占到了 27.6%,[②]这说明我国农业科技虽已取得重要进步,但其成果的转化与推广应用水平仍然不高,对产业发展促进的效果也落后于西方国家(尽管我国农业科技进步贡献率由改革开放之初的 27% 提高到 2018 年的58.3%,[③]但远低于发达国家 80%以上的水平)。要真正把作为科技载体的种肥药膜及其新技术应用到农业生产中,还需要靠农技人员在农业生产经营活动中向农民切身示范,而不是简单说教。

这些指标低,说明更是无法在农业现代化发展的市场应用中让农民参与进来,究其原因:一是农民的科技意识相对较弱,较多依赖经验,二是科技应用没有因地制宜,三是科技应用不能因材施教。

4.农资互联网交易强度

$$MPI_{241农资互联网交易强度} = \frac{S_{农资互联网交易额}}{S_{农资交易总额}}$$

虽然专业合作社在开展农产品电子商务的广度上有所提高,但专业合作社在开展农产品电子商务的深度上仍处于较低水平,即专业合作社使用互联网购买或销售过农产品、生产资料的比重并不高。在参与调研的 427 家专业合作社中,使用互联网购买过农产品、生产资料比重不足 30%的合作社占到调查总体的67.2%(见图 3-4),而 346 家专业合作社中使用互联网销售过农产品、生产资料比重不足 30%的农民合作社占到调查总体的 67.6%。

在对使用过互联网销售生产资料、农产品的合作社统计分析后发现,合作社使用互联网销售生产资料或农产品的途径主要集中在入驻第三方电商平台和其他途径上。其中,合作社通过入驻第三方电商平台进行网销的比重最大,有效占

① 牛佳. 农业科研成果转化率低的原因与应对措施[J]. 农技服务, 2015, 32(11): 22.
② 尉伟杰, 夏志禹, 王秀芳. 供给侧改革背景下农业科技成果转化的供需研究[J]. 北方农业学报, 2016, 44 (06): 118-123.
③ 金里伦. 始终把饭碗牢牢端在自己手上[N]. 经济日报,2019-08-17,(01).

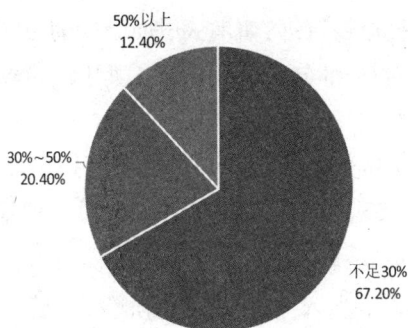

图 3-4　农业合作社使用互联网购买过生产资料/农产品的比重

资料来源：杨久栋，纪安，彭超，等. 2019 中国新型农业经营主体发展分析报告（二）——基于农民合作社的调查和数据［N］. 农民日报，2019-02-23，007.

比约为 77.7%；通过其他途径（如社交平台、微信朋友圈等形式）网销的占比居其次，为 60.1%；通过自建手机 App 电商平台和自建门户网站电商平台的合作社数量基本持平，有效占比分别为 37.3%、34.1%。有 37.6%的合作社通过两种及两种以上的网销途径销售生产资料和农产品。①

数据显示，中国农业市场总体价值规模预计在 10.15 万亿人民币左右，而 2017 年，中国农业电子商务市场交易规模为 1444.5 亿元，渗透率不足 1.5%。在这当中，国内农资市场容量超过了两万亿元人民币，其中种子、化肥、农药、农机四类农资产品的市场空间分别约为 3500 亿、7500 亿元、3800 亿元和 6000 亿元，市场空间巨大，但电商化率很低。②

（三）市场参与的产后刻画

1.产出市场交易度

$$MPI_{311农产品商品率} = \frac{S_{农产品商品量}}{Q_{农产品总量}} \times 100\%$$

该指标通过内贸和外贸度显示农民在市场（乡村市场、城镇市场、城市市场、国际市场）中的活跃程度。目前，农民最直接参与的是乡村和城镇市场，城市里的

---

① 杨久栋，纪安，彭超，等. 2019 中国新型农业经营主体发展分析报告（二）——基于农民合作社的调查和数据［N］. 农民日报，2019-02-23，（007）.

② 土地资源网. 经过三年沉淀的农资电商，2018 迎来爆发［EB/OL］. 土地资源网，2018-01-24.

农贸市场参与的农民基本上变换了一种身份——进城务工农民,或者正被"市"民化的农民,相对来说离农村市场较远,如果从后面分析的市场参与的渠道来看,算上农超、农贸对接,是有相当一部分农民也参与了其中的市场交易,这需要加以推动和促进。

1978—1984 年是我国由计划调节向与市场调节相结合的过渡时期,由于政策的逐步放宽,农民的生产积极性增强,剩余产品的出现推动了农村集贸市场和传统农副产品市场的恢复和发展,1985 年开始实行合同定购与市场收购的"双轨制"改革,之后 1992 年步入全面市场化阶段,尽管随后又有一段时期的"双轨"回归,但总体来说,农产品交易的市场进程还是得到了大大推进。在 1978 年前,在农民出售的农副产品总额中,国家统一定价的部分占 94.4%,自由市场销售的比重仅为 4.6%。到 1990 年,农民出售的农副产品总额中,国家定价的的比重下降至 2.5%,国家指导价的比重为 22%,自由市场定价的比重上升到了 52.2%。1998 年以后,粮食流通体制改革成为农产品流通体制改革的主要内容。

目前,大批种养大户、个体运输户及多种形式的经济联合组织在农产品流通中占主要地位,农民个体成了农产品销售的重要力量。目前主要农产品的商品率已提高到 70%~80%,农业生产与市场的联系越来越密切,其市场化趋势日益明显,有的农产品商品率甚至超过 90%,如"十二五"期间,吉林省粮食商品率平均 80% 以上,玉米商品率高达 90%。[1] 但总体而言,我国的农产品商品率还是相对较低。资料显示,如果我国农产品加工率达到中等发达国家水平,农民收入水平将在现有的基础上翻一番。农产品加工程度及商品率低是我国农民收入水平落后于发达国家的重要原因之一。[2]

$$MPI_{312农产品外贸比重} = \frac{V_{农产品进出口总额}}{V_{全国进出口总额}} \times 100\%$$

目前,对于农产品的外贸市场,农民直接参与较少,但它可以一定程度地间接反映外贸对农业生产及其相关市场的拉动作用,在这一点上,国外的农业合作社或者农业协会就发挥了相当重要的作用。

---

[1] 杨楠. 吉林省"十二五"期间 粮食商品率全国首位[EB/OL],三农网,2016-01-03.

[2] 高云才,喻思南,申少铁. 延长产业链 提升附加值(壮丽 70 年 奋斗新时代·脱贫攻坚乡村行)[N]. 人民日报, 2019-07-15, (01).

表 3-10　中美国别贸易总额、农业总产值及农产品贸易额　　单位:亿美元

年份	农业总产值		农产品贸易额		对外贸易总额	
	中国	美国	中国	美国	中国	美国
2000	1805.13	1343	268.2	897	5302.49	25251.85
2010	5987.15	1463	1219.6	1875	32654.86	41922.32
2018	9782.39	1642	2168.1	2710	52315.96	56236.38

资料来源:中国农业总产值及其农产品贸易额,中国国家统计局(按当年平均汇率折算);美国农业贸易额,USDA;中美两国对外贸易总额,UNCTAD。

2018 年,我国农产品进出口总额 2168.1 亿美元,外贸进出口总值达 52315.96 亿美元,农产品进出口占外贸总值比重为 4.14%,而 2010 年时农产品进出口总额和全国外贸总额分别比为 1219.6 亿美元和 32654.86 亿美元,占比 3.73%,2000 年三项数据分别为 268.2 亿美元、5302.49 亿美元和 5.06%。

相较于发达国家,我国农产品总体市场不活跃。美国 2000 年、2010 年和 2018 年分别占比 3.55%、4.47% 和 4.82%,作为发达国家,其农业外贸占比在不断增加,从三年的绝对值来看,美国分别是中国的约 3.34 倍、1.54 倍、1.25 倍;但如按三年的农业就业人口(中国:36043 万、27931 万和 20295 万;美国:全职当量就业人口 184.6 万、111.2 万和 122.1 万)计算,其人均贸易额却高达约 653 倍、386 倍、208 倍,可以看出两国农业市场活跃度、农业科技投入及其规模化生产之间的差异。

正如笔者在拙著《三农利益论:要素·市场·产业·政策·国际经验借鉴》中提到的,作为农业生产的主体,农民至今仍未成为农产品市场交易的主体,不仅内贸,外贸也是如此,或者说农民至今仍未很好地参与过农产品内外贸易的市场交易活动,而根据《中华人民共和国加入议定书》第 5.2 条和《中国加入工作组报告书》第 84 段(a)中的承诺,在贸易权方面应给予所有外国个人和企业,并不低于给予在中国的企业的待遇。这就意味着中国的自然人应同外国的自然人一样,也应当能够从事对外贸易经营活动。依据公平竞争和国民待遇的原则,如果不是因为贸易从而获取贸易利益的渠道和机制仍未有效建立,农民理应作为自然人,或者参与贸易企业从事贸易活动。新修订的、并于 2004 年 7 月 1 日开始实施的《中华人民共和国对外贸易法》使外贸经营从审批制转为登记制,彻底放开了外贸经营权。其第二章第 8 条规定,"对外贸易经营者,是指依法办理工商登记或者其他执业手续,依照本法和其他有关法律、行政法规的规定从事对外贸易经营活动的法

人、其他组织或者个人。"首次将自然人纳入对外贸易的经营主体当中,这已经确立了农民以各种形式广泛参与贸易活动的法律地位。但时至今日,农民参与农产品外贸市场的交易活动仍然有限,当然原因也很复杂:主观的、客观的;历史的、现实的;宏观的、微观的。

中华人民共和国成立后到改革开放之前,政府是严禁农民从事农产品运销活动的;改革开放以后到1984年中央"一号文件"要求逐步放开农产品市场、引导农民进入市场之前,农民经商仍是禁区,统派购以外的农产品只能在当地集贸市场上有限流通;1984年以后市场化取向的改革支持农民进入流通领域,农民可以通过合作组织或建立生产者协会,主动与有关单位包括国营公司协商签订销售合同。1991年《中共中央关于进一步加强农业和农村工作的决定》进一步鼓励和引导农民进入流通领域,规定凡是放开的农产品,集体或个体都可以收购、批发、加工、贩运,但其实国家对农户进入市场未能提供必要支持。当时供销社的服务对象和内容虽然发生了巨大变化,但它并没有转变职能,去适应农业商品经济发展的要求,并帮助农户进入市场,反倒在市场中与农户成了两个相互独立的利益主体,即使它能帮助农户进入市场,但也不能代表和有效保护农户利益。因此农户在这个过程中缺乏进入市场的有效路径,营销话语权微弱。

1992年以来,国家进一步鼓励发展多元化市场流通主体。农村经纪人、农民专业合作社和农业产业化龙头企业逐渐成为农产品流通的主力军。2009年以来国家推动和组织开展"农超对接""农校对接"等试点工作,收到一定社会效果,但农民的市场组织化程度低,已经深深地影响了这些新兴产销对接模式的效果。虽然农村流通体制市场化的改革赋予了农民自主参与流通活动的权利,但国家政策并未对农民流通组织发展提供有力的指导、监督。[1] 总体来看,农民进入市场的组织化程度过低已成为农产品流通不畅的重要瓶颈,当然也影响农产品内外贸的市场一体化。[2]

$$MPI_{313\text{农产品外贸依存度}} = \frac{V_{\text{农产品进出口总额}}}{V_{\text{农业总产值}}} \times 100\%$$

如表3-10所示,2018年我国农业总产值为9782.39亿美元,农产品进出口贸易依存度为22.16%,而同年美国为165.04%,足见在农业生产中,因为农业产业

---

① 农业部市场与经济信息司. 从体制转型视角分析农户市场的主体缺位[R]. 市场信息工作简报, 2011-12-12, 117.

② 孙定东. 三农利益论:要素·市场·产业·政策·国际经验借鉴[M]. 上海交通大学出版社, 2013:85-86.

链各环节竞争力不足,相较于发达国家,中国农产品的对外市场就显得十分不活跃。而促进农民及其参与的农业组织积极开展农业创新经营活动,增强其在农产品对外贸易中的市场竞争主体地位,是中国农业走向世界的必然要求。当然,随着我国外贸战略的不断调整与转变,充分利用两种资源和两个市场取得了相当大的进展,但农民(尤其是生产经营、专业技能和社会服务等三类新型职业农民)在其中的角色扮演还应该更加明晰,并通过一定的渠道、机制和政策推动其市场参与。

"一带一路"倡议的实施,也给我国农业发展带来契机,其对外合作得到稳步推进,目前我国已与 80 多个国家签署了农渔业合作文件,在参与国认定建设了 10 个农业合作示范区。2018 年,我国与"一带一路"参与国的农产品贸易总额超过了 770 亿美元,比五年前增长了 17.8%;在参与国开展的农业投资合作项目已经超过 650 个,投资存量达 94.4 亿美元,较五年前增长了 70%。[①]

2.农产品深加工度

$$MPI_{321农产品加工转化率} = \frac{V_{农产品加工原料消耗值}}{V_{农产品加工产成品价值}} \times 100\%$$

农民市场参与程度不深的另外一个表现就是,大多数农产品未经加工或简单粗加工后就直接进入消费市场,物流链过短,价值增值太少,产业潜力没有充分挖掘,甚至没有真正满足消费者的多样化需求。农民致富不能单纯指望农产品价格的高企,更应寄望于农产品的深度加工,实现产品多样化、差异化和多功能化,满足消费者多层次和多样化的需求,从而促进农产品价值的提升,增进农民收益,这也是促进农民市场参与的根本目的。

但是当前我国农产品加工技术不成熟,与时代脱节;加工设备落后,加工产业集聚度不高而无法形成规模效应;发展不均衡,部分加工企业大而不强,竞争力弱;有的企业缺乏质量标准,监管不严;粗放型加工为主,加工细致程度低;加工人员专业素质缺乏。总的来看,我国农产品的加工水平很低,其加工转化率仅 60% 出头,远远低于发达国家 80%~90% 的水平,这显然制约着农民市场参与能力的提升。

$$MPI_{322农产品加工业产值与农业总产值比} = \frac{V_{农产品加工业产值}}{V_{农业总产值}}$$

有数据显示,改革开放以来,我国农产品加工业产值年均增长速度超过 13%,

---

① 农业农村部.上半年农业农村经济运行稳中向好[EB/OL].农资网,2019-07-23.

明显高于同期 GDP 增长速度。截至 2014 年,全国农产品加工实现主营业务收入 18.48 万亿元,利润总额达到 1.22 万亿元,农产品加工业与农业产值比值达到 2.1∶1。[1] 2016 年 12 月 28 日国务院办公厅发布了《关于进一步促进农产品加工业发展的意见》,同年农产品加工业与农业产值比达到 2.2∶1,农产品加工率达到 65%。

农业部副部长陈晓华分析指出,随着我国城乡居民消费升级对加工制品需求旺盛,预估未来五年农产品加工业也将保持年均不低于 6.5% 的增长速度。如果按照未来五年农业总产值年平均增速 4.0% 测算,到 2020 年农产品加工业(规模以上农产品加工业主营业务收入达到 26 万亿元,年均增长 6% 左右)与农业总产值比预计可达到 2.4∶1,并有望实现 2020 年农产品加工转化率 68% 和 2025 年 75% 的目标。[2] 但国际上统计一个国家进入现代农业的标准之一就是这个农产品加工业与农业产值之比,需要达到 1∶5 以上。而发达国家现在已能达到 1∶8、1∶9。[3] 所以,我国农产品加工水平虽然领先于一些发展中国家,但跟发达国家相比,还有很大的差距。

3.年度新产品转换度(农技可获得性的结果指标)

$$MPI_{331\text{年度新产品转换度}} = \frac{I_{\text{新产品销售收入}}}{D_{\text{新产品开发经费支出}}}$$

如表 3-11 所示,该指标以新产品为计算对象,以表现农业科技可获得性的最终成果,某种程度上说它是 MPI_{232} 对农业技术应用成效的进一步反映,一定程度地体现出农业技术的成熟程度,以及农产品以研发为基础的市场竞争力水平,反映了以产业为基础的市场带动情况。以 2017 年为例,当年农副食品加工业规模以上企业新产品开发经费支出和新产品销售收入分别为 3014682 万元和 33601202 万元,MPI_{331} 约为 11.15,销售收入中出口达 1677884 万元,约占 4.99%。2016 年五项数字分别为 2743868 万元、33319428 万元、12.14、1627775 万元和 4.89%。

---

① 张志龙. 我国农产品加工业产值将突破 20 万亿元[EB/OL]. 中央政府门户网站,2015-12-03.

② 高云才. 农产品加工业将更有活力[N]. 人民日报,2017-01-02,(2).

③ 张志龙. 我国农产品加工业产值将突破 20 万亿元[EB/OL]. 中央政府门户网站,2015-12-03.

表 3-11　农产品加工业与新业态发展目标

类别	指标		2015 年	2020 年	年均增长
农产品加工业	规模以上农产品加工业主营业务收入（万亿元）		19.4	26	6%
	农产品加工业与农业总产值比(1)		2.2∶1	2.4∶1	[0.2]
	主要农产品加工转化率(%)	总体	65	68	[3]
		其中:粮食	85	88	[3]
		水果	20	23	[3]
		蔬菜	10	13	[3]
		肉类	16	17	[1]
		水产品	35	38	[3]
	加工企业自建基地拥有率(2)(%)		25	50	[25]
新业态	农林牧渔服务业产值(亿元)		4300	5500	9.5%
	加工企业电商销售普及率(3)(%)		50	80	[30]
	农产品电子商务交易额(亿元)		1500	8000	40%
	休闲农业年接待旅游人次(亿人次)		22	33	8.4%
	休闲农业年营业收入(亿元)		4400	7000	10%

注:[ ]为五年累计增加数。

（1）农产品加工业与农业总产值之比＝农产品加工业总产值/农业总产值,其中农产品加工业总产值以农产品加工业主营业务收入数据为基础计算。

（2）加工企业自建基地拥有率＝规模以上食用农产品加工企业中拥有自建基地的企业数量/规模以上食用农产品加工企业总数量。

（3）加工企业电商销售普及率＝规模以上食用农产品加工企业开展电子商务交易的企业数量/规模以上食用农产品加工企业总数量。

资料来源:农业部(现为农业农村部).全国农产品加工业与农村一二三产业融合发展规划(2016—2020 年)[EB/OL].2016-11-17.

4.特色化农业发达程度

$$MPI_{341特色农业发达程度} = \frac{V_{特色农业产值}}{V_{农业总产值}}$$

特色农业指在农业生产"人无我有、人有我特、人特我优、人优我精"的过程中，创新生产流程，形成差异包装，突破营销渠道，注重品牌文化，强化售后服务，突出科技品质，进而满足消费者多样化需求，提升产品自身增加值，实现产业化农业的增值创造。这些农业的特色化过程如能与农民紧紧地联系在一起，可以想象农业在其现代化过程会爆发多么强大的动力和能量。MPI_{341}力图近似地说明这一特色化的水平，它进一步说明了农业经营主体，特别是真正属于农民所创造的生产经营活动的创新水平及其与消费需求和市场结构变化的紧密联系程度。

国务院 2016 年 10 月印发的《全国农业现代化规划（2016—2020 年）》在推进农业结构调整方面，要求壮大特色农林产品生产，特别是通过农业部、国家林业局牵头，国家发展和改革委员会、财政部等部门共同参与，开展特色农产品标准化生产示范，推广名优品种和适用技术，建设一批原产地保护基地，培育一批特色明显、类型多样、竞争力强的专业村、专业乡镇，实施木本粮油建设工程和林业特色产业工程，发展林下经济，并且分地区提出了一些相关发展建议和意见。

目前，全国特色农业产值尚无全国数据，但可从地方特色农业发展数据，窥见特色农业发展对其农民参与和收入的影响。例如，2016 年武汉市优势特色农业产值已占到农业总产值的 80% 以上，该市农村常住居民可支配收入达 19152 元。[①]河南省《关于深入推进农业供给侧结构性改革大力发展优势特色农业的意见》提出，到 2020 年该省十大优势特色农业产值达到 4900 亿元，农村居民人均可支配收入年均增速高于全国平均水平；到 2025 年产值达到 6500 亿元，农村居民人均可支配收入超过全国平均水平，基本实现农业大省向农业强省转变。[②] 福建省出台实施乡村振兴战略规划，加快实施乡村振兴战略，特色现代农业加快发展，2018 年十大优势特色产业全产业链总产值超 1.5 万亿元。[③] 该省泉州市"以特色壮产业、以融合促发展"，近年来该市每年安排专项资金一亿多元扶持特色现代农业发展，着力构建农业与二、三产业交叉融合发展的现代产业体系，2018 年其十大特色农业产业全产业链产值达 1050 亿元，农村居民人均可支配收入 20227 元，连续多年

---

① 李先宏，黄芹. 武汉优势特色农业产值占比超八成[N]. 湖北日报，2017-03-29，(10).

② 河南省人民政府门户网站，https://www.henan.gov.cn/2019/08-19/941900.html.

③ 福建省发展和改革委员会. 关于福建省 2018 年国民经济和社会发展计划执行情况及 2019 年国民经济和社会发展计划草案的报告[N]. 福建日报，2019-01-24，(05)-(06).

居全省第二。①

5.农产品互联网交易强度

$$MPI_{351农产品互联网交易强度} = \frac{V_{农产品互联网交易额}}{V_{农产品交易总额}}$$

2014 年全国农产品网络交易平台总交易额超过 1000 亿元,占农产品销售额的 3%。② 2018 年全年农村电子商务交易额已达 1.37 万亿元,同比增长 30.4%,比全国网络零售额增速高 6.5 个百分点,占全国网络零售额的 15.2%,其中全国农产品网络零售额达 2305 亿元,同比增长 33.8%,比全国网络零售额增高9.9%。③ 目前,我国农产品电子商务体系主要包括网上农产品期货交易、网上农产品衍生品交易、大宗农产品电子交易、农产品网络零售交易、实体企业 O2O 交易、农产品网上交易会等,但作为农业主体的近五亿农村劳动力参与其中的并不多,也就在农产品网络零售交易、批发市场的网上交易等方面有所涉足,这是多么的不协调。

虽然《2019 年中国农产品电商发展报告》④列出了 2018 年全国农产品电商的基本数据,包括 47.38 万亿元期货期权网上交易(其中期货 47.38 万亿元,期权127.27 亿元),约占各类农产品大宗商品交易市场总数 31.5%的农产品电子交易市场,并且还重点分析了融资总金额超 100 亿元的汇通达、美菜、望家欢、农信互联等十大农产品 B2B 电商平台发展情况,但仍然见不到农民的影子。因此从某种意义上说,通向现代农业的市场路子对农民来说似乎并不通畅,十分有必要将市场链和经销渠道向前延伸到农村和农民。

6.合作社产出份额

$$MPI_{361农业合作社产出份额} = \frac{V_{农业合作社产值}}{V_{农业总产值}}$$

我国要发展现代农业,路径有多条,但尤其要大力发展农民专业合作社(这已在前面并还将在后面有更多论述)。因此农民通过合作社产生的市场参与结果便可以直接反映其市场参与的能力和水平。MPI_{361}就是反映这一市场参与成果的指标,但它在一定程度描述农民组织化市场成果的同时,必须反映农民作为主体(而不是合作社企业化的老板,或者简单把农民当作雇员的雇主)的市场参与程度(正

---

① 王敏霞. 泉州特色农业产业链,产值超千亿[N]. 福建日报, 2019-04-04, (09).

② 王宇. 去年全国农产品网络交易额超 1000 亿元[N]. 农民日报, 2015-07-13, (001).

③ 商务部电子商务和信息化司. 中国电子商务报告(2018)[R]. 中国商务出版社, 2018.

④ 中国食品(农产品)安全电商研究院. 2019 年中国农产品电商发展报告[R]. 搜狐网,2019-03-18.

如 MPI_{222} 那样）。

很遗憾的是，目前尚未有全国农业合作社统一口径的总产值及其产出贡献份额的统计，但尚可从一些零星资料加以说明。例如，单卓然等（2019）以武汉市为例，说明了农民专业合作社与农业总产值的关系：武汉市 2007—2017 年各农业地区农民专业合作社年增量与农业总产值呈现三次函数关系，当年新增合作社数量处于 12~180 个的区间时，年新增合作社数量越多，农业总产值越高。① 而区间外的负相关关系，正说明了农产品总体需求变化不大的情况下，合作社数量增加带来的市场竞争加剧，引发利润下降从而农民和合作社积极性的下降，以致于土地撂荒，设施废弃，最终导致农业总产出的下降。这里，反而应该着重研究正向关系中合作社的创新行为对农产品多样化需求之间的相互影响关系，这也是研究合作社尤其是现代合作社的基本出发点。

农业农村部部长韩长赋则表示，要把以农业农村资源为依托的二、三产业尽量留在农村，把农业产业链的增值收益尽量留给农民。力争用 5 至 10 年时间，农村一二三产业融合发展增加值占县域生产总值的比重实现较大幅度提高，乡村产业振兴取得重要进展。② 因此，从农村产业融合发展角度看，农民专业合作社不仅而且必然会在未来的农业总产值创造上做出更大的贡献，这种融合也必然通过合作社促进农民的市场参与与融入。

二、能否有一个总的市场参与指数

从上面构建的农民市场参与的指标体系反映出来的情况看，无论是从要素对比、产业对比，还是从国家对比的角度来审视，目前中国农民的市场参与能力和水平都还很低。那能不能有一个综合的、集产前产中产后的、单一市场参与指标（指数）来全面反映农民的市场参与水平呢？答案是否定的。

首先，产前、产中、产后反映的农民市场活动的能动性显然有很大差异。例如，对产中的技术把握比一般的劳动力投入要困难很多；对资源的市场运作能力比对农产品的控制力要弱小很多；对农产品的生产控制要比农产品的销售容易下手；对生产中的成本投入要比产前和产后的价格控制容易决断。因此在产前、产中、产后中对影响市场参与能力的指标所赋予的权重就难以拿捏和统一，而且差异很大。更何况，产前指标一般来说是反映条件性的，它对产中、产后的水平有直

---

① 单卓然，王兴娥，袁满. 农民专业合作社对农业总产值的影响及对我国乡村振兴的启示——以武汉市力例[J]. 现代城市研究，2019（7）：42-47.

② 乔金亮. 农村产业融合发展产值约 35 万亿元—且看农民的"第四次创造"[N]. 经济日报，2019-07-19，（05）.

接影响。因此,要用一个单一指标反映全国的农民市场参与十分困难,只能从局部进行区域对比,但区域差异也很大,要通过大概反映农民市场参与区域差异的指标,又如何能进行区域赋权,计算单一的全国农民市场参与指数呢?

其次,每一个阶段的具体反映,在统计上本身就是不完全的。如与农业合作社、家庭农场紧密相关的全职雇员人数、总产值及其雇佣的全职兼职劳动力统计等,与农业人力资源相关的返乡劳动力(大学生、农民工等)的教育、职业、技能背景调查统计,与农资农技相关的种苗销售、农技的具体项目使用统计等,还有诸如全国标准的生产性服务统计、全国标准的加工业产值统计、全国标准的特色农业产值统计、功能性农村道路统计等。数据来源不同,数据不完全,数据不系统,难以用综合的指标来反映农民的市场参与情况,即使产前、产中、产后的阶段性反映也是如此。

最后,有些反映市场参与的指标动态化比较明显,如互联网交易、总产值等,但有些指标相对静态,如公路密度、劳动力总量等。因此,给予动态和静态指标同时赋权,而且还要对动态指标进行动态赋权,这也是有一些难度的。

尽管如此,根据研究目的的不同和相应的需要,还是可以进行一定范围的农民市场参与指数测算的。尼日利亚伊巴丹大学农业经济学系 Gani 和 Adeoti(2011)通过总市场参与指数(TMPI)分析了塔拉巴州北部地区农民市场参与与其贫困之间的关系。[1] 该研究认为,小农通过多渠道的市场融入为确保其更好的收入和福利发挥了非常重要且极其显著的作用,这里反映市场融入的总市场参与指数(TMPI)是建立在对 110 位农民进行四个产量销售(从而市场参与)层级的市场参与分析的基础上单独分别测算的,其影响市场参与的变量包括市场信息、市场距离、产出规模、推广参观、合作社成员资格、家庭规模、教育程度、耕作经验、支持性基础设施与制度,等等。其中,市场信息(其接收者相对更重视市场参与)、产出规模(一个总产出规模的自然增长意味着产品商品化率的提高)、推广参观(主动参与市场的信号)、合作社成员资格(有更多的机会交流有关获取信贷工具、知识和技能及其信息来源的思想、经验和努力,从而推广市场参与)、家庭规模(规模越大就需要更多的劳动力赚钱)和教育程度等有极其正向的影响,市场距离则反之,耕作经验(据称是因为依赖经验能以喂饱很多张嘴,而摒弃市场和技术工具)和培训反倒不显著。在这里,两位学者也是对单个农民特定指标下的 TMPI 进行测算,并没有得出所研究地区的总的市场参与指数。

---

[1] B. Gani and A. Adeoti. Analysis of Market Participation and Rural Poverty among Farmers in Northern Part of Taraba State, Nigeria [J]. Journal of Economics, 2011(1): 23-36.

三、一个简单的市场参与测度的回归

农民的市场参与与农业的产业化发展和农业的人力资本投资息息相关，因此研究农业产业中的人才引进与培养就显得非常有意义。当前，我国农村大量剩余劳动力进城务工，而且他们大都是青壮年，留在农村的多是妇女、老人和儿童，再者青年妇女进城务工的也越来越多，农村劳动力整体上日益老龄化。在这种情况下，返乡大学生和返乡农民工（尤其返乡二代三代农民工）应该可以成为农村农业发展人力资本积累的对象。相对而言，他们视野开阔，接受新鲜事物和信息的能力强，具备一定的职业素养和文化水平，一定程度上有很好利用现代通信技术和营销渠道的能力，善于人际交往。这里，在调研的基础上，将从各地区农民的婚姻状况、农民受教育水平、农技培训状况、大学生返乡状况、政府相关政策的实施与人力投资五个方面来研究农业人力资本投资对农民市场参与能力的影响程度，其市场参与能力的刻画主要从收入占比和农产品销售比两方面进行描述。①

（一）市场参与能力刻画：指标说明

在新型城镇化和农业现代化加速发展的背景下，将因变量从收入和产量之类绝对数值转变为农产品销售收入占总收入的比重、农产品销售量占农产品生产总量的比重等之类的相对指标可能更容易反映事物发展的变化趋势和内涵。

1.收入占农业产值比例

该比例指的是农民个体通过从事农业生产从而获得的农产品销售收入在当地同年农业总产值中所占的比例，农业总产值可在当地的农业官网上获得，个体收入通过问卷调查获得。由于在经济高度发达的地区，农业所占的比例很低，从事农业的人口也相对偏少，在这种情况下调查所获取的数据具有一定偶然性，致使分析结果有一定偏差，从而影响结论的归纳及其正确性。为此，本调研在具有代表性的地区，尽可能选取容量大的样本进行相关数据计算。

2.农产品销售量占总产量比例

该指标指农产品销售量占其生产总量的比率，即商品化率。在调研过程中，我们发现，江浙一带，很多农民从事农业仅仅是为了自家食用，或赠予亲戚朋友，出售的农产品占比很小，甚至几乎为零。这部分农民没有真正地参与市场，至少是没有真正参与农业农产品的相关市场活动，其所生产的农产品没有在集市上大量流通。当然，也有相当一部分农民拥有较大面积的农田，生产的农产品品种十

---

① 丁雨馨，高雅，孙定东. 农民市场参与能力影响因素及其能力刻画——对人才的引进与培养的探索[J]. 经济研究导刊，2017,(30)：15-20.

分丰富,有流向超市、餐厅的,也有提供给农家乐的。一般来说,农民出售的农产品数量越多,表明了他拥有更高的市场参与度。即使是市场情况较差,农产品价格达不到预期,致使农民待价而沽,而暂时滞留部分农产品以等待合适时机出售,这反倒成为一种较强市场参与能力的表现。具体的正负效应需要根据具体情况进行具体分析。

(二)市场参与能力的影响因素:变量选取

1.年龄及婚姻状况

农民的年龄及婚姻状况属于农民的自身属性,这些信息描述了他们进入市场的身份,决定了他们参与的市场活动的基本特征。农民的年龄决定了农民所处的时代背景、认知角度、生活经验等。婚姻状况的改变意味着农民家庭及生活状况的改变,农民进行农业生产的考虑角度和前提也会有轻微变化,如图3-5、图3-6所示。

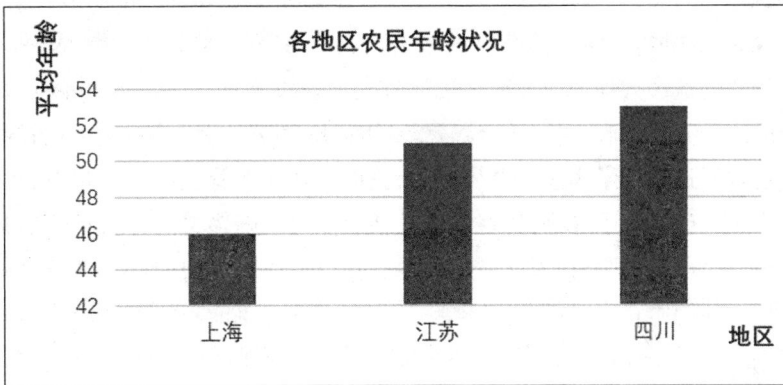

图3-5 被调查地区农民的年龄状况

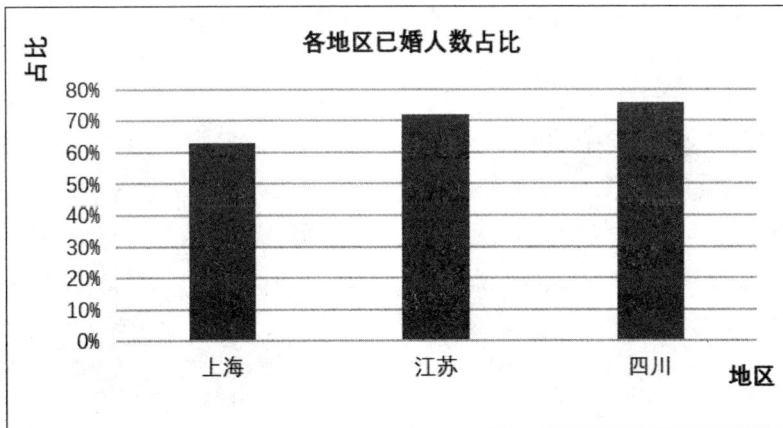

图3-6 被调查地区农民已婚人数占比

从调研数据的分析来看,上海地区农民的平均年龄显著小于江苏和四川地区,同时,年龄的差距也使得已婚人数占比较小。上海的农业发展水准要略高于其他两个地区,例如浦东地区的孙桥农业园,采用的是企业管理模式,"两头在内,中间在外",销售和种子技术的把控在本地进行,在上海以外其他地区包括内蒙古、新疆、西藏组织了许多跨纬度基地。这些成就在一定程度与年轻的、有良好教育背景的农民有关。

2.农民受教育程度

我们在调查过程中发现,时至今日,农民的受教育程度,文盲和小学文化水平仍然占了绝大多数(可能跟青年劳动力的流出有关)。就现代农业生产而言,知识水平的提高是农民学会有效使用现代农业生产技术,从而提高劳动生产率的关键因素。尽管知识水平相对较高的外出务工劳动力可以从非农产业获得更高的收入,以反哺农业,但这一趋势因产业间的关联不紧密而表现得并不明显,尤其是中西部地区。总体而言,农民的纯收入水平与其受教育程度高度相关,农民科技文化素质较高的地区人均纯收入往往也比较较高, 如上海、北京、浙江等地;农民素质较低的地区人均纯收入往往也比较低, 如贵州、西藏等地,这一关系在农业产业收入上也现实地体现了出来。调研期间,我们发现受教育程度相对较高的农民对市场这个概念已经有了较为深刻的理解,他们能够清晰地说出自己对未来农业经营的规划,或发展当地特色农业,或开办家庭农场,或者如何处置自己承包土地的流转使用。他们中相当一部分人还参与了农业保险,也能一定程度地获得农业贷款的资助。近年来,随着新农村建设的不断推进,特别是现代农业、有机农业、绿色农业和农产品产业化的发展,知识对农业生产显得尤为重要。

从图3-7可以看出,上海地区的受教育水平明显高于江苏和四川,高中学历占了绝大多数,知识水平越高意味着农民在新型城镇化进程中就更容易利用产业

上海地区农民受教育水平状况   江苏地区农民受教育水平状况

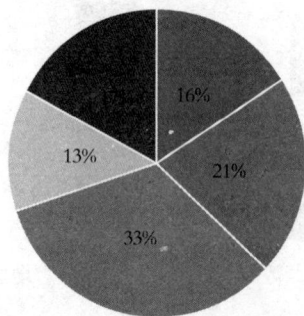

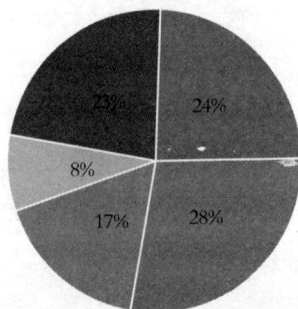

16% 21% 33% 13%

24% 28% 17% 8% 23%

■文盲 ■小学 ■高中 ■大学及以上 ■初中　　　■文盲 ■小学 ■高中 ■大学及以上 ■初中

图 3-7 被调查地区农民受教育状况

四川地区农民受教育状况

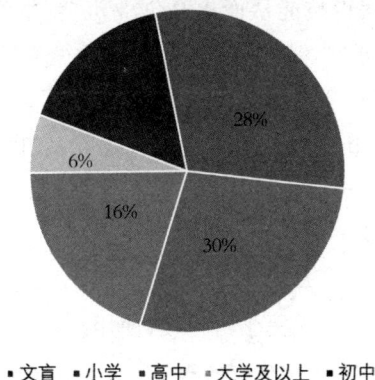

- 文盲 - 小学 - 高中 - 大学及以上 - 初中

图 3-7 被调查地区农民受教育状况

间的联系,更好地综合利用生产要素,甚至实现抱团发展。据调查,上海新型农业经营主体发展迅速,截至 2017 年,全市农民专业合作社达 7806 家(比十年前增长了五倍多,其中国家级示范社 82 家,市级 178 家,区级 203 家),家庭农场数量更是从最初的 20 多家发展到了 4516 家,其中市级示范家庭农场 106 家[1]。另外上海还有市级蔬菜标准园 150 家,标准化畜禽养殖场 279 家,标准化水产养殖场 317 家,农业产业化龙头企业 380 家[2],农民的市场参与方式逐渐走向多样化。

3.农技培训

随着农业现代化的推进,农业培训在日常生产中的重要性日渐突出,农民作为农技培训的对象,以何种方式提高农技培训效果,提高农民的科技素质,这是农技推广和教育培训工作者的首要问题。调查中我们发现大多数农民都渴望能够有机会参与农技培训,提升自己的实用技能,但真正能够帮助到农民们的农技培训少之又少。农技培训是将农业科技成果逐步转化为农业生产力,并最终服务于农村经济发展的重要手段,其内容主要包括实用技术、病虫害防治、育种育苗、农资要素利用、项目选择与实施、组织建立与管理、生产与环境生态整治等。可以通过当地农技站、农广校或前往涉农院校等开展现场讲授示范(包括基地示范、课堂授课)、广播电视讲座、定点技术咨询(包括集市科技大集)、远程专题会诊、科技专

---

① 龚骊. 上海家庭农场、农民专业合作社发展情况调查[J]. 上海农村经济,2019, (6): 11-14.

② 上海市人民政府. 2017 年上海市国民经济和社会发展统计公报[EB/OL]. 上海市人民政府网站, 2018-03-08.

栏宣传、技术资讯入户（包括科技 App 应用）、经验交流会等多种形式的培训活动，其结果除了让农民直接获得技能从而提高创业机会、生产效率和收入水平外，还可通过颁发（绿色）学历证书，促进这一过程的良性循环，增强理论与实践相结合、形式与内容相结合、整体与个案相结合、过程与目标相结合。

事实上，在农业经济市场化不断向前推进之际，农民通过参加培训获取农技生产和市场参与能力的愿望已日益强烈。数据显示，目前我国具备基本科学素质的农民占比仅为 1.7%，这一数值远远低于全国公民科学素质水平，根本无法适应现代农业发展要求。① 因此，国家财政应加大每年用于农技培训和推广资金的投入力度，以此进一步激发广大农民学习科技，使用科技，进而依靠科技致富的兴趣和激情。应该说，诸如 2016 年中央财政投入 13.9 亿元资金加大培育新型职业农民的支持力度就是一个好的趋势和信号。

农技培训方面的对比情况，被调查的三地状况较为接近（见图 3-8），"偶尔参加"的占了绝大多数。所以目前财政支出的力度仍然不够，而且绝大多数农民反映政府开展的农技培训针对性不强，只求形式，实效不足。部分培训没有错开农

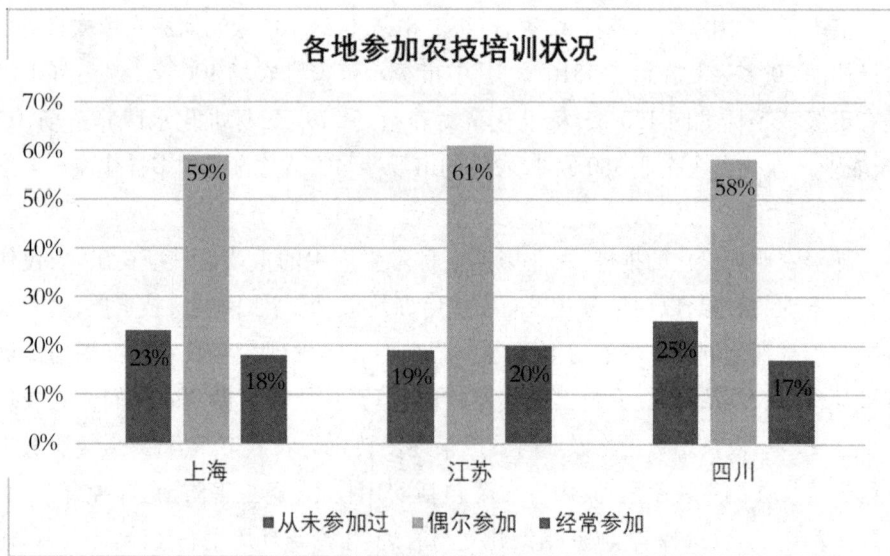

图 3-8　被调查地区农民参加农技培训状况

忙季节，导致无法集中受训。"有时候，我们想学的内容没有安排，安排培训的内容我们不想学，大家的积极性当然上不去了。"一位农民说道。确实，真正有效的

① 吴佩."十三五"我国将加快提升农民科学素质[N]. 农民日报，2016-06-29，（005）.

培训应该以市场需求和农民需求为导向,充分考虑当地的地理气候条件、资源要素状况、产业性质和特点,以及农民自身的需求。

4.大学生返乡状况

经过调查①,我们发现,在目前实际从事农业生产的劳动力队伍中,中老年人占了绝大多数。他们不无叹息地提到,现在的青年一代相对懂得多,会技术,学历高,都希望到外面去发展。另一方面,由于当地经济发展水平的限制,农业相关的工作对大学生没有足够的吸引力,不禁发出"以后粮食谁来种,农业这个班谁来接"之问。

虽然生于斯、长于斯的大学生,与农村有深厚的感情,而且到外地接受了高等教育培养后,富有朝气和活力,做事充满激情和自信,敢于创新和接受挑战,在收集市场信息、把握市场需求、促进人际沟通进而在从事互联网营销、农产品市场开发等方面又具有一定优势和潜能,但愿意返农创业的还是少之又少。据统计,近几年来仅约2%的大学毕业生返乡创业(2015年底为1%)。这又如何能促进"三农"人力资本的积累? 在目前城乡二元结构仍未完全消除地理上的资源、产业、收入及其保障从而消除发展机会差异的情况下,大学生的择业倾向就是一个很现实的问题。如何鼓励和扶持他们回流农村,促进现代农业的发展,需要政府从资源有效性共享、产业结构性调整、收入均衡性发展、机会均等性赋予等方面统筹考虑。

[新闻撷萃] 陕西调研显示:90后大学生成返乡创业主力军②

据调查,"90后"正成为返乡创业大学生群体的"主力军",其年龄主要集中在19~34岁,占78.3%。这其中,29岁以下的"90后"人数最多,占55%。而且他们父母的职业,以"从事农林牧副渔业的劳动者和务工人员(含进城务工及当地企事业单位)"为主,各自占比均超过50%。"这表明,来自基层劳动者家庭的大学毕业生,具有更强的创业意愿。"但其创业行为与在校所学专业的关联度却并"不高":创业者中,理工、人文、经管等各大类专业均有分布,且占比差别不大。"这说明,创业行为并未受到所学专业太大影响,创业原因更倾向于其他因素。"

返乡创业的大学生多集中在传统村落,创业类别仍以劳动密集型产业为主,超过30%从事种植、养殖和以此为基础的特色旅游业,只有

---

① 详见第三章第一节第二(一)部分中的"调研纪实"专栏。
② 孙海华, 姚欣. 陕西调研显示:90后大学生成返乡创业主力军. 中国青年报, 2019-07-09, (07).

5.26%做高新技术产业，而且创业初始团队构成人数较少，2~3人规模的占49.28%，且成员多为家人亲戚、同学朋友；初始资金规模小，近半数集中在"10万元及以下"，仅3.11%在100万元以上；初创资金的来源，61.7%的企业来自自筹和家人支持，仅26.56%源于银行贷款。影响大学生返乡创业的因素中，资金不足就占了50.48%；而缺乏好的项目和信息平台，占比高达59.81%；缺乏相关培训和创业能力不足，占35.41%。此外，传统观念阻碍，政府扶持政策落地不力，缺乏社会关系等因素也占有相当比例。

其风险因素：16.99%的创业者面临"极端天气、病虫害"可能引起的自然风险；53.59%的创业者面临"市场供求、价格变动、资金链供应"等经营风险；15.55%的创业者认为存在税收加重、信贷紧缩、土地审批严格、环保要求引起的政策风险；13.16%则需要承担合伙人撤资、倒戈、管理乱象等带来的社会风险。总的来说，初创阶段大多数能达到盈亏平衡，甚至获得一定收益。70%的创业企业，年收益集中在30万元以内，66%的创业企业带动农户数量在10~30户，"这在一定程度上拉动了农村闲置劳动力就业，创造了经济效益。""通过自身奋斗，返乡创业大学生为家乡引进了新技术、新方法和新模式，也推动了新观念、新风气的建立。"这一群体，正为当代农村的建设和发展起到重要示范作用。

政府应该看到大学生返乡创业的深层意义。没有农业人力资本有质量地积累，就不可能推动产业农民的市场融入；没有农民融入和参与基础上的市场扩大，就不可能推进农业规模化长期有效发展；没有农业规模化发展，反过来就不可能实现农业资源的有效利用。农村需要引进新的生产要素，需要引进更多拥有现代科技知识进而能有效利用这些新要素的人。政府还需要在政策性创业培训指导、具体的农业项目选择与运作、组织化参与主体贯通、城乡产业融合、内外市场关联、基本的地缘性产业风险分析等方面对返乡创业大学生有针对性地扶植和帮助。

5.政府政策与人力资本投资

农业的劳动生产率受人力资本投资力度的影响十分明显。诺贝尔经济学奖获得者、农业经济学家、人力资本概念之父西奥多·舒尔茨曾经说过："想要引进新的生产要素，不但要引进杂交种子，同时，还需要引进人才，他们具有现代科学知识，而且能运用新的生产要素。"[1]由于传统意义上的农民并不十分了解现代先

---

① Schultz, T.W.. Transforming Traditional Agriculture[M]. Yale University Press, New Haven, CT, 1964.

进农业生产技术,因而不能很好地将其转化、推广与应用,以致难以大幅提升农业生产率。因为人力资本短缺,或者对人力资本投入的不足,农民不能很好地利用生产要素、组织生产、把握和预测市场需求,进而会大大削弱了农业向市场化和现代化方向发展的势头。历史资料表明,农民的技能和知识水平与他们的劳动生产率之间存在明显的正相关关系。因此加大财政对农业进行人力资本投资的力度势在必行,它不仅能增加单位农产品的价值含量,而且还可以有效降低农业生产成本,大幅度提升农业收入,缩小产业和城乡发展的差距。① 在农村,曾经还有过剩的体力型"人力资本",现在劳务一输出,体力型的劳动力也少了,更不用说质量较高的脑力劳动型的人力资本,其严重短缺的局面并不罕见。而且仅有的体力型"人力资本"投入,也只能局限于在劳动密集型产业或部门就业。由此可见,在新型城镇化进程中,要想大力推进现代农业发展,全面提高农村经济效益,大幅增加农民收入,就必须加大人力资本投资,才会涌现大批高素质的现代新型职业农民。

（三）研究模型设计

在本次研究中,设置了两个因变量:收入占当地总产值的比例（*Income*）和农产品销售量占其总产量比例（*Sale*）。设置六个自变量:受教育水平（*Edu*）、农技培训状况（*Train*）、大学生返乡人数（*Grad*）、政府的人才投资状况（*Lninvest*）、年龄（*Age*）、婚姻状况（*Marriage*）,如表 3-12 所示。

模型 1:

$$Income_i = \beta + \alpha_1 Edu_i + \alpha_2 Train_i + \alpha_3 Grad_i + \alpha_4 Lninvest_i + \alpha_5 Age_i + \alpha_6 Marriage_i + \varepsilon$$

模型 2:

$$Sale_i = \mu + \alpha_1 Edu_i + \alpha_2 Train_i + \alpha_3 Grad_i + \alpha_4 Lninvest_i + \alpha_5 Age_i + \alpha_6 Marriage_i + \nu$$

表 3-12 模型变量计算方法或取值

变量类型	变量名称	变量符号	计算方法或取值
因变量	收入占比	*Income*	收入/当地农业总产值
	用于出售的农产品占比	*Sale*	出售的农产品的数量占总量的比例

---

① 王敏.我国农村人力资本投资探析——基于舒尔茨的人力资本理论视角[J].生产力研究, 2011(5)：26-28.

变量类型	变量名称	变量符号	计算方法或取值
自变量	受教育水平	Edu	文盲取 0,小学水平取 1,初中水平取 2,高中及以上取 3
	农技培训状况	Train	开展农技培训取 1,否则取 0
	返乡大学生	Grad	以当年返乡大学生参与当地农业有关工作的人数为准
	政府人才投资	Lninvest	投入人才培养的资金额
	年龄	Age	受访者的年龄
	婚姻状况	Marriage	未婚取 0,已婚取 1

(四)实证分析

1.描述性分析

在对数据的描述性统计(见表 3-13)中,收入水平的分布比较极端,有生产规模小,收入占产值比例很小的,也有占比较大的。出售的农产品数量占农产品总产量的比例也存在极差较大的状况。大多数被调查者的年龄分布在 50~60 岁,基本上是已婚的状况,受教育程度平均水平处在小学和初中阶段。大多数地方开展过农业培训,返乡工作的大学生普遍不是很多,政府对人才培养的投入金额也有待加强。

表 3-13 实证研究的描述性分析

	描述统计量					
	N	极小值	极大值	均值		标准差
	统计量	统计量	统计量	统计量	标准误差	统计量
Income	500	0.0003	0.3300	0.8701	0.0201	0.0877
Sale	500	0.0120	0.9800	0.4634	0.0674	0.2936
Age	500	30	70	52.32	52.32	11.972
Marriage	500	0	1	0.79	0.79	0.419
Edu	500	0	3	1.84	1.84	1.119
Train	500	0	1	0.53	0.53	0.513

描述统计量						
	N	极小值	极大值	均值		标准差
	统计量	统计量	统计量	统计量	标准误差	统计量
Grad	500	12	69	32.05	32.05	17.940
Lninvest	500	9.377	11.689	10.344	10.344	0.6443

2.相关性分析

通过相关性分析(见表 3-14),可以看出,解释变量之间的相关性并不是很大,相互之间不会产生很大的影响,不存在多重共线性的情况,回归方程的拟合程度比较好。

表 3-14 实证研究的相关性分析

相关性		*Income*	*Sale*	*Age*	*Marriage*	*Edu*	*Train*	*Grad*	*Lninvest*
Income	Pearson 相关性	1							
	显著性 (单侧)								
Sale	Pearson 相关性	.337	1						
	显著性 (单侧)	.709							
Age	Pearson 相关性	.182	-.619	1					
	显著性 (单侧)	.228	.002						
Marriage	Pearson 相关性	-.254	-.512	.501	1				
	显著性 (单侧)	.147	.013	.014					
Edu	Pearson 相关性	.154	.674	-.838	.549	1			
	显著性 (单侧)	.264	.001	.000	.007				

续表

相关性									
		Income	*Sale*	*Age*	*Marriage*	*Edu*	*Train*	*Grad*	*Lninvest*
Train	Pearson 相关性	-.032	.590	-.408	-.490	.346	1		
	显著性（单侧）	.448	.004	.041	.017	.073			
Grad	Pearson 相关性	.108	.330	-.056	.149	.053	-.094	1	
	显著性（单侧）	.330	.084	.410	.271	.415	.351		
Lninvest	Pearson 相关性	.439	-.096	.293	.100	-.268	-.047	-.100	1
	显著性（单侧）	.030	.347	.112	.341	.133	.425	.341	

3.回归分析

在回归模型 1 中，显著性比较好（P 值小于 0.05）的几个变量分别是 *Age*、*Edu*、*Lninvest*。其中年龄与收入占比成正相关，年龄越大，农业收入占比越高。这说明从事农业生产的有效劳动力中，年龄越大，拥有更加丰富的经验，有利于收入增加。这一结果也与调研中未将未成年和已经年老退休的无效农业劳动力计入有关。其次，学历也与农业收入占比成正相关关系，学历越高，专业技能和知识运用更加熟练，农业发展形式更加丰富，有利于农业的发展。即使考虑到因为学历提高原因离开农业生产的人群而未计入研究对象也是如此。同时，政府对人力资本的投入也对农业收入占比的提高做出了贡献，因为政府对当地人力资本的投入可以提高当地的平均技术水平和人口素质，带动产值上升。

表 3-15　实证研究的回归分析（模型 1）

	非标准化系数		标准系数	t	sig.	B 的 95%的置信区间	
	B	标准误差				下限	上限
（常量）	-.660	.209		-3.156	.088	-1.115	-.204
Age	.007	.002	.996	2.885	.014	.002	.012
Marriage	-.075	.048	-.359	-1.551	.147	-.181	.030
Edu	.071	.026	.907	2.687	.020	.013	.129

	非标准化系数		标准系数	t	sig.	B 的 95% 的置信区间	
	B	标准误差				下限	上限
Train	−.015	.036	−.088	−.421	.681	−.092	.063
Grad	.001	.001	.205	1.134	.279	−.001	.003
Lninvest	.061	.025	.451	2.438	.031	.007	.116

a. 因变量 *Income*.

在回归模型 2 中,只有 *Grad* 和 *Train* 的系数是比较显著的。返乡大学生的增多对农产品出售比例增加有显著影响,说明返乡大学生的目的更明确,市场活动更丰富,市场参与更深入,可以带动提高当地的市场参与水平,给当地的农业发展注入新鲜血液,带动农产品销售。其次,专业的农技培训也对农产品出售比例的增加有显著影响,说明不断强化劳动者的技能,使日常的种植更加规范化、机械化,可以提高劳动者的生产效率及市场参与的意愿和能力。

表 3-16　实证研究的回归分析(模型 2)

	非标准化系数		标准系数	t	sig.	B 的 95% 的置信区间	
	B	标准误差				下限	上限
(常量)	−.204	.595		−.343	.738	−1.499	1.092
Age	.000	.007	−.014	−.049	.962	−.016	.015
Marriage	−.082	.138	−.116	−.591	.565	−.382	.219
Edu	.122	.075	.465	1.621	.131	−.042	.286
Train	−.232	.101	−.406	2.294	.041	.012	.453
Grad	.006	.003	.370	2.406	.033	.001	.012
Lninvest	.046	.072	.100	0.637	.536	−.111	.202

b. 因变量 *Sale*

(五)简要结论与建议

该部分探讨了影响农民农业收入占比和农产品销售比例的因素,它们涉及农民自身的因素,也包括政府部门的外在投资和相关政策。总的来说,年轻的农业劳动力在农业发展方面拥有更多的活力,无论是在融资渠道还是销售推广方面,其市场参与的活跃度在一定程度上和他们自身所受教育程度紧密相关。返乡大学生是新世纪农业发展的生力军，他们能够为"三农"注入更为强劲的发展动力，包括融入更专业的知识和技术，促进农业劳动效率的提高。另外，有针对性的培训，特别是真正满足农民生产需求的培训，会进一步激发农民的学习兴趣，推动其生产技能的不断提高。

基于该部分的研究结论和目前农村发展的实际状况，笔者认为，首先，政府应该加大人力资本的财政投入，重视农民个人素养和劳动素质的提高。农民个人的职业素质素养，包括受教育程度、农业生产实训程度、农业生产要素（包技术、信息、农业生产机械和设施等）使用能力、农业经济组织和管理能力等都对有效提高农民的市场参与能力和市场活跃度有极大影响，政府应该加大对这些方面的人力投资。其次，对于大学生返乡工作，政府应颁布一系列激励政策，做好农村大学生返乡就业创业服务。政府应采取多元方案、多种措施，多管齐下方法，提高他们的福利待遇，保障他们的生活水平，促进其在农业产业中的职业发展。最后，在一个知识经济的时代，农林高等院校应提高农村大学生涉农专业的比重，在课程教学和实践活动中加强"三农"知识的教育，甚至可以在农场和农业园区建立实验室和实训基地，以学校的发展带动农村的发展，促进教育与产业的紧密融合。

另外，结合前面的指标刻画可以看出，各种影响因素在不同的经济发展阶段，在农产品运动的各个环节，在不同人为影响尤其是政府政策的干预下，其对农民市场参与的影响程度和作用力也是完全不一样的，有长期的影响，也有短期的反映；有主动的作为，也有被动的接受；有主观的创造，也有客观的变动。因此，应该结合具体情境加以针对性的推动。下面就以当下新型城镇化建设为背景加以具体分析。

第四章

新型城镇化—"三农""三化"—农民市场参与能力关系研究

本课题在对农民市场参与能力进行指标刻画的基础上,利用博弈论、交易成本理论、规模经济理论、公共选择理论和产权理论等,描述和分析新型城镇化与农业产业化、市场化和农民工"市"民化之间的因果关系及其相关程度。并以调研考察为基础,说明农民市场参与能力对促进农业产业化、市场化和农民工"市"民化(以解决农业弱质性问题)的作用,以至阐释农民市场参与能力提升在促进新型城镇化发展中所释放的经济社会力量。这些关系将归并于农业 PPP 发展项目、农业合作社、家庭农场和农业专业化企业的多边关系构建中,用社会分析框架模型说明微观和宏观经济关系的相互耦合与动态调整的过程。

第一节　新型城镇化与农民市场参与

一、农民与城市渊源

城市起源说有三种:一是建城郭的目的是防御外敌入侵;二是随着社会生产力的发展,人们需要集市交换手里多余的农畜产品,交换的地方逐渐固定,聚集的人口日益增多,便建起了城"市";三是社会生产力不断发展分离出部分专门从事手工业或商业的人口,其集中生产和交换的场所,日益扩展为城市。其实,后两者的出现都因缘于生产力的发展,只是阶段有先后,但基础条件都在丁农业农村的发展,交易的主体最初也是农民。即使是现代城市,也有一部分市场交易源于农业和农民,源自劳动分工的需求也会使农民融入工业品的市场交易,且农民市场交易的比重(农业自身产品结构优化产生的比重,或因其收入上升产生对工业品和服务需求增加的比重)会随着社会的进步而不断上升。

城市是人类文明的主要组成部分,现代的人类文明绝不可能没有"三农"。然而自农耕时代出现城市,就因为资源力和劳动创造,赋予了生产过程的不同阶段以不同的增加值,于是利益分配和贫富差异使人们产生了对农业的诸多偏见。这种偏见在现代中国仍然存在,也加剧了经济社会的二元鸿沟,让人们不去想象现代城市与(现代)农民还有诸多千丝万缕的联系。当然,最直接的联系还是生活中的市场和市场中的生活,前者铸造城市(现代社会分工的日益扩大,使集市贸易的规模、范围和内涵都日益扩大和加深,促进城乡互通);后者融入城市(市场交易涵盖了历史文化传承下的衣食住行,这使得城乡相互依存)。

虽然早期的城市规模很小,且与其控制的农村只是构成了一个小的、相对封闭而自给自足的单位,即使是现代真正意义上的、作为重要商业和贸易中心的城市也被普遍认为是工商业发展的产物。但城市化进程的加快都毫不例外地浓缩并描绘了农民不断涌入城市并使其获得前所未有发展的历史篇章。城市成为富足的标志、文明的象征能说与农民毫无关系吗? 这一段"历史篇章"不就是农民"市"民化的历史篇章吗? 当城市林立而起,而无特殊资源环境吸引人入驻的时候,或许城市与乡村就无本质区别了。所以,农民与城市有着深厚的历史渊源,永远也割舍不掉。那倒是作为发展中的中国更应该好好思考这样一个问题,即在农民与城市关系的基础上思考"新型城镇化是一个什么样的城镇化,该如何发展"这一重大命题。

二、新型城镇化的"新"——与农民的关系

与以往偏向城市的传统城镇化相比,新型城镇化是城乡统筹的城镇化,它力求在城乡规划、基础设施、公共服务等方面推进城乡一体化,促进城乡要素平等交换和公共资源均衡配置,实现城镇化和农业现代化的相互协调,并最终实现人的无差别发展。这是新型城镇化的真谛,是新型城镇化最本质、最核心、最关键的东西。实现经济社会协调、可持续发展和人的无差别发展,就必须考虑农村中八亿多的农民和近五亿的农村劳动力,否则新型城镇化不可能真正实现。

新型城镇化注重质量和内涵,而不是简单的增加速度,因此在强调"中国城镇化率虽超 50%,但仍低且质量不高"的含义时,它意味着我们应该怎样准确描述新型城镇化的内涵,且又如何有效提高城镇化率的问题,这是新型城镇化的重大课题。本研究认为,城镇化不是考虑农民的"户口本",而是考虑其"市民化"的地位,是在舍弃"户口本"的情况下,让这个"户口"能在城乡间有序流动,进而使其能够有效利用其可以调动的资源。因此,本部分的"关系"分析,笔者把它归纳四个可以"审视"的角度。

(一)在"化"中审视农民"新"的身份

在构筑城乡新型关系的城镇"化"过程中,我们应该把农村视为一个"风景秀

美"的自然地理区域,把农业视为"人类生存发展"的基础产业,把农民视为充当"衣食父母"的那个职业。因此,新型城镇化应摒弃旧的、传统的"农民又脏又穷、地位低下且守旧"的观念。笔者认为,这是新型城镇化发展的认识根基,也是研究农民市场参与的认识根基。基于此,新型城镇化的发展,全国应该"一盘棋"统筹考虑包括农民在内的所有经济活动主体及其行为问题。

（二）从"城镇"功能发挥的视角,审视农民"新"的未来

从"为什么要城镇化"的角度,考虑"新"的"城镇化"的特点,并在城镇化进程中,让农民不需太大"位移"①就能平等享受"城市"的荣光:广泛而便捷的生活服务和社会保障,紧密而融洽的社群关系和社会互助,发达而安全的通信网络和交通设施,综合而有效的资源利用和环境保护,优美而人本的生态加持和自然共生,温暖而厚重的人文情怀和娱乐精神,精准而高效的行政决策和行动实施,合理而可持续的经济布局和收入增长,等等。很明显,在这一"转化"过程中,新农村和现代农业的发展给新型农民提供了很多市场参与和市场融入的机会。从这个意义上讲,"农民"将会有更加光明的"新"的未来,当然也会有更多"新"的担当。

（三）在城乡、产业均衡发展中,审视扁平化的"三农"发展"新"模式

新型城镇化注重小城镇的合理建设,而不是大城市的过度扩张;注重人本内容建设,而不是形式上的观感;着眼农民,涵盖农村,注重城乡统筹;虽兼顾数量,但不唯速度,更重质的提升。因此,在现代科技迅猛发展的今天,新型城镇化和"三农"发展的"五位一体"建设(经济乃根本,政治为保障,文化为灵魂,社会作条件,生态是基础)可以在一个共建共享的平台上同步建设(经济增长、政治稳定、文化传承、社会和谐、生态文明),实现扁平化发展建设和监控管理的新模式。超过50%的城镇化率,那只是统计意义上的,相当一部分统计为城市人口的农民工并未在城市永久居住,甚至有一部分原本是城市户口的劳动力已经在一些村镇地区创业发展,这已经说明新型城镇化的发展模式需要创新,而不应再是重城市轻农村"一头沉"的大城市化战略。

（四）注重人的发展,审视人与自然的和谐共生

新型城镇化在"人",重在"人"的发展,而不是楼宇状态下的"城市"本身的建设,或者简单地转换农民户口而已。是基于"城市"功能,围绕城镇,推动农民就地城镇化,促进农民在"三农"与自然和谐共生关系下的综合发展。虽然,在国家"三

---

① 城镇化本质上不是在地理空间上将农民赶到现有的城市里去,或者简单地把农民的户口改为城市户口,而它要"化"的是城市的内容和功能。

个一亿人"问题解决以推进城镇化进程中，将有序推进约一亿农业转移人口"市"民化，特别是把有能力、有意愿并长期在城镇务工经商的农民工及其家属逐步转为城镇居民，但这不是本节，也不是笔者探讨促进农民市场参与的重点。在笔者看来，正在推进中的新型城镇化建设，应该是那"约一亿人"在中西部（甚至东部）地区的"就近城镇化"。当然东部地区的小城镇建设在促进农民市场参与上，与中西部地区一样，都是要充分利用"城市"功能，将农民在"城乡""产业"间的市场联结起来，一方面在改造城乡基础设施、升级农业产业功能、加大农民素质提高的基础上，促进城乡融合发展、产业结构合理化，以及经济可持续增长；另一方面促进人与城镇、人与自然的和谐共生。

三、新型城镇化进程中的农民市场参与

新型城镇化是更多利用市场机制的城镇化，它"以人为本"，见物见人，兴城兴业，重利重义，需要"全民"参与，特别是需要利用相对低收入的农民的相对高的边际消费倾向的特点，更大限度地撬动内需，激活市场，从而在尊重市场、尊重农民的产权、自由迁徙权、自由择业权、自由交易权的基础上，让农民更多地融入市场，而不是像传统城镇化那样将广大农民排除在城市体系之外，这有助于在公平竞争条件下让人口和生产要素在城乡之间自由流动，更大程度地实现资源的优化配置。

因此，政府的角色是促进农民的市场参与，授其以"渔"，而不是给人以"鱼"，不是简单注重其户口的改变，而是注重其置业、生产和生活方面，是注重其生活方式、生产方式、市场参与和社会参与方式，进而真正解决"二元结构"问题，实现农业的现代化和农民的"市"民化。只有真正地让农民参与市场，实现农民的"市"民化，才能通过其生产生活方式、市场社会参与方式的改变，推动新型城镇化的实现。

（一）农民市场参与的人力资本基础

从推动城乡融合的生产力来说，事实上农民的自身素质仍然较低，第三章第一节第二（一）部分"调研纪实"专栏及其表3-1、3-2、3-3、3-4都充分说明了这一点。这里笔者再从农村基本生产经营单位，即居民家庭的户主文化程度说明农村劳动力的总体文化水平情况。根据《中国农村统计年鉴（2018）》数据，2017年初小文化程度的户主占比高达84.5%，比2013年的83.3%略有上升，虽未上过学的比例有轻微下降，但高中及其以上文化程度的户主占比基本上这些年都没有变化，如表4-1所示。

表 4-1 农村居民家庭户主文化程度构成   单位:%

指标	2013 年	2014 年	2015 年	2016 年	2017 年
未上过学	4.7	4.4	3.8	3.3	3.2
小学程度	32.3	31.8	30.7	29.9	29.8
初中程度	51.0	51.5	53.1	54.6	54.7
高中程度	10.7	10.9	11.1	10.7	10.8
大学专科程度	1.2	1.2	1.2	1.2	1.3
大学本科及以上	0.2	0.2	0.2	0.2	0.2

资料来源:国家统计局. 中国农村统计年鉴[M]. 中国统计出版社,2018.

虽然未来返乡农民工可以成为农业人力资本积累的基础,例如,2018 年全国农民工中高中及以上文化程度农民工占比已经比 2012 年提高了 3.8 个百分点,达 27.5%,其中高中文化程度占 16.6%,大专及以上占 10.9%(比 2017 年提高 0.6 个百分点,其中外出和本地农民工分别占 13.8%和 8.1%,分别比 2017 年提高 0.3 和 0.7 个百分点),而且 1980 年及以后出生的新生代农民工已逐渐成为农民工的主体,占全国农民工总量的 51.5%,比 2013 年提高 4.9 个百分点,[①]但他们需要被合理引导,需要给予其更多返乡创业的条件和机会,并改变第二代、第三代甚至未来世代农民工对农业产业的认识。当然国家政策也在加大对农村人才开发的扶持力度,例如"十三五"规划要实现 1000 万人转移就业扶贫,实施现代农业人才支撑计划,开展新型农业经营主体带头人培育行动,实施现代青年农场经营者、农村实用人才和新型职业农民培训工程,让未能升学的贫困家庭初高中毕业生都能接受职业教育,还有就是前面提到的"三个一亿人"计划,等等。

(二)农民市场参与的市场基础

随着科技进步和城镇化步伐的加快,城乡间生产要素流动日益频繁,现代化技术不断涌入农村,农村社会原有的文化体系、价值判断、社会信仰和规制约束等不断被稀释和消融,原有的社会关联、行为方式和生活意义也都会被赋予全新内容。农民从原有的宗族关联、地域归属、乡规民约甚至伦理道德中解放出来,更多现代、异质和多样化的元素都不断被卷入现代市场交易之中,原来相对静止和封

---

① 国家统计局. 2018 年农民工监测调查报告[EB/OL], http://www.stats.gov.cn/tjsj/zxfb/201904/t20190429 _1662268.html.

闭的乡村共同体进而在城镇化中不断演化为以市场为中心的单个交易主体、组织及其利益共生的(合作)行为,这时"农民"无异于整体市场中的其他参与者,并跟其他参与者一样,只是一个"职业"的符号。

农村居民个体意识的大大增强、个人本位的日益突出,个性特征的不断表达,给市场发展及其自身参与增添了巨大的动力、活力和生命力,这也是市场和市场参与应该需要实现的价值,以最终造福市场参与者。城镇化下单个要素自身利益和价值的实现,反过来会进一步增强其对多样化生产和生活需求的不断追求,农村社会居民个体特性与市场化交织在一起,会使市场原则进一步渗透于个人意识及其日常行为之中,他们会进一步去选择并拓展自身利益扩大的路径、渠道、工具和要素,反过来这又会进一步活跃和繁荣市场。

当然,个体行为的"非标准化"和市场活动不可预期的变化也会给其参与者带来风险,尤其是给弱势群体——农民带来更大风险,一旦要素在城乡间的活动范围和行为边界扩大,个人无法掌控的风险和集体的理性就必然要求有适宜的规则对其引导和优化。这也是本课题的研究意义之一。例如,上面提到的路径、渠道、工具和要素的选择,也就是为了解决城镇化和市场化下的多重张力找到合适的治理模式。农村社会的治理,可以从国家主导模式转向"乡镇村治"模式,甚至一定规则①下的、以要素和项目为核心的"功能性合作治理"模式(如功能性合作社等),以解决事关"三农"利益的实际问题。②

(三)农民市场参与的政策基础

《国家新型城镇化规划(2014—2020 年)》《关于深入推进新型城镇化建设的若干意见》等政策文件也明确指出,城镇化与农业现代化同步发展,后者是重要基础,是发展的根基,而前者是载体和平台,对带动农业现代化加快发展,发挥着不可替代的融合作用。城镇化是解决"三农"问题的重要途径。我国人均耕地仅0.1公顷,户均土地经营规模也仅约 0.6 公顷,远远达不到农业规模化经营的门槛,而城镇化总体上有利于集约节约利用土地,农民人均资源占有量也会相应增加,可以促进农业生产规模化和机械化,提高农业现代化水平和农民生活水平,进一步

---

① 如后面提到的有关合作社的"中华人民共和国农民专业合作社法"等。

② 如解决低抗风险能力、碎片化低弹性的单一生产、低附加值低积累等问题,以及化解集体或个人利益诉求等问题。"功能性合作治理"模式甚至还以一定程度地解决农民集体认同从而责任意识淡化、公共参与意识弱化、治理目标与个体行为不一致等问题。像文化功能性合作社还可以起到整合乡村文化资源,发展乡村公共文化、促进乡村文化可持续发展等作用。

增强以工促农、以城带乡能力,加快农村经济社会发展。

但三个"不可持续"①也进一步说明,城镇化进程要注重资源与产业和城乡均衡发展相匹配,要与产业支撑、就业转移和人口集聚相统一,要和农业现代化相互协调,不能盲目粗放扩张,而是要集约有内涵地推进,这就是本著以新型城镇化为背景重视农民市场参与研究的原因。目前,国家正在着力推动基本公共服务的均等化,不断完善交通运输网络,快速推进信息化和节能环保等新技术的应用,优化城镇化空间布局和形态,当然由于是与经济社会发展水平相适应的均等化、推进和完善,因此还会有很大的发展空间,这也为农民提供了更多市场参与的机会,特别是城镇化以市场为主导、政府作引导,在促进城乡要素平等交换和公共资源均衡配置,推进以工促农、以城带乡、工农互惠、城乡统筹一体发展中,获得更多市场融入和参与的机会。

就政府政策作用下的农业发展项目而言,"十三五"规划就奠定了农民市场参与的客观条件和发展基础,如规划要求确保建成高标准农田八亿亩(力争十亿亩)、新增高效节水灌溉面积一亿亩、农田有效灌溉面积达到十亿亩以上;改造建设百万公里农村公路,农村自来水普及率达到80%,实现村村直接通邮;种业自主创新,建设国家种质资源收集保存和研究体系;开发适应各种耕作条件的先进农机产品,建设500个全程机械化示范县,主要农作物耕种收综合机械化率达到70%左右;实施"互联网+"现代农业,实现"百县千乡万村"农村一二三产业融合发展试点示范工程,发展特色产业;创建示范家庭农场、农业合作社示范社、产业化示范基地、示范服务组织;建立农产品质量安全监管追溯信息系统;培育形成一批功能完善、特色鲜明的新生中小城市,发展具有特色资源、区位优势和文化底蕴的小城镇。② 对比前面对农民参与程度的描述,这些发展项目和措施为促进农民市场参与能力的提升,无疑奠定了十分重要的客观基础。

---

① 即随着我国农业富余劳动力减少和人口老龄化程度提高,主要依靠劳动力廉价供给推动城镇化快速发展的模式不可持续;随着资源环境瓶颈制约日益加剧,主要依靠土地等资源粗放消耗推动城镇化快速发展的模式不可持续;随着户籍人口与外来人口公共服务差距造成的城市内部二元结构矛盾日益凸显,主要依靠非均等化基本公共服务压低成本推动城镇化快速发展的模式不可持续。

② 详见《国民经济和社会发展第十三个五年规划纲要(2016—2020)》。

第二节 "三农""三化"与农民市场参与

一、"三农""三化"的内涵

"三农"指农业、农村、农民，而"三农""三化"则是指农业产业化、农村（新型）城镇化、农民（工）"市"民化。

有人会说，农业不已经是一个独立的产业了吗？为什么还要"产业化"？其实不然。产业化是指某种产业在市场经济条件下，以行业需求为导向，以实现效益为目标，依靠专业服务和质量管理，形成的系列化和品牌化的经营方式和组织形式。"产业化"的前提是"市场化"，或者说"全面市场化"，作为市场化经济的运作形式，它在专业分工的基础上，龙头带动，配套服务，达到一定规模（经营）程度，并形成产业优势。然而在中国，农产品运行的各个环节都难以体现出产业内自运作、产业外借力兼济、产业间利益共享的市场化特征。只有在这些市场化特征的基础上，才能建立起一个产业自身的产品和组织架构，并拥有保持产业自身可持续发展活力的动力和机制，而且使农民真正获利受益，这才是实行农业产业化经营的核心。然而，目前的农业还有很多特征没有达到产业化标准，诸如"市场化程度低""规模化程度小""无像样龙头企业""配套服务不到位""产业内外联系不紧密""产业利益尚未有效积累""谷贱伤农、谷贵也伤农"，因此农业还没有真正实现其产业化。

农村城镇化绝不是简单的入籍入户、圈地造楼，不是把所有农村都改造成城镇（事实上也不可能），尤其在笔者不主张大城市化的前提下，农村城镇化更是指农村生产生活社会化功能的城镇化，特别是以农民市场参与为纽带，通过城镇近郊连接，让城镇功能扩散至农村，实现农民就地"'市'民化"，这更符合新型城镇化的发展要求。农村（新型）城镇化是各种要素不断在农村城镇（或者城乡融合）中功能性地集聚，农村城镇人口不断社会性地增多，城镇数量规模不断适度性增大，质量不断有效率地提高的过程，但笔者并不完全认同它是以工业为主体的非农产业集聚发展[1]的必然结果，部分认同的只是在"工业反哺农业，城市支持农村"的历史性"力量""人为"重构（即特定经济发展阶段）中要素、市场及其两者相

---

[1] 虽然它是历史性的存在，但在科技、信息化和交通通信设施相对发达的今天，这种集聚带来的冗余性生产成本和不可逆的环境代价，本身就是一个值得更多探讨的问题。例如，集聚会不会造成环境污染的累积效应，会不会造成环境治理中成本性"搭便车"从而弱化自我排污控制等问题，这一点可能本身就在老的工业集聚区体现得更为明显。

互间的结合,但其过程仍然具体地取决于实际要素、地理气候、基础设施条件及相关产业特性等因素,因而更多是工农业共同集聚耦合的过程,且更强调农业市场的扩大,并在这一过程中更精准地配置要素(既强调市场的作用,又强调弱势农业下的政府作为),让"三农"走出更新的路子,这也是农民市场参与的历史性特征。

尽管 2005 年 10 月召开的党的十六届五中全会明确提出,"建设社会主义新农村是我国现代化进程中的重大历史任务",并把社会主义新农村的目标和要求概括为"生产发展、生活宽裕、乡风文明、村容整洁、管理民主",但至今作为构建社会主义新农村有效途径的农村城镇化建设,并未得到有效推进(再次强调农村城镇化绝不是简单的入籍入户、圈地造楼)。笔者更在意农村生产生活社会化功能的城镇化,即它必然意味着在农村需要依靠产品托市(要有好的农产品,这是基础)、产业造市(需要完整的产业结构,形成完整的产业链、价值链和市场链)、文化兴市(靠百姓需求、文化传承繁荣市场,从人口规模和幅员面积看,这一点绝不能忽视)。

农民(工)"市"民化,不是让农民,或者让农民工只是住在城市,而是让其像"市民"那样拥有充分利用现代城市的功能,并在其中进行自由交易的能力,从而

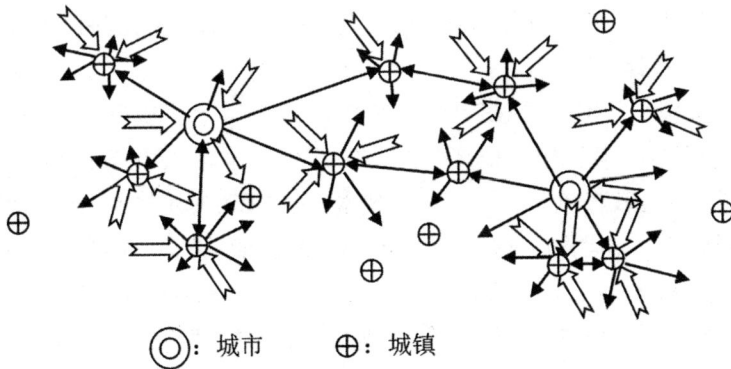

◎:城市 ⊕:城镇

——→ :功能扩散:要素不只是向大城市流动,也有相当比例地向小城镇流动,包括工业反哺农业中的要素流动,甚至一部分要素流出且并非流入大城市。

⇒ :人口集聚:人口(劳动力)不只是向大城市集聚,更多向小城镇集聚;最终根据"三化"发展水平和城市发展规律,自然调节人口的流动方向。

图 4-1 "点轴神经元"新型城镇化途径及其功能扩散

使城市功能逐步向乡镇拓展，让农村宜产宜居，这是本著描绘的新型城镇化的图景，即中国应走"点轴神经元"似的功能扩散式新型城镇化道路（见图 4-1），因而反对"大城市化"，特别是"特大城市化"。如果一定要区别城市和城镇，那么农民未来的出路仍然是在"城镇"（而不可能是"城市"）。只有这样，新型城镇化的"新"才会有更好的根基。

只有真正实现上述"三化"，才能解决现实中的另类"三化"——农户兼业化（农业副业化）、村庄（农村）空心化和人口（农民）老龄化，它无须土地弃垦撂荒，无须农民远距离迁移，无须村镇管理不闻不问。

二、推动农民走向市场，促进"三农""三化"

经常有人提起减少农民人数，加快农民非农化之类的口号或主张，笔者总觉得怪怪的。怪就怪在：总感觉它是在像前面所说的单纯地改变农民的户口或者户籍而已，而没有强调农民作为产业"工人"自身所具有的特质。这就是"三农""三化"的关键所在，不仅在于认识，更是在于作为。因此，必须推动农民走向市场，促进农民参与和融入市场，这是"三农""三化"的交汇点，也是解决"三农""三化"问题的症结。没有近五亿农村劳动力的真正市场参与，哪来在农业的实际生产中融入市场信息，并在农产品的流通和消费中提取其有价值的市场信号，进而促进农产品的有效生产和服务提供？

所以，"三化"的核心基础在人，在于农民的素质，这是"三化"中最重要的一"化"。政府要对农村农民教育精准扶贫，货币资本、实物资本、人力资本多管齐下，加大对农民的系统性教育和培训，包括生产要素（包括适时实用技术）认知、种养殖技能（包括延伸性产品质量认证）、市场信息与交易技能（包括渠道和平台构建等）、项目（包括公私合作项目）设计与管理技能、城市/乡镇/地理区域认知、宏微观经济发展认知、权益保护与法律知识等，要把这些能力"化"在农民的日常生产经营行为之中。当然也包括结合国家政策、实际国情和经济社会发展阶段，认真阐释、讲解、解答，解决好农民最为关心的诸如土地、户口、住房、社保等切身利益问题。

农业产业化以市场为导向，根据市场配置资源，促进产业价值的自我积累。诸如农业的购销体制不畅，其实是没有摆正农民在农业（市场）中的位置，当然这需要促使农民"市"民化，让他们具备基本的"市"民化素质，懂得市场参与的基本知识和技能，于是政府就得有所作为，而且是要尽可能有所作为。农业弱势不是一天两天自然之至，也有政策使然，政府必须在农业"产—供—销"价值链的增值中起关键作用，消除农民粮食卖不出去或卖价低廉之怨，从而解决农业生产"谷贱伤农""谷贵也伤农"的窘境和困苦。

或许户籍制度改革能一定程度推进人们对农民身份的认识,但无法彻底改变二元分割的局面,因此也就无法真正推进新型城镇化建设。以人为本的新型城镇化如果能通过农民的市场参与,促进城乡顺势结合,将不仅有助于进一步解放农村剩余劳动力,推进城乡经济的融合发展,还有助于促进城乡文化水平差异的不断消除,从而在方位上阶梯递进式"城镇化"(而非速度上跳跃快进式"城市化")的道路上逐步消解城乡二元对立。同样,政府需要在财政转移支付机制、组织介入和文化传播等方面有系统性的作为。财政转移支付指在农民参与能力提升方面的货币性投入(包括培训、项目设计等投入)和农民市场参与过程中的利益调和投入(包括户籍变更带来的社会保障和产业间冲突引致的协调成本等),组织介入指在新型城镇化推进过程中促进农民(市场)融入的机构和平台建设的投入,而文化传播指在地理区域和内容方面进行文化系统性传播中的投入(关于"文化"这个点,前面"文化兴市"已有所提及,后面还会作相应探讨)。

[问题点针] 城镇化的基础在农业

"手中有粮,心中不慌。"推进新型城镇化,中国不能不将粮食和耕地作为根本来考量。在过去快速城镇化、工业化进程中,保住18亿亩红线一直面临着较大的挑战。"土地失控!"著名杂交水稻研究专家、宁波市农科院副院长马荣荣说,这是当前中国粮食安全面临的最大威胁。"这些年中央以最严厉、最严格的政策来保18亿亩耕地红线。但到了县级再到乡镇和村一级,情况并不那么乐观,这些地方大多根据当地经济发展的需要搞城镇化、工业化,最难控制的是村这一级,尤以经济发达的长三角、珠三角为甚。"如今,从苏南、苏北、浙北,一线高速公路过去,已经看不到连片的1000亩以上的农田,而十年前,那里还是连片的万亩良田。现在,良田都变成了房子。"现在最大的问题是耕地质量,好的土地往往用来城镇化,这对我们粮食安全是一个很大的风险。"中国社会科学院农村发展研究所研究员李国祥说。他最后还把希望放在了城镇化质量的提高上:"当前中国城镇化的方式仍然粗放,未来怎么提高城镇化的质量,尽量地少占耕地,这是一个待解决的问题。"李国祥不无担忧地说,如果粮食主产区也像经济发达地区一样,普遍地追求高度工业化和城镇化的发展模式,这可能会给国家带来灾难性的后果。①

---

① 郭芳,等. 缺粮的中国[J]. 中国经济周刊, 2013, (25): 24-36.

  "现在的农村，基本上是'386199部队'，种田主要靠老人和妇女。这种情况不能再持续下去了。否则，农村迟早要出问题。""农户兼业化、村庄空心化、人口老龄化，农村这种状况确实令人堪忧。""我们三江这样的边远山区县，现在农村劳动力也不够用了。"广西三江侗族自治县县长吴永春代表说："三江全县38万多人，但外出务工人员却有10万多人。现在，每到春季采茶时节，只能从贵州、湖南的相邻县份引进农民工帮采茶。"广西河池市市长何辛幸代表说，要真正吸引年轻人回来，既要确保他们在家门口有钱赚，又要确保他们在家门口生活得好。"因此，我们要把农业现代化和城镇化有机结合起来。加强县城和中心乡镇建设，并与美丽乡村建设相结合，切实改善农村生活环境。"①

  巴西和荷兰都是传统的农业国家，因在城镇化过程中农业现代化的步伐不一样，导致呈现两种完全不同的发展景象。20世纪50年代，巴西在土地所有权不平等、农业投入少、农村人口受教育程度低等问题尚未解决的情况下，进入了快速城镇化的轨道，用了大约50年的时间，使城镇化率达到86%。在此期间，农业人口大批涌向城市，制造了延续至今的城市发展难题——就业压力大、贫富差距悬殊、犯罪率高，并导致城市中出现大量贫民窟。巴西的城市和农村发展差距越来越悬殊，成为两个完全不同的世界。荷兰无论是农业发展的气候条件还是地理环境都比巴西差，但它在世界农产品出口排行榜上，却仅次于美国。这主要得益于荷兰在快速推进城镇化的同时，同步推进了农业现代化的发展。在荷兰，城市和乡村相辅相成、和谐统一。其城镇化过程中，避免了人口过度集中于几个大城市现象，而是同步推进小城镇和农村的发展。荷兰只有45%的人口居住在城市，55%的人口都住在乡村地区！荷兰农业是典型的高投入、高产出模式，注重科技投入，通过资金密集的先进技术实现高效益。荷兰现代农业发展形成的辐射，已伸展到人们的日常工作与生活脉络之中，农业就业人口虽然仅占全国就业人口的2.8%，但从事与农业相关的研究、加工、销售等行业的就业人口却超过了全国就业人数的20%。蔬菜、花卉、牛奶、饲料和畜牧等的研发、销售、拍卖、运输等很多与农业相关的职业，都是城镇居民的工作。与此同时，荷兰的农村社区密度很高，设施完善，而且绝大部分农村人并不从事农业生产。荷兰的

---

① 张意轩，庞革平，赵晓霞，尹晓宇.代表委员谈农户兼业化、村庄空心化、人口老龄化：未来中国该由谁来种地[N].人民日报海外版，2013-03-12，(04).

城镇与农村形成了"你中有我,我中有你"的格局。①

高质量的新型城镇化意味着要建立健全城乡要素双向流动机制。从全球视野看,经历过城镇化的国家也往往经历过城乡二元化的发展阶段。在这个阶段,从农村转移出来的劳动力成为城市的新移民,进而成为新市民。但这还只是城乡间要素的单向流动,城市不能仅仅成为一个巨大的要素黑洞。资金、技术、人才等要素在流入城市后,还要能反向流回乡村,否则乡村就会因要素流出、资源短缺而无法持续发展。推进高质量的新型城镇化,需要拓宽城市资源流向农村的通道,让资金、技术、人才等要素再汇聚到农村,推动城乡融合发展。②

三、"三化"中政府、农民和农业组织三边关系及其动态耦合调整

政府、农民和农业组织是"三化"中的主要行为主体。正如前面提到,农民是核心基础,是"三化"主力,政府以其"作为"成为重要的外部支持力量,而农业组织是"三化"内容实现的主要功能性载体。其三边关系可以纳入到一个逆 PPP 的动态耦合调整框架之下。

PPP 模式是指传统上由政府供给的基础设施资产和服务转由私营部门提供的一种安排,即通过合同确立私营部门提供公共服务和产品,并承担相应的金融、技术和运营风险的过程。但如果把"三农""三化"中的内容物——农民的市场运作项目、城市化道路/网络/公共服务基础设施、农业人力资源和科技的创造与投入等,当作政府"新型"城镇化"新型"风险产品或服务的话,③逆 PPP 模式④无疑可以作为上述三边关系动态耦合调整的框架加以考虑。"逆"在于需要提供有关产品和服务的项目不再由政府发起,而在于"三农"本身。但由于农业产业的重要战略地位,政府完全可以把"三农"发展列为与提供一般性公共服务一致的目标,因此本质上,逆 PPP 模式与一般意义上的 PPP 模式并无二义,这也算是 PPP 模式在农业产业领域中的一种拓展(见图 4-2),只是在这一扩展中,风险转移的双边关系变成了政府、农民及农业组织的三边关系。

---

① 张修霞,李静,赵桂慎. 新型城镇化浪潮下的农业现代化[J]. 城市化, 2016, (11).
② 尹稚. 更好实现以人为核心的城镇化[N]. 人民日报, 2019-04-19, (9).
③ 其实,对于作为绝对战略产业的农业而言,其弱势特征会使"三化"必然潜伏着一定的风险性。
④ 关于逆 PPP 模式的相关说明,请详见笔者拙著《三农利益论:要素·市场·产业·政策·国际经验借鉴》(上海交通大学出版社,2013 年版)第 40-53 页。

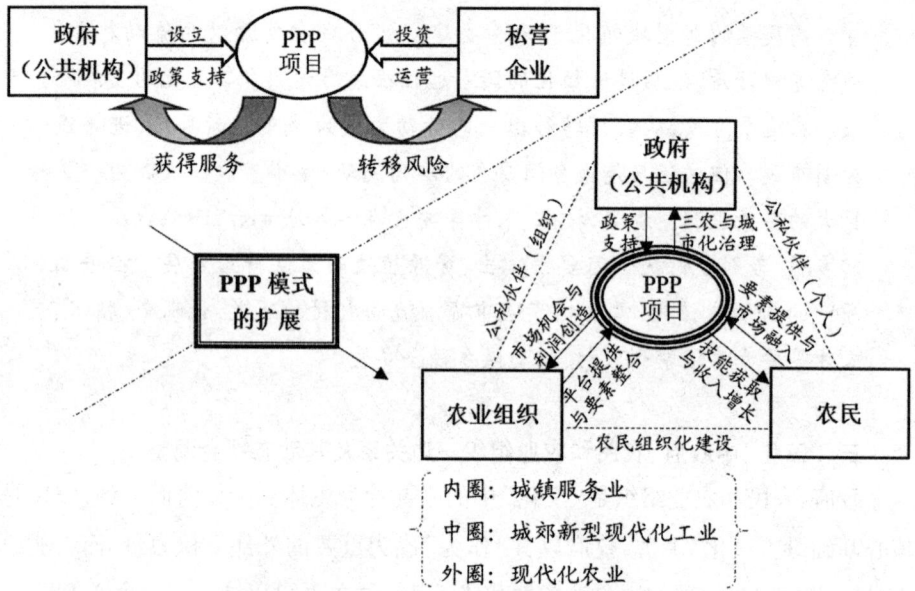

图4-2 逆PPP模式政府、农民和农业组织三边动态耦合关系

在这一三边耦合关系中，政府基于组织(农业合作社、家庭农场、共同市场组织、农业企业等)和个人(农民)建立公私伙伴关系，充分发挥政策支持功能，从而实现"三农"治理；而农业组织在农民和政府的关系中通过PPP项目，建立起一种农业市场沟通和生产要素市场运作的桥梁，农民(特别是新型职业农民)则在PPP项目中提供自己的劳动力，通过自己的市场参与和融入，进一步提升和获取更新的劳动和科技技能，增加自己的收入。在这一过程中，政府通过"三农"三边治理实现农业市场化、产业化和现代化的目标，而农民和农业组织通过收入和利润增长实现个人、组织和产业的资本积累，持续地改善产业有质量地发展。

上述三边耦合关系的核心是PPP项目。因此就城镇化而言，围绕PPP项目(图中并不是显示说PPP项目只在城镇中心开展)，要在外圈(农村地区实现农业现代化)、中圈(城郊地区建立新型现代化工业)和内圈(城镇区域重点发展服务业，包括基本的公共服务业和科技、资讯、金融、娱乐等对改善生活品质有重要影响的服务业)之间建立起有效的平衡，一方面有步骤吸引农民入城，另一方面在"三圈"之间实现农民功能性地市场参与与融入，推进真正意义上以人为本的城镇化,而不只是户口化。这样的耦合关系也就推动了新型城镇化下"三圈""三化"战略①的形成。

如果以本研究要区别"城镇化"和"城市化"的话,上述耦合关系同样适用于"城市化",区别在于两者在"三圈"建设的重点有一定差异,从而 PPP 项目的产业性质有别而已。前者在新型城镇、新型现代农业和新型农民之间协同推进,后者主要在中圈建设起拉动"新型城镇化"发展的桥梁,一方面解决"城市"的基本需求,另一方面还可以真正解决农民工的"市"民化问题,而且在一定程度上可以推进"工业反哺农业"进程,让一部分有能力的农民工或大学生返乡流入小城镇。

关于在三边耦合关系中农业人力资本的积累从而促进农民的市场参与度问题,正如第二章第一节第七部分"乡村市场本位——'人'型结构论"中讲的,PPP项目的选择要以市场为基础,只是新型城镇化背景下,农业发展项目被扩展为了"三圈"有差别的产业发展项目。同样,在特定条件下②,农民的市场参与可以扩展小城镇发展背景下的市场参与,有点"离土不离乡"的城乡一体化味道。如果考虑到"人"型结构中,人力资本积累是有经验的农业种植能手、受过高等教育的返乡创业大学生和新型职业农民的话,就更容易说明上述三边耦合关系中"三圈"发展项目在新型城镇化发展中的重要价值,以及这种耦合关系的紧密程度。

而且,三边关系中任何一个行为主体的创新行为,都会使得这种耦合关系产生新的动态调整和平衡,因此在某种意义上说,这种模式是一种开放的模式。例如,如果农业组织化推进在组织方式创新上取得进展,那么一种可能的结果就是农民市场融入的欲望就会加强,程度也会加深,PPP 项目资源配置的效率就会大大提高,进而创造更多的产业资本、企业利润和个人收入,并(通过财税体系)促进政府行为方式的进一步改革和创新(基于这一领域"逆 PPP""三圈"发展项目的政府支持本身就是一种创新)。

需要说明的是,"农民"一方表面上是这个结构中弱势的一方,其实不然,在"人"型结构背景下,"农民"(有经验的农业种植能手、返乡创业大学生和新型职业农民基础上的一个更为广泛的职业概念)反倒是"农业组织"和"政府(重视'三农'发展)"的基础,是新型城镇化和农业现代化最关键、最值得重视及其目标最终落地最值得依托的一方。

---

① 此后有多处地方提及,尽管存在不同的表述。

② 强调农民自身的属性,而不包括农民(工)"市"民化后与农业市场、农业发展不相干的那部分人口,当然可以包括"离土又离乡"但仍在从事城镇化发展中与城乡一体化三产融合发展相关的那部分人口。

第三节　新型城镇化下农民的市场参与模式研究

对新型城镇化下农民市场参与模式的研究,可进一步框定农民市场参与的具体路径及其相关利益获取,当然,不同的参与模式也需要农民有与之相适应的条件与能力,因此模式间的利益差异是必然存在的,需要政府通过合适的机制进行调配,或者需要设计相应的机制,让农民进行自我选择,权衡各自的权、责、利,并选择相应的生产生活方式,这也是"以人为本"新型城镇化建设的另一种体现。只是,"农民"作为社会的一员,政府要充分考虑其能力和弱势的特征,甚至包括在"三圈"建设中的机会。

一个很典型的特征,就是农业人口数量在一个人口总规模世界第一的国家中的比重又很高的情况下,农业问题、农民问题、农村问题就是一个十分重要的社会问题和政治问题。这也是笔者一直推崇小城镇化而非大城市化的原因之一。加之科技进步、网络技术及其人工智能的发展,新型城镇化建设已经获得了十分难得的历史发展机遇,同时也为"三农"发展提供难得的机遇。

一、可能的模式选择

一个好的模式,或者说一个适用的模式,要明确地表达出它的内涵特征,以及与其他模式间存在着的明显差异,而且不同的模式要清晰地体现其适用的条件和可获得的价值。本研究依存"三农"和城镇化发展的地缘经济关系、产业分布及其耦合变动情况,来描述农民甚至包括"市"民化但其农民身份还未完全消失的农民工的市场参与模式。

基于政府、农民和农业组织之间的三边耦合关系,以及对新型城镇化本质的理解,农民根据自身条件和经济社会发展环境变化,可以选择基于"点轴神经元"功能扩散的三个层次的市场参与模式(如图4-3所示。)

第一种模式是以小城镇为基础的城镇化产业融合发展参与模式(图中粗细两线方框围绕小城镇界定的区域市场)。该模式从农民市场参与的角度考虑,是最应该,也是最有可能吸收更多农村劳动力的:一是从农村向上吸收(新型职业农民、种养殖能手、农业产业项目管理人才等);二是从大城市向城镇回吸或者倒吸(返乡农民工和大学生毕业生)。而在农村劳动力的市场参与范围、层次和能力提升方面,该模式是最有拓展空间和上升潜力的。另外,该模式在市场参与的地理空间上也是产业间最有条件进行紧密融合的部分。

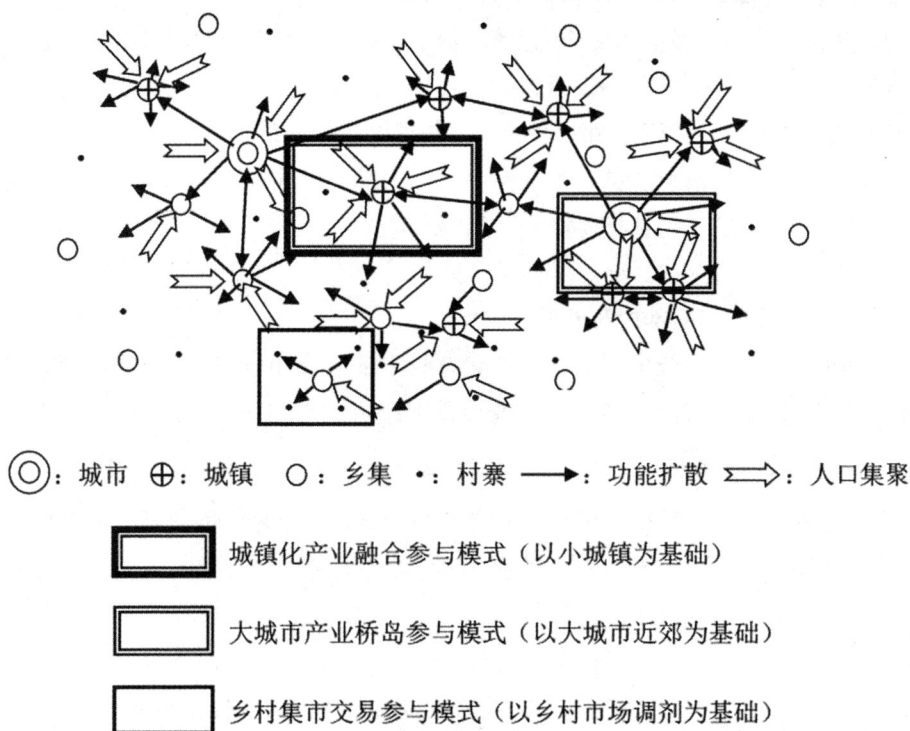

◎：城市　⊕：城镇　○：乡集　·：村寨　——▶：功能扩散　⟹：人口集聚

城镇化产业融合参与模式（以小城镇为基础）

大城市产业桥岛参与模式（以大城市近郊为基础）

乡村集市交易参与模式（以乡村市场调剂为基础）

图 4-3　新型城镇化下农民的市场参与模式

第二种模式是以大城市近郊为基础的产业桥岛参与模式(图中双细线方框界定的大城市城郊市场)。考虑到大城市中心不可能吸收大量农民,再加上市民化和城市公共服务均等化进程已经进入到了一个深耕细作的阶段,该模式一方面致力于解决城郊农民的市场参与,另一方面还要解决现有"市"民化的农民工的市场参与问题,这种参与模式主要背靠大城市,但重心又不在大城市,因此成为与大城市产业(而不是农业或小城镇工业)衔接,并向大城市输送生产要素和生产力的桥岛参与模式。

第三种模式是以乡村市场调剂为基础的乡集参与模式(图中单线方框围绕乡集界定的乡村市场)。在农村人口众多而城镇和城市吸纳农村劳动力的能力又有限的情况下,结合新农村建设和乡村振兴战略,发展乡村集市是当务之急,特别是培养农村市场经营人才,发展前面多次提到的农民合作组织,建立农村生产要素和农产品集散地,不仅调剂乡村自身的生产生活余缺,而且也调剂着乡内乡外余缺,真正激活农村市场。

图4-3考虑了城市、城镇及乡集自身对生产要素(尤其是人口,特别是劳动力)的集聚能力及其经济活动功能扩散的效果,农民融入市场的模式也被定格在了这样一个"神经元"网状图中,它既表现出地理上的空间分布格局,也体现了人的经济活动的内容和规律。第一种模式更体现出新型城镇化的特征,第二种模式体现出大城市扩张出来的农民市场参与空间,第三种模式属于固守乡村通过新农村建设拓展出来的市场参与范畴。

二、三种模式的基本内涵思想

基于本研究是围绕中国新型城镇化背景下的农民市场参与的问题展开,因此,上述三种模式包含了以下内涵思想或基本命题。

(一)农业始终是国民经济最重要的基础

尽管农业产值近些年来在GDP中的比重及其对经济增长的贡献份额有所下降①,但农业始终是国民经济最重要的基础,对国民经济增长和人民福利改善的贡献还有很大空间。农业是人类衣食之源,生存之本,是解决14亿人口吃饭问题的根基;农业为工业提供原料,而生活着六亿多人口的农村同时又是工业品的重要市场,农业发展及其劳动生产率的提高直接关系到广大农民生活水平的提高,同时也将为国民经济其他部门提供丰富的劳动力资源。农业是社会稳定之基,中国稳不稳定,当然要看这八亿多农民(近六亿乡村人口、四亿多农村劳动力)及幅员辽阔的农村稳不稳定。因此,研究解决生产相对落后的农业,研究农民生活水平的提高,研究农民的市场参与问题就显得十分重要。

(二)所有的项目、模式或者决策都是以人为基础

人是最活跃、最能动、最具有革新能力的生产要素。无论是以人为本的"新型城镇化"建设,还是"三农"发展中乡村振兴和新农村建设中的农民(特别是新型职业农民)的市场参与,都要优先考虑人力资本的积累问题。人均劳动生产率的提高是决定生活水平和幸福指数改善的前提。"三农"发展也是如此:"农民"是"三农"中最核心的要素,唯农民生活的质的改善,才是农业发展永恒的动力。所以,课题研究的项目、模式及其决策必须以人为基础开展设计和实施。

---

① 根据国家统计局.中国统计年鉴(2018)数据,生产法计算的第一产业比重从1978年的27.7%、1990年的26.6%下降到2000年的14.7%和2017年的7.9%;贡献率分别为9.8%、40.2%、4.1%、4.9%。

（三）所有项目、模式或者政策的选择都需考虑资源、市场及其产业特征

只有充分考虑项目、模式和政策实施的资源条件（包括地理气候条件）、市场供求状况、产业结构特征等，能动的"人"才有所依托，才有具体可以施展的空间和条件，"三农"才有未来持续发展的可能性。毕竟"三农"是架构在全国城乡这样一个地理空间，三产这样一个经济空间，人群这样一个社会空间上的。资源、市场和产业本身就是探究农业产业系统内循环和外循环"由低到高积累，由高到低扩散"的价值增值路径及其过程的前提条件。

（四）政府的政策支持存在经济上的"内生性"

"三农"PPP项目安排的"伙伴"主体是农民、农业组织和政府，它们分别担当了促进农业市场一体化的能动要素主体，以及具有资源和市场及产业特征的项目实施者、制度及其利益的协调者的角色。农业组织集聚和盘活生产要素，让农民得以卷入市场。而由于农业先天性弱势、低附加值和低产业积累[1]等特性，使政府能以担当的治理与协调的"伙伴"角色，在促进农业市场一体化和农民市场参与方面，就有了很大的发挥空间。这一"伙伴"角色通过政府政策特别是财政政策发挥内生经济增长功能而起作用，政府政策的经济"内生性"就成了三方伙伴关系的基础。分析认为，当政府支出的规模等于其边际产出弹性（产出份额）时，就像单位私人资本和劳动力按各自的边际产出取酬一样，政府对经济增长的促进作用才最大。因此政府、农业组织、农民三方对经济的内生增长作用可以扮演相似的角色，能够形成不同分工内容中的"伙伴"关系，从而使政府部门与私人部门的经济作用具有一定程度的一致性。[2]

政策干预经济内生化的伙伴关系安排，具有十分重要的社会经济实践价值。它以地理、资源和产业为特征的企业项目运作为核心，并兼顾各参与方利益（或者进行利益协调）的政府介入方式，能够有效地促进农业产业化、系统化和市场（一体）化发展，从而实现以农支工、以工帮农、服助农工的三产协调关系，进而促进基于利益之上的和谐社会的构建；而且在中国农业发展弱势情势下，三方伙伴关系安排构建的利益共同体的机制，兼顾了公平和效率。

三方关系，各司其职，兼顾利益，注重协调，有利于生产要素的合理配置、有效

---

① 张永丽等2016年以甘肃省1749家农户为考察对象，研究了农民市场参与对减贫的影响，结果发现：农民在农业生产经营中的市场参与程度为36.58%，而非农领域的市场参与程度达50.00%，前者的脱贫效果十分微弱，而后者效果十分显著。张永丽，张佩. 农户市场参与的脱贫效应[J]. 干旱区资源与环境，2018，（6）：25-30.

② 请参见笔者拙著《三农利益论：要素·市场·产业·政策·国际经验借鉴》（上海交通大学出版社，2013年版）第46-47页。

使用以及政府农业政策有针对性的实施，并产生期望的效果。在目前尚未真正实现农业市场一体化的情况下，三方伙伴关系安排实际上提供了一种解决市场失灵①的办法。目前，事实上有效解决农业市场失灵方面的手段和工具的缺乏，一定程度地导致了农业产业的竞争脆弱性、基础渐弱性及其利益不断流失的特点。因此，伙伴关系安排旨在达成一种类似纵向的合约，在解决市场失灵和促进农业市场一体化的过程中，推动"三农"资源的优化整合，并使不断融入的政府关系发挥其内生经济增长和社会协调发展的功能。

三、三种模式的适用条件及其政府作为

由于所涉及的区域、人群和产业融合度的不同，农民市场参与的三种模式自然有其各自不同的适用条件，进而政府在促进三种模式下的农民市场参与的政策与作为也不一样。

（一）以小城镇为基础的城镇化产业融合参与模式的适用条件与政府作为

这种城镇化产业融合参与模式是在小城镇发展中，通过对新型职业农民进行一定培训为基础，以及三产"三圈"融合发展，促进农民在农业、工业和服务业中的市场参与与融入，进一步发挥城镇的"传、帮、带"②作用和"管、服、养"③功能。这一过程，农民和农业是完全嵌入到"三圈"里边去的，而地理意义上的农村在小城镇建设中也相对紧密地焊接在了"外圈"。从而，在这个参与模式中，农民市场参与的范围比较广，行业比较齐，灵活度也相对较高，农民总体市场参与水平提升空间比较大，是笔者相对推崇的模式。

该模式表达出三点关键信息：新型城镇化、产业融合和农民的市场参与，因此它既要考虑其所面临的基本经济社会背景：(1)新型城镇化的不断推进；(2)城乡

---

① 这里的市场失灵包括垄断性（尤其是在农产品收购及其流通领域的垄断力量的存在）、外部性（特别是技术、信息等生产要素的恰当使用所产生的内生经济增长的潜力，目前事实上是相对缺乏"因地制宜"的农业科技下乡）、公共产品（农民在资源和权力方面的立法和处置存在一些限制，在产业干预和管理方面的能力也相当有限，而政府自身又缺失在项目评估、执行、监管等方面的参与、构建与反馈机制，这就导致其在处理像公共品之类的事务时的能力不足）、信息不对称（尤其是农民在良种选择、化肥购买、农产品销售等方面市场信息、价格信息，以及政府相关支农政策等信息的不充分、不对称）。

② "传、帮、带"：生产要素的传接流通、产业之间的发展帮衬、城镇对农村的拉抬带动。

③ "管、服、养"：对经济秩序的统筹管理、对经营主体的集约服务、对社会生活的精致养护。

融合一体化发展;(3)城市群协同和区域统筹协调发展①;同时也要考虑吸收或者分离出有能力进行较好市场参与的农民或农民工。因此,这一模式的基本适用条件是,已经有了一定城镇化规划的地理区域(特别是小城镇群落规划的珠三角、长三角、京津冀小城镇群,本研究该模式中的地理区域并不包括广州、上海、北京、天津这些大城市本身),该区域有了一定的资源开发规划,城乡基础设施相对较发达,有一定的"三农"发展规划,拥有具备一定素质的农民且其具有较高的流动性。

为此,政府应该做好小城镇产业发展规划,特别是三产"三圈"的城乡融合发展规划,发展并完善良好的基础设施建设(特别是"三圈"内枢纽城镇之间的交通干线建设、通信网络建设、水电气管线建设、医疗卫生服务设施建设、娱乐健身文化设施建设、金融保险服务设施建设等),促进小城镇城市功能完善以增进其拉动吸收和辐射扩散功能,系统性做好流动性农民的职业培训,做好返乡大学生的就业创业规划和吸收,有序地在城镇化建设中推动农业供给侧结构性改革,包括联合各方资源促进新产品、新种子、新农药、新农机等的研发创新,并适度建立农资调剂、农技信息发布、职业农民培训、PPP 项目规划协调、区域合作协调、三产"三圈"建设与协调、市场监控管理、政策理论宣讲等平台或基地。

(二)以大城市近郊为基础的产业桥岛参与模式的适用条件与政府作为

该模式在确定大城市优势产业的基础上,寻求与近郊关联的、以市场为导向的产业集群,在推进城市公共服务均等化基础上,让一部分(乡村)劳动力和优势资源向城郊集聚,充分发挥大城市的辐射作用,构筑近郊作为大城市产业布局和结构调整的资源桥岛,包括以下方面:建立农牧产品(粮食、蔬菜、水果、禽畜产品等)供应和加工基地、直接对接大城市的超市和农贸市场;建立城市近郊林木基地,向大城市输送园林苗木资源;建立近郊旅游文化生态基地,向城市输送旅游资源;建立可以吸纳农民就业的轻工业品加工基地,向大城市配给多样化的生活需求;建立职业农民专业培训基地,充分利用大城市的智力资源;建立桥岛基础设施规划平台,进一步完善近郊桥岛功能,等等。

该参与模式面临的基本经济社会背景包括:(1)大城市产业生态较成熟,已经具有相对完善的城市功能而无需通过城市扩张来获取城市红利的市政规划;(2)具有

---

① 根据《国家新型城镇化规划(2014—2020 年)》,基于土地、水资源、大气环流特征和生态环境承载能力,优化城镇化空间布局和城镇规模结构,在《全国主体功能区规划》确定的城镇化地区,按照统筹规划、合理布局、分工协作、以大带小原则,建设和发展集聚效率高、辐射作用大、城镇体系优、功能互补强的城市群,以此推动区域协调发展和国际竞争合作,促进全国经济增长。

现代化的农业投融资机制、城乡资源要素有序流动和公共服务均等化配置机制；(3)社区融合治理取得成效；(4)有一定规模的"市"民化农民(工)群体；(5)城乡基础设施相对较完善。因此，该模式试图发挥大郊区桥岛功能，助力大城市高产业结构的可持续发展，并通过大城市带动大郊区，在城市公共服务均等化下促进城郊产业集聚，剥离一定的、正在实现"市"民化的农民(工)，融入更细化的城市分工。

政府的作为是在"桥岛"建设上下功夫：设计建什么样的"岛"？建多少座"岛"？架什么样的"桥"？架多少座"桥"？这取决于政府在不同城市所做出的战略规划，同样应根据资源、市场和产业特征决定不同的城市有不同的城市战略，于是"岛""桥"也各异(如仓储物流分配中心桥岛、加工装配基地桥岛、商业连接的交通通信通用设施桥岛、(向上)创新创业创意产业孵化桥岛、(向下)技术的产业应用实验实践桥岛、人力科技资源开发桥岛，等等)。然后就是考虑"桥岛"的特性，制定吸收农民市场参与的机制和措施，让现有城乡区域、居民和产业恰当地融入。这种模式有别于第一种模式的"三圈"三产发展的重新规划与设计，即使利用原有资源，也是在进一步突出小城镇辐射和吸收功能的发挥之上，这里城乡区域、居民和产业是在政府的规划下进行整体性有机嵌入的。从这个意义上说，也可以把第一、二两种模式的区别(或者划分的前提基础)理解为，基于资源、市场、产业特征，是否已经对城镇/城市进行了很好的战略定位。因此也不完全等同于有人提出的以大城市带大郊区发展的"成都模式"，而是突出自身的"桥岛"作用，突出"桥岛"对农民的吸收，当然也必然会考虑大城市"工业反哺农业"的带动作用。

(三)以乡村市场调剂为基础的乡集参与模式与政府作为

该模式以农业组织为基础，尽可能解决分散经营的农民的组织化问题，就地取材，就势规划，结合当地资源发展特色经济，包括特色种养殖经济、生态旅游经济、民俗民风文化经济，推动特色乡镇企业、家庭农场、农民合作社的建立。这种乡集参与模式是针对农民而言的，而农业组织经营的内容完全可以面向小城镇和大城市，发展对外经济联系与合作，这取决于这些农业组织的发展状况，从而也决定了农民乡集市场参与的程度和活跃度。这种模式可以考虑如何将苏南的乡镇集体经济模式(甚或温州的个体经济模式)①向中西部地区"嫁接"或"复制"。

---

① "苏南模式"即以乡镇集体经济为主导的城镇化模式，它通过乡村集体经济和乡镇企业的发展，促进乡村工业化和农村城镇化进而推动城市发展，但要解决布局分散、投资效率低等问题。"温州模式"即市场经济以分散家庭工业为主导的城镇化模式，它通过家庭手工业、个体私营企业以及批发零售商业来推动农村工业化，并且以此带动乡村人口转化为城市人口，但这种模式一定要解决工农业产业融合问题，否则无法有效形成产业彼此相互支持的合力。

基于幅员广阔的农村地区,面临:(1)数量众多"不离土不离乡"的农村人口和农村劳动力;(2)基础但弱势的农业;(3)农业组织不完善但有一定基础;(4)新农村建设和乡村振兴正在向前推进,因此从市场参与的角度讲,该模式考虑的是城镇化进程中那些无法转移至少是区位上暂时无法转移的人口(特别是农村劳动力)。而且在建设新农村和促进乡村振兴的道路上,加强基础设施建设,培育农村乡集市场主体,也适宜深度挖掘农业多功能的产业特性,既可以开展种养殖实验实践基地建设,也可以依托历史,发展乡村文化,开展绿色、自然、地貌地理生态旅游服务和"深潜"休养拓展建设,体验自然的农村生活。

在这一模式中,政府的两大重要职能,一是促进农业组织化建设;二是让上述"嫁接"或"复制"成为可能。在组织建设方面,一是要通过组织建设,如稳步推进农业合作社、家庭农场、农产品共同市场组织、农业企业等的产业化发展,有效配置乡村资源,实现农业产业利益增值;二是要让农业组织或者真正代表农民利益的协会成为实现利益共享、利益均等、利益分占的组织前提。

按照宪法和法律规定,村民委员会是基层群众性自治组织,理论上村委会可以成为整合农民利益的组织,代表农民的利益,实现农民组织化的政治参与,与社会强势集团进行协商谈判,维护农民的合法权益。众多的事实已经表明,村委会没有成为这样的组织,也难以成为这样的组织,村委会在实际运作中往往更多地承担了乡镇人民政府派出机构的职能,难以起到代表农民利益和表达农民利益的组织。①

在社会博弈中,农民尽管人数众多,但他们始终是弱势群体,现有的利益表达渠道和强度,都未能在利益表达—利益综合—政策制定—政策实施的整个过程中,促成农民积极的参与和产生有效的影响,不能通过组织化的诉求来争取自己应有的利益。因而有关政策安排不能保证他们作为"最少受惠者的最大利益",反使其利益不断受损,城乡二元结构并未改变,而是呈现出路径依赖上的积重难返和持续强化之势。这样地日积月累,终于导致了今日的"三农"困境。解决"三农"问题,必须解决农民组织化问题。特别是在新型城镇化推进中,如若不尽快改变其弱势群体的地位,提高其对自有资源的控制能力、社会行动能力和利益表达能力,"积重难返"现象恐将更加严重。

至于"嫁接"或"复制"问题,那还是一个"市场化"的扩展问题,让"市场化"真正地向中西部地区扩展,主要是经济活动方面的,但首先是思想上的,特别是决策者思想意识上的。就"三农"而言,就是要促进农民的市场参与,增强他们经济活动的市场运作意识。但政府要提供相应的支持:市场信息化建设、市场交易组织

---

① 颜三忠. 新农村建设与农民平等权的法律保障[J]. 江汉论坛,2006(8):97.

建设、市场交易主体培训、必要的基础设施建设与阶梯式推进(特别针对地区差异而言)、市场竞争政策制定与监督实施、市场利益协调,等等。当然也包括最基本的村落建设、水电煤气路桥坡沟疏通修整建设等。同时,在城镇化进程中,可以利用前面提到的两种模式(苏南或温州模式)的战略推力,进一步完善小城镇规模结构,增强一定规模中心城镇服务功能和辐射作用,以此带动(中西部地区)农村市场经济发展。但正如前面所说的,这两种模式需要分别解决布局分散、投资效率低和产业融合等问题。

其实,三种模式的城镇化都有一些共性,如确保劳动者平等就业和同工同酬,保障农民公平分享土地增值收益,确保资源顺畅流通并增强其功能性优化配置(并一定程度地分层级向"三农"流动),加强社会性公共服务均等化和全民社会保障体系(包括公共服务和社会保障向农村延伸和全面覆盖),注重经济活动的合理空间布局、产业集聚及其规模化集成、生态涵养与环境保护等基本资源及其可持续发展问题,都有一定程度的基础设施建设(包括农村的通信网络建设),各层级组织化及其人力资本积累问题,等等。

第五章

农民市场参与能力与农民利益关系的研究

结合国内外研究成果,以问卷调研为基础,研究农民市场参与过程中各方利益博弈关系,并以利益为基础,研究农民市场参与能力提升对新型城镇化、农业市场化、产业化稳步发展,进而解决农业弱质性问题的重要作用。这不仅有利于和谐社会的构建,也是现阶段社会主义建设事业不断发展的客观要求,而且它还是检验本研究有关渠道、机制和政策设计的合理性、可行性及其价值的重要依据和必要条件。

第一节　农民市场参与的利益来源

农民从(增强)其市场参与中获取更多的利益,尤其是经济利益,是本研究的基础,这种利益甚至可以从农民个体的利益扩展到农业产业的利益,从而促进产业资本积累,在产业间的普遍联系中,推进新农村建设。

一、农民组织化的基本特质及其利益

在我国农村市场不完善致使农民面临各种市场风险的前提下,外国农民应对市场风险、获取市场利益的做法值得我们借鉴,这里我们可以从其组织化的基本特质中,观察农民市场参与的利益获取及其维护。

国外学者 Davi R. de Moura Costa et al.(2013)认为,所有权和控制权的分离会使农业合作社产生控制和影响成本,因此合作社某些成员可能既有剩余索取权,又有正式控制权,他们进而分析了巴西农业合作社决策管理和控制权的分配,及其所有制结构的决定因素。然而中国农业合作社的生命周期和治理特征都有别于外国,其核心成员和普通成员在所有权、决策权和收益权的分配上存在很大差异(当然是偏向于核心成员),因为很多合作社源于农民企业家和政府,而不是小农自下而上、集体行动的过程(Qiao Liang et al.,2012)。中国农民缺乏允许其在

土地上长期投资、果断地提高生产率和积累财富的安全和可交易的地权，因而拉大了城乡收入差距。这显然是不利于推进新型城镇化建设与和谐社会发展的（Zhu Keliang and Roy Prosterman，2007）。这里的研究立足于农民市场参与能力的提升从而促进农业合作制发展的角度，分析所有权和利益关系的问题，最终为解决农业弱质性问题和推进新型城镇化发展服务。

从目前对外国农民组织化的考察来看，其基本特质包括：

（一）自下而上的市场化自我组织

法国农民协会和农民工会都属于协会性质，是一种私人组织，其中农民协会是一个特定农民群体的组织，它探索法国农村发展和进步的途径，并关注农民未来的需要，其工作重点是向农民工会提出建议、游说院外议员、召开小型企业会议、提出农业议案、向有关部门提出建议等。虽然农民协会对不利于"三农"的法律，一般不作反应而保持中立，但它会通过向政府列举其实施将造成的严重后果，来影响政府的决策。它开展工作的主要方式是举行各种会议，特别是邀请农民、农业部等相关部门的官员、决策智囊人物、法国农民组织及农业研究中心的专家等参加圆桌会议，以找到最佳的农业发展和风险管理的办法。法国农民工会中以农联盟的影响和势力最大，它把70%的法国农民社区团结在了一起，而且在维护农民权益以及代表农民与政府、欧盟进行利益博弈中扮演了重要的角色，特别是它提倡利用农产品价格支持来增加农民收入的措施得到了大多数农民的拥护和支持。农民工会的成员包括家庭农场主、大农场主、农业经营者和农业产业公司员工。工会的力量主要依赖于它的会员规模和它所能提供的服务。因此，不同的农民工会都采取各种积极措施，例如通过向农民提供各种技术服务等方式吸引农民。农民工会不但帮助农民提高农业技术水平和获得必要的农产品市场信息，并向农民提供各种社区公共服务，而且也代表农民同政府进行谈判并参与农业政策的制定过程，争取政府拨付给农民更多资金，以减少农民负担和保护农民的合法权益。另外，法国农业信贷银行和法国第二大保险集团安盟保险公司等过去都是由法国农民以互助形式自发创建的，如今它们都已成为法国的金融巨头。安盟保险公司农险部经理斯特凡·金说，安盟集团是由农民自发组建的几家小型互助保险合作社合并而成的，并依靠从事农业保险业务发展壮大，目前在法国农险市场上占据近70%的份额。与其说是农业保险帮助了农业发展，不如说是法国农民自行创建了为他们自己服务的工具，通过保险建立了有效的自我保护体系。总之，在法国，各种服务组织下连千家万户农民（每个农户一般参加几个不同职能的民间服务组织），并且跨社区建立，反映和代表着农民的利益诉求，上为议会和政府制定农业政策提供决策建议。

在德国,由于其农业企业规模小(平均种植面积仅 40.4 公顷),除小部分蔬菜、水果或生态产品由企业直接销售外,绝大部分农业企业并不直接进入农产品流通领域,而是自发组成农业合作社或联合体,进行进一步处理、加工,并销售到下一流通环节。德国合作社完全按自愿和互助原则成立,并按公司制度经营业务。社员以其资产入股,其经营业绩直接关系到每个社员的切身利益。德国合作社对内以服务为主,全方位为农民提供农产品生产、加工、销售以及信贷、农资供应、咨询等方面的服务,对外以盈利为目的,并作为市场经营主体,有效地维护着成员的利益。德国农业合作经济组织始终反映着农民的社会经济利益,并对政府的政策制定具有强大和持久的影响力,农民的根本利益也因此得以有效保障。农业合作社不仅提高了农业生产和销售的组织化和产业化程度,有利于推进农业结构调整,而且在促进德国农村和地区发展,提高农民收入,缩小城乡差别和地区差别等方面发挥了个体农民和国家都不可替代的作用。德国农民参加合作社取得的经济利益主要体现在以下几个方面:减少生产交易费用和中间损失;增强资金融通及其风险防范的能力(特别是能通过合作社免除债息过高的风险等);获取农产品规范生产、加工增值、营销推广等方面的利益;便利生产要素(特别是在共同使用大型农机和设施方面)互通有无;享受农业产业内部分工日益增强下的诸如良种供应、病虫害防治、卫生防疫、机械维修技术培训、信息咨询等社会化服务。目前,大多数农业合作社又走上联合发展之路,许多合作社都加入了地区性合作社联盟、专业性合作社联盟和全国性合作社联盟,这些联盟在互通情报、提供市场信息和咨询服务、培训合作社领导人及成员以提高其决策水平和经营能力、提供信贷担保与信用评级、提出经营管理建议、代表合作社向政府游说并表明利益诉求和争取优惠政策等方面都发挥着重要作用,且不断形成多层级、网络型、分权式的合作社联盟体系和结构,有力地保护了农民的利益。

荷兰农业虽以家庭农场为主要经营方式,但在农业生产、供销、农机、加工、保险、金融等领域建立起来的各种民间组织和专业合作社,都为农户的农业生产和农业的产业化经营提供了各种周到的社会化服务,并使农户与合作社之间形成了紧密的联系,发展了农业的一体化经营。荷兰农业合作社完全基于自愿原则,依靠农民间自己的协定,进行民主管理,自己控制,自己所有。其活动不受政府的干预,参加合作社的农民对自身的生产决策和生产过程享有完全的责任和独立性。农民自己成立的服务组织,在保护农民切身利益,促进社会进步与稳定上发挥了巨大作用。它们帮助农民减少了生产(包括生产资料供应)、加工、销售过程中的成本,增加了收入。在荷兰农民收入中,至少 60% 是通过合作社取得的。再比如荷兰的合作银行，它是在 600 多家农民信贷合作社的基础上成立的全国性合作银行，它在性质上属于合作社，因此与农民的生产合作社、加工合作社、销售合作社和生产资料供应合作社等并无实质区别。其信贷资金完全来源于所吸收的存款和经营活动，政府并不向农民合作银行注入信贷资金，也不干预农民合作银行的经营活动，政府的作用只是允许其存在，并为其发展提供必要的社会环境。农民合作银行在农民的信贷和金融服务方面发挥了支柱作用，参加这个信贷银行的成员可以得到低于普通利率 0.5% 的贷款优惠。目前荷兰农民所需资金的 90% 来自信贷银行及其信贷合作社。由于信贷合作社的贷款利息低于普通商业银行，因而也就减少了农民的利息支出，保护了农民的利益。

在美国，合作社更多偏向于经济形式的行为，它以经济项目为基础实现集体合作的生产模式，通过资源优势互补最大限度地提高农业生产的效率。作为美国农业利益集团的农业合作社，就其制度而言，是由农民自发组织形成、农场主自愿参加的非营利组织，受到政府相关农业部门的监督，其经营目标是通过为社员服务，使社员从其生产的农产品中获取最大收益。合作社的盈利分红，是按照当年社员与合作社交易量的额度进行计算，有效地促进了社员的积极性。

巴西"全国农业联合会"（CNA）是农业生产者自行组织的民间机构，总部设在巴西利亚，联合会设有专业委员会，如大豆及大豆制成品委员会及玉米、棉花、土豆、烟草、咖啡、柑橘等专项农产品委员会。各州、市设有农业生产者协会，隶属巴西"全国农业联合会"。该联合会的主要职能是收集全国农业生产者对农产品贸易的意见，供政府有关部门参考；在农产品贸易出现问题时，负责向政府就应对措施提出建议，并协调农业经营者与政府部门之间的立场；向农户传达政府关于农产品贸易的最新政策。该联合会已成为政府与农业经营者之间进行有效沟通的纽带和桥梁，也是向政府转达民意的忠实代表。

（二）适时的、有效的组织结构

自从 1844 年英国兰开夏小镇罗赫代尔（Rochdale）成立平等先锋社（Society of Equitable Pioneers）以来，在"自助"思潮推动下，农业合作社很快从欧洲走向世界。这一进程不仅成就了欧洲"三农"的发展，而且通过其对农业生产相关各个行业的渗透，促进了欧洲经济和社会的和谐治理。其间最为关键的因素是通过其治理模式的不断演变，适应了产业自身发展的需要，增强了合作社社员（农民）的市场参与积极性，从而有效地降低了农业发展中的自然风险、市场风险甚至系统性风险。

在欧洲，我们最初能观察到的两类合作社治理模式是北欧模式和南欧模式，它们都是基本的传统模式的变种和延伸。

1. 欧洲合作社治理的传统模式

按照传统的模式(见图5-1),社员大会和董事会这两个决策机构是法定的,有些国家的监督委员会也是法定。在这种模式下,决策管理权唯一地由董事会执行,其他任何诸如专业或执行部门都不被授权执行决策管理功能。在被社员大会选举产生后,董事会成员会在他们之间分配其职责,通常董事会会将重大实权(所有或大多数决策管理责任)授予董事会主席。

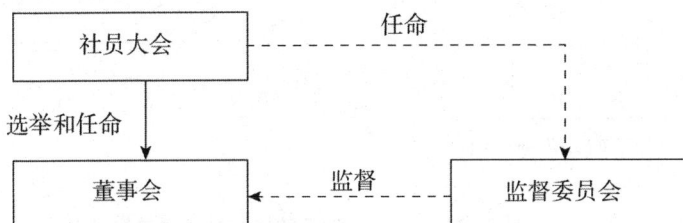

图5-1　欧洲合作社治理的传统模式

社员大会主要基于平等或一定比例的剩余控制权的分配,进行事后决策控制。后来投票权的分配也由一人一票向兼顾社员贡献额(值)的方向转变。其职责包括在法律授权或合作社规章制度下选举董事会和监督委员会成员、规章制度的起草、年度报告的审批、重大组织变革(如并购和解散)的决定等。

董事会一般进行事前决策控制和决策管理(一些需要社员大会审批的特定决策除外),一般决策控制权在董事会成员之间平均分配,但董事会主席有权在选票出现分歧时行使否决权。董事会成员的最低数量,取决于不同的国家,一般都由法律规定,通常1~3个不等。董事会是正式的实权中心。在传统模式中,董事会成员集体决策、集体担责。

监督委员会通常不具强制性,除非在合作社规章中另有规定。传统上,这一机构只能由社员组成,但近些年来一些国家也允许指派非社员(专家)加入监督委员会。监督委员会的主要职责是监控董事会,属事后决策控制。

2. 北欧模式

在北欧,农业合作社不再采纳传统的治理模式,而是采纳被一些学者看作其变种的模式。这些模式归纳起来有三种类型:扩展的传统模式、管理型模式和企业型模式。

(1)扩展的传统模式。在扩展的传统模式中,法定的治理机构是社员大会和董事会,在一些国家当合作社组织架构较复杂时,其监督委员会也是法定的。不同于传统模式的是,这种模式在合作社治理结构中引入了一个非成员机构。尽管董事会负责战略和政策决策，但所有经营决定都委派给了董事会雇佣的职业管理机构，如图5-2所示。

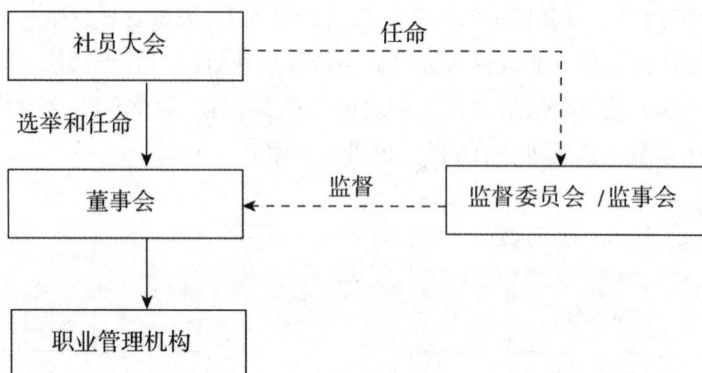

图5-2　欧洲合作社治理的传统模式的扩展型

社员大会成员主要以完全同于传统模式的方式进行事后决策控制。在一些由大型的、地理上分散的会员构成的合作社，往往实行成员代表制。例如，Arla食品公司是一个由瑞典Arla和丹麦MD食品两家合作社企业于2000年4月17日正式合并而成的欧洲最大的乳品集团，其会员分属空间意义上定义的60个区，并相应地归到七个地区，每个地区选出一名理事和150名代表，其中140名是农民会员，十名是劳动工会任命的职工代表。而140名农民会员代表包括来自各区的60名主席、53名区副主席和27名来自各区治理机构的其他会员（Nilsson & Ollila，2006）。类似的安排也被北欧其他一些大型的合作社所采纳（Hanisch et al.，2012）。

董事会虽然进行事前决策控制，但不像传统模式，其决策管理是由职业管理机构贯彻实施。同样，监督委员会一般不是强制性的，除非在合作社规章中另有规定。这一机构传统上只由社员组成，但近些年来一些国家存在允许非社员（专家）加入的可能。监督委员会的主要职责是监控董事会，属事后决策控制。在一些国家（如荷兰），如果合作社在一定门槛之上建立了股权资本，就必须建立员工委员会，以确保员工的利益得到重视。而且，如果合作社雇员超过一定人数，就必须建立监事会。监事会成员由社员大会任命，并实施事后决策控制，以确保所有利益相关者（不仅是那些出资者）的利益在决策管理中予以考虑。

（2）管理型模式。管理型治理模式（见图5-3），将董事会和职业管理机构合并，从而去掉了一个治理层级。在这一模式中，仅仅外部专家（非合作社成员出资者）加入董事会，负责决策管理职能。结果，管理模式中的正式实权掌握在了职业管理(经理)人手中。尽管重大决策的剩余控制权仍归社员大会所有,但所有的运营和战略决策委托给了职业经理人。监督委员会(或者大合作社的监事会)对董事会所做的决策进行事后控制。

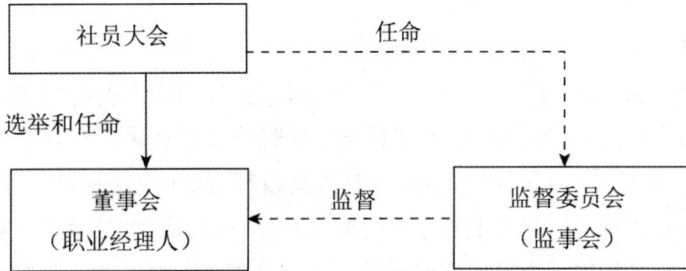

图 5-3　北欧农业合作社管理型治理模式

(3)企业型模式。合作社治理的企业型模式(见图5-4),归并了董事会和监督委员会(或监事会),成员和非成员(通常是专家)参与其中(扩大了的董事会),但合作社规章规定三分之二的董事会成员也应是合作社的成员出资者。在这种情况下,职业经理人实施正式的实权,大多数决策委托给了经理人,而董事会只对决策控制负责。

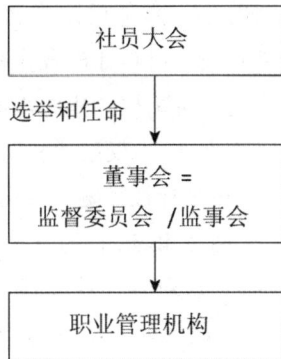

图 5-4　北欧农业合作社企业型治理模式

3. 南欧模式

在南欧,占主导地位的合作社治理模式是传统模式及其扩展型。传统治理模式一般为地中海欧盟成员国的绝大多数小型地方性农业合作社所采用(见图5-1)。然而大型合作社一般实施其扩展型治理模式,它们雇用职业经理人执行决策管理功能(即决策的启动与实施)。剩余索取和控制权的分配,以及正式的实权分配，类似于北欧扩展的传统治理模式。

在促进农民市场参与能力增强的过程中，其治理模式从传统型向企业型转变，明显存在着在组织管理上采取类似企业那样的更为积极进取、创新和市场化的策略手段，但不同的是，为发挥合作自助的特点，又力图在治理内容上将农民市场参与能力的增强作为组织变革的考量因素。传统合作社所有权为合作社共同所有，具有很大的公有性质，且一人一票制使其成员在组织中拥有均等治理权（或决策权），虽入社自由，但合作社成员对合作社财物没有私属所有权，因此无法或者难以将其在合作社中获得的物品（或其成员权利）用于市场交易。尽管某些合作社会给予其成员一定程度上的个人股权，但一般股权均等，且由统一规则管控，其利润或剩余求偿权不会以投资回报的形式返给成员，而且还会限制以增值为目的的商业活动，计划经济治理的色彩相当浓厚，只是以农业合作社的形式表现出来而已。整个过程是事实上的全体成员对合作社的共同控制和管理，因社员众多而且分散，致使其对农业资源的调配能力遭其分割，从而削弱市场参与的能力。

而治理模式的演变尤其是北欧模式的发展，开始在一些由大型的、地理上分散的会员构成的合作社实行成员代表制，一些国家的合作社还允许指派或选举非社员（专家）进入理事会或监事会，专业经理人也可以来自合作社外部，而且非成员的合作社参与者还可以通过投资来换取一定的股权，分享合作社收益。尽管股权持有人群一般限于合作社雇佣的人、本地居民或具有业务往来的合作社，但其分享的权利具有个人所属权，而且股权可转让。合作社市场经济治理的特征相当明显，其农业市场资源调配能力也因决策权的集中得以加强。特别是管理型和企业型决策治理模式，在资源的利用方面，不仅激活和动员了农业生产要素（包括社员等劳动力要素），而且还创造了很多让社员融入市场的机会和渠道，如欧洲的农业超市、农贸市场、拍卖市场甚至期货市场，有的直接促成了相关市场的建立，有的则促进了相关市场功能的发挥。这对合作社提升经营效率和市场竞争力起到了一定积极作用，显然也会增强农民与非农民对合作社经营的市场参与意愿与能力。

除了上述内部有效的组织架构外，很多国家的合作社等组织还自我联合，形成各个层级的协会或联盟，以增强农民组织的整体力量。例如，德国大多数农业合作社走上联合发展之路，许多合作社都加入了地区性合作社联盟、专业性合作社联盟和全国性合作社联盟，这些联盟在互通情报、提供市场信息和咨询服务、培训合作社领导人及成员以提高其决策水平和经营能力、提供信贷担保与信用评级、提出经营管理建议、代表合作社向政府游说并表明利益诉求和争取优惠政策等方面都发挥着重要作用，且不断形成多层级、网络型、分权式的合作社联盟体系和结构,有力地保护了农民的利益。为了保护合作社的利益,荷兰全部农民专业合作组织都被组织于"全国农业合作局"(NCR),它代表合作社的利益,协调合作社之间以及合作社与其他经济组织之间的关系,推动合作社事业的发展。西班牙同一行业五个以上的农业合作社可以组成行业联合会,不同的行业联合会可以再联合,最大的联合会是西班牙合作社联合会(CCAE)。被称为"世界当代合作社成功典范"的西班牙蒙德拉贡联合公司(MCC),现已发展成为集工业、农业和农产品加工业、商业、金融、教育和培训、科研和信息、服务等120多个合作社为一体的跨行业合作制联合体,为欧洲乃至世界最大的合作社集团。日本农协至今也已经形成了一个包括地方性组织和全国性组织在内的完整体系,从中央(国家设农协全国联合会)到地方(都、道、府设农协联合会,市、町、村设单位农协)建立了一整套严密的农协组织系统,它不仅提供产前、产中、产后的服务和指导,还尝试包括所有农民从婚丧嫁娶到生老病死的所有服务,并把所有的农协组织联结在一起,从而在全国形成一个庞大的组织体系,覆盖了日本整个农村地区。巴西全国12个行业的合作社各有自己的总部。州和全国两级都设有合作总社,这两级是12个行业合作社的联合组织,不从事经营活动,主要任务是维护合作社利益、反映合作社意愿、协调关系、促进联合、提供培训和信息服务等,实际上具有了行业协会的性质。

(三)尊重成员意志和利益分享

无论是从合作社自下而上的市场化组织方式看,还是从上述合作社演变的有效组织特征考察,它都以一种增进农民市场参与能力的方式,提升了对农业系统内要素的配置水平,这不仅有利于农业系统内部的利益创造和积累,而且还有利于在农业式微的背景下巩固其合作的性质。

农民的组织化以农民需求为前提,在农业生产经营活动中解决农民资金筹措、信息提供、农资供应、技术培训与指导、产品生产加工与销售促进等实际问题。农民进入自愿,退出自由,互助合作,自主经营,自负盈亏,自我服务。虽然在组织管理上,战略决策权归属董事会或其雇佣的职业经理机构,当然由监督委员会监控的董事会也是由社员大会选举产生的,而社员大会仍然控制着剩余分配权,并进行着事后决策控制,因此整个组织化的过程都会体现出成员(社员)的意志,且按一定的原则(或比例)分享着利益。

以美国农业合作社为例,它的基本价值观是自助、自主、平等、公平和团结,是农民自愿组建,没有任何行政力量推动(这一点与其他国家有些差异)。它尊重广大农民的民主权利,其运作原则除了所有权拥有者必须享用其服务外,还实行企业化运作,由全体成员民主决策、民主管理和控制,一员一票,员员平等。最后合作社赚的钱,根据会员和合作社的交易额返还给会员,甚至社员取得的交易权还可以买卖,实现股本交易。因此可以看出,农民组织化的进程都充分体现了组织对成员意志和利益的尊重,这也是组建像合作社这样的组织的基本特性和根本目的。

二、农民市场参与的利益源泉

农民获得市场参与的利益主要体现在以下几个方面。

1.生产要素质的提升

这是农民市场参与获取经济利益最根本的来源。这要从两个方面讲,一是市场参与下的竞争对农民劳动力自身素质提升的要求,会改善生产获得更多更高回报的可能性;二是通过市场参与,可以进一步获得更多的要素优化配置的机会和能力,例如包括获得种植和直接出口的权利,以及来自政府的延展服务,同时也包括从市场参与中获得信息和技术支持等现代要素的投入。在坦桑尼亚,乞力马扎罗特色咖啡种植者协会通过向农民咖啡委员会咨询,让参与其中的会员,成为第一个获得政府特别许可,绕过强制拍卖并直接出口的群体,于是来自乞力马扎罗协会的一些南部农民能以高于通过政府拍卖农民66%的价格销售其咖啡,进而获取更高的利益。融入(合作社等)组织提升自身的市场参与能力,在某种意义上说,其实就是农民提升生产要素素质的一种资源优化配置方式,从而产生更多的边际利益。中外农民合作社的实践证明,其表现出了较强的带农增收能力。在接受调查的农民合作社当中,能够带动入社农户户均增收 6000 元以上的合作社达到 24.9%,4000~6000 元的为 16.9%,2000~4000 元的达到 40.2%,2000 元以下的 18.1%。①

上述两个方面,对于中国的农民来说,都有巨大的利益提升的空间,这需要社会系统性改善农民市场参与的能力,包括针对农民(农村劳动力、农业产业工人)的系统性的培训。中国八亿多农民,近五亿农村劳动力的智力水平反映了国民智力的整体水平。农民的智力水平反映在使用先进的计算机和其他耕作技术,提高农产品的产量和质量;通过使用互联网,合理利用期货市场,种植市场所需的适销对路产品,并通过讨价还价能力和 App 应用技术和平台出售产品,增进自身的利益等方面),以及针对农业市场的系统性的培育和完善(包括健全农产品期货市场

---

① 彭超,杨久栋.2018 中国新型农业经营主体发展分析报告(二)——基于农民合作社的调查和数据[N].农民日报,2018-02-23,(004).

的功能,增加农民逐步接触期货市场的机会和能力;发展农产品外贸市场,推动农民融入农产品外贸交易;完善农产品物流市场,推动农民实现农业产业链的自我价值创造等)。这些都有助于农业生产要素质的提升。

但问题仍存。目前"三农"生产要素没有在农业系统内部高效流通,这是产生"三农"问题的根源之一。农业最重要但又最稀缺的生产要素是资金(虽然土地重要而稀缺,但因不可再生性而呈现结构性稀缺特征,即使土地可以确权流转,但目前缺乏有效的、推动其流转的机制,且无法监管和保证其合理的用途,就算用途不变,而流转的单位却仍然分散、细碎,同样无法创造土地生产经营的规模经济性);农民最主要、最普遍的资产是住房(其使用权和所有权等因其区域特性而缺乏流动性);农村最丰富且本应最活跃的生产力要素是劳动力资源,但因其非熟练劳动力居多,流动性相对较差,即使农民工的存在一定程度上加速了农村要素流通,但相当部分边际产出高的农村劳动力流到农业系统外部,即使他们把钱汇回农村,但在没有优质劳动力和合适项目的情况下,其资金使用效率不高。一部分汇回资金在一定程度能够扩大农村消费,但又主要扩大的是工业品的消费(包括盖新房,但空置严重等于资源浪费)。农业现代要素方面,信息充分有效性不够,技术推广应用不力,现代要素结合地理气候、项目开发、产品需求特征和产业发展特性的针对性不强。这些都深深地影响着"三农"利益的创造。①

2.源于对市场的控制

农民的市场参与首先是扩大了市场,从生产的边际调整和销售的边际增加中,获得总收益的增长。农民参与的市场范围的扩大,生产上的比较成本优势和销售上的比较竞争优势就更容易获得。这种参与也增加了农民对市场需求的进一步了解和辨识,从而对市场利益的进一步认知和挖掘。

由于农产品需求的低价格弹性从而导致价格的易波动性,农民可以通过价格合同获取和巩固收益。例如,哥斯达黎加国家农民合作社接受培训,使用价格风险对冲策略,如与客户签订"价格固定"合同,作为向自己和农民社员提供价格风险保险的一种形式,以便他们可以持续保护其在高质量生产中的投资。

通过高质量产品生产获取溢价收益。其基础是高质量(差异化)产品满足消费者多样化需求,提升产品边际效用,从而使消费者愿意接受生产者(农民)转移过来的高价。事实上,这是通过差异化获取市场控制力,从而创造原本近乎完全竞争下不可能获得的利润与收益。

---

① 仍可参见笔者拙著《三农利益论:要素·市场·产业·政策·国际经验借鉴》(上海交通大学出版社,2013 年版)第 18—66 页。目前相关问题至今仍未得到有效解决。

　　当然农业市场目前确实存在一定程度的垄断性（例如化肥、农药、种子、农机、饲料等产前部门的制造和贸易垄断，农产品流通市场的垄断等），而这种垄断力量又主要来自"三农"系统外部，它使得农民无法真正确立其农业市场的主体地位，也使得农产品的生产利益事实上不断从农民、农地、农村、农业向这些垄断者转移。虽然城镇化进程加快使农产品批发市场集中度提高，从而提高了农产品供求效率，但市场集中集聚使零售网点日益减少，新建批发市场高大上使交易成本上升。有统计显示，蔬菜从田间到餐桌，成本增加了125%到130%，而在这个产业链条上，农民在地头收购的价格仅仅是零售价的20%左右①，这样也降低了农民的市场参与度，结果对农民和消费者都不利。这些都是增强农民市场参与能力所必须解决的问题。

　　其实，农业产前产后的垄断，使得农民只能在其间的夹缝中生存，并因而成为那些垄断者在农业生产上的利益创造者和代理人。农业产前产后的市场集中度，相对于我国农业极度分散化的生产经营而言，都是很高的，他们在市场交易中显然处于权力支配地位，都有一定程度的市场价格控制能力。农民在某种程度上只能成为生产资料和农产品市场价格的接受者，其农业利益也就在这样的接受下，不断从生产的指缝中流失。

　　事实上，一些学者如杨茂②，通过实证研究认为，市场化程度影响着农民收入的增长，相较于大宗粮食作物的劳动生产率和农民的受教育水平，各地区市场化程度的差别才是导致我国农民收入差别的主要原因。模型的计量结果表明，我国农业市场化程度每提高一个百分点，全国农民人均收入将平均提高26.12元，沿海发达地区农民收入将提高42.79元。说明市场化程度越高，市场化进程对农民收入的影响越大。这从一个侧面充分说明农产品市场化和农民的市场参与对于促进其收入增长的重要意义。③

　　3.机制性的决策参与

　　更多的市场参与使农民首先能够有更多的机会参与到政策决策和规则制订的过程中来。特别是从前面农民组织化的过程看，无论是利益创造，还是利益巩固和利益反馈，农民参与市场的利益都得以通过农民组织向政府部门寻求改善和增进，同时机制性的渠道建立和沟通加强会进一步引起各相关层级对农民利益的

---

① 李忠峰. 农产品流通："便民"与"富农"如何两全[N]. 中国财经报，2011-10-22，(8).

② 杨茂. 农业市场化进程对粮食主产区对农民增收影响的实证分析[J]. 河南工业大学学报（社会科学版），2008，(1)：1-3

③ 参见笔者拙著《三农利益论：要素·市场·产业·政策·国际经验借鉴》（上海交通大学出版社，2013年版）第61-78页。

关注与重视。

拿市场监管来看,农民参与其中就比农民没有参与其中,更能使农民从其农业种植中获得更高的溢价。从另外一个角度讲,这就是放松市场管制,让政府适度放权,从而凸显市场主体地位,使生产要素特别是自身参与生产的劳动力要素能以更多获得资源配置的帕累托改进机会,这将更有利于产出效率的提高。Cari An Coe(2006)①以咖啡出口国的咖啡市场监管为例,研究发现咖啡生产者对市场监管机构的参与扮演着重要的政治角色,②特别是拉丁美洲私人利益集团长期以来更是如此。亚洲的出口行业也有类似表现,但其下游的加工和出口商会比农民有更大的影响力,在次撒哈拉非洲则有相对新的发现。事实上,不同地区存在着多种程度的私人部门参与。例如,哥伦比亚的农民完全控制着监管过程;印度33个监管主体中11个来自中央和地方政府,22个来自私人企业,而私人企业中11个代表农民,三个代表大型咖啡生产商,八个代表小农群体;而在印度尼西亚和越南,出口商唯一地在监管机构里直接代表着私人的利益。研究发现,如果只考虑生产者市场参与这一个变量,它对农民生产阿拉比卡咖啡的世界市场价格份额有正向的统计显著性影响:参与咖啡市场监管的、被积极组织的农民比没有参与市场监管的农民能获得世界市场价格19%多的收益(分别挣世界市场价格的72%和53%)。但这也可能部分地取决于不同产品市场的性质,例如,阿拉比卡咖啡可以作为特色产品进入一定的缝隙市场,并得以高价出售,而咖啡豆主要是作为散装和速溶咖啡的工业投入品销售的,无法进入缝隙市场和高端消费者。市场监管参与为农民提供了获得生产性投入、信贷、加工或出口许可证的手段,是市场结构决定了激励农民利用这些手段来提高生产质量并获得更高经济收益的动机。

农民组织化是确立农民市场主体地位的重要手段,也是农民通过组织力量、机制性参与决策和政策制订的重要体现,从而更可能地持续性维护自身利益,而不致被其他群体和其他产业无理无偿侵蚀。它还是一个增强生产经营方向辨识的机会和能力、增加要素获取的机会和能力、增进要素生产技术性投入组合的机会和能力、增强市场渠道挖掘的机会和能力、增强相关政策解读的机会和能力的决策创造机制。显然,每一个机会和能力的增强都可以为农民带来切实的利益(相关问题还可以参见第六章第二节的有关内容)。

---

① Cari An Coe. Farmer Participation in Market Authorities of Coffee Exporting Countries[J]. World Development, Volume 34, Issue 12, December 2006, P. 2089-2115

② 即换个视角下的政治角色对冲,使政府机构政治角色一定程度地弱化,反过来通过影响市场政策的方式,强化了资源要素的市场配置能力。

4.生产经营活动的创新

包括农业生产模式的创新,实现集约经营;组织管理模式的创新,实现信息化控制;市场渠道的创新,发展微商和微客户等,这些基本上都是基于供给方面在生产和市场销售方面的创新或改进,其利益也基本上源于前面三种形式。在增强科技支撑能力的供给侧结构性改革方面,可以考虑像欧美等发达国家那样,将国家(重点)实验室建设在有条件的家庭农场和产业实践基地上(如赠地大学模式),直接对应现实条件研究和成果适时转化,既可以增强农民有质量的市场参与,也可以直接带动农民增产增收。在销售方式方面的创新也可以借鉴国外诸如购买鸡鸭所有权,幼龄期购买,禽农们替养,成熟育肥后宰杀洗净,送至顾客家中;预售当年果树产权,如日本东京郊区农民与市内超级市场联营,开办了"果树当年产权预售"活动,果树按年叫价,买主取得所有权后可随时赴园采摘,如不愿下乡,可另付劳务费和运输费,让果农们采摘包装、送货上门;售卖瓜果书,貌似书本的"番茄书""黄瓜书""茄子书",表面包装着防水纸,其内塞有石绒、人造肥和种子等,购回即可按种植说明书培育,即可长出手指粗细的黄瓜、弹丸似的番茄、拳头大的茄子等;鲜花工艺品,根据各种特殊需求,将花卉梳妆打扮,增香换味,变色添彩,饰以各种丝绸、缎带,并配以特制音乐盒及花篮、礼品盒包装,针对不同顾客,赋予个性之美;等等。

农业创新如果只考虑生产供给因素,那永远是没有长远发展方向的,农业创新需要在根本上基于需求方面,从提升消费者需求价值、提高消费者边际效用的角度增进"三农"自身利益,这需要考虑农产品需求的便利性、安全性、营养性和多功能性等需求特征,从而提供相应的、有品质的生产和服务,这是农业发展的归宿。例如,开发健康环保的有机生态绿色农业,开发生活体验式的休闲观光农业,如刀耕火种、垂钓烧烤、犁耙插种、割收扬存等,开发基于地理气候、风景、艺术、文化的品性农业等。实际上,上一段的特色销售已经在考虑顾客的感受,试图从消费者的角度,增加产品的性能,当然前提仍然是要保证产品本身的质量。既让消费者享受消费过程,又要保证消费者实现最终消费效用。

另外,新型城镇化建设也为农民在城郊、产城三产"三圈""三化"建设中的农业生产经营活动创新创造了条件。与城镇生产生活相结合的农业专业化、规模化和现代化建设可以分区域、有秩序、有梯队、有层次地进行工农业融合、"市"民化推进和服务业创新。这些都可以为农民增加实实在在的职业体验和经济收益。

第二节　农民市场参与的利益博弈

既然农民的市场参与可以增进农民的利益,正如前面第二章关于博弈论的说明,其利益又是如何被激励,并又如何可能地被进一步壮大,因此探索其利益博弈的过程和机制,才能真正说明"三农"在其博弈过程中是如何得以持续发展的。

一、"三农"博弈形态

三种博弈形态一直存在于"三农"发展的各个阶段,并不断影响着"三农"的利益获取。

(一)合作博弈

合作博弈首先是源于外部的力量,但又不直接依赖于外部的力量。前者可能因为客观的、诸如自然地理气候等因素,或者历史性社会分工的必然,它基于市场的开放及其利益,进而作用于农民对其利益获取或者分配的充分的自我觉醒和认识。这里的市场既可能是"三农"自身的市场,也可能是"三农"以外的市场,因其利益的发展内在地或外在地作用于"三农"内部,使其力量和结构发生异动,进而影响内外部的力量均势,放在宏观的经济视野中,"三农"就是在这种力量均势的不断演变中发展的。而后者说明,"三农"的合作博弈最直接地源于农民自身利益的相互依赖和力量的结合,而不直接产生于政府或"三农"外部的组织,更何况"三农"自身的弱势和农民自身单薄的力量,他们需要相互支持。从这个意义上讲,过去中国自上而下的合作社组织方式,远远没有外国自发形成的互助合作来得有效率。当然,这种比较也不完全合理,因为比较的基础是有一定差异的,即两种组织状态下的农民意识(或者自我觉醒程度)是完全不一样的(外国特别是发达国家的市场发达程度,包括农业市场的发达程度都相对较高)。

随着农业的现代化发展和农村的不断改革开放,中国农民的自我觉醒、自我调整和互助融合的进程不断加快,自我主张的合作博弈将成为常态,无论农民是通过相互间合作(成立合作社),进入农业企业(包括推动订单农业,或者要素入股,或者劳务出售),还是自我创业(包括建立家庭农场等)皆是如此,这是农民市场参与的第一类博弈方式。再次强调的是,这里的合作可以是三方合作,可以包括但绝不只是第三方作为媒介推动的合作;是自愿自主的合作,但绝不是被动强迫性的合作。

（二）层级博弈

在经济体系架构中，层级博弈实际上经济结构或产业间的博弈，无论是分工程度，产业价值传递，还是利益输送，都历史性地表现为从农业，到工业，再到服务业的顺位递进，何时、以什么方式、通过什么渠道实现反向利益传递，既是回答层级博弈的基础（否则就纯粹依托农业发展现代工业和服务业就可以了，这一问题涉及下面第三类博弈的分析），也是产业间为何需要相互支持的依据。从这个意义上讲，层级博弈就是系统间的博弈。自然地，向上顺位递进的博弈，本来有其客观性：农业是工业的基础，但如不是政府的宏观经济战略所致，基于这一基础的产业顺位博弈未必必然地在自由市场中表现得那么自然和严丝合缝（西方经济学理论阐释政府在产业间干预的合理性有很多著述，同样这又涉及下面的第三类博弈）。反过来，这样的顺位价值贡献和利益输送什么时候实现反转，又有这个必要吗？答案是有。历史上"天然的"（但按现代标准）未必是合理的。现代工业体系大都围绕城市而建（既是地理的，也是市场相互需求的），而城市尤其是现代城市又大都是靠政府力量推动建设的，再加上人力和技术向城市和工业服务业聚集，顺位博弈导致的农业的附加值低、弹性小、小规模碎片化生产的历史现实，永远无法使其在当代市场利益分配中拔得头筹，甚至有时只是分得些许残羹冷炙。因此也就无法实现产业资本的自我积累，从而在整个宏观经济体系中农业作为基础产业的地位就会被削弱。所以，"工业反哺农业"（城市支持农村）才被提了出来，甚至"公共服务均等化"才会进一步面向农村，否则"饭碗"都有可能被打破。这也是社会层级博弈的结果。尽管在现实社会中，逆向层级博弈并不表现得那么自然，甚至还有纯产业层级以外的力量推动。

再看看"何时实现反转"这一博弈拐点的问题，其实早在托达罗模型里就有过论述：该模型认为，农业并非工业化的一个工具，而是将其发展作为一个目标（也因此成为了农民在层级博弈中作为博弈主体的战略对象），并成为经济发展过程中的重要产业组成部分，同样承载着重大使命，与工业具有同等甚至更重要的意义。存在着这一认识，而又存在着两种拐点形成的社会背景或基础：一是工业/城市扩张出现的工业或城市自身的问题；①二是基于工业/城市扩张的、对农业的忽视从而引起国民经济根基削弱之认识，从而促成了拐点的出现，这正是层级力量的博弈结果。像中国这样的发展中国家的经济起飞所依赖的经济转型并非单纯

---

① 不仅仅是城市扩张中"无保障、无定岗、无技术"农民吸纳带来的养老、住宅、医疗、失业等问题，甚至出现所谓的"拉美陷阱"，还因为工业/城市的扩张越来越缺乏高质量农业产业的支持而变得日益粗放和缺乏后劲。

通过劳动力在城乡间的转移即可实现,更何况当前农民工或大学生的反向回流未成气候。从根本上要解决好农业问题,需要提高农业产业生产率,提高作为市场主体的农民的素质,改善其生产生活条件,才能真正实现国民经济协调、均衡、稳定和可持续发展,并最终消除城乡二元经济结构。

那么,逆向利益博弈中的农民市场参与如何表现出来?从"工业反哺农业"的性质看,它绝不是实现一次性输血(即使有,也只能是临时救急),而是"哺育"其造血的能力。所以,放在"三农"角度看,农民的市场参与表现为通过工业的"反哺"和城市的"支持",实现农业生产要素质的提升。包括推动农民市场融入、技术利用和项目开发的培训,推动农民合作开发新的生产要素,推动新的农业生产体系建设、品牌建设、渠道建设、网络建设等,甚至结果性地表现为工业化推动的多样化/差异化生产和服务、高质量精益生产和服务,进而通过这些建设和生产经营活动,实现利益维护、增进和巩固。其实,作为层级博弈,放在"三农"这个层级,系统内的能力增强永远是实现产业间合理利益分配的最重要的基础。

(三)体系博弈

在社会治理体系中,政府的治理能力在一定程度上表现为对宏观经济现实及其未来发展的把控能力。当政府拗不过工农业产品价格剪刀差扩大以致农业无法支撑工业发展或者影响人民生计(农业低收益带来要素和生产的转移)时,当农业基础地位被削弱以致可能影响社会稳定时,当现代文明进步必须依靠现代农业发展作为支撑时,对"三农"的重视就成为必然。1982年至1986年,以及2004年至今中央"一号文件"等的出台,乃是国民经济体系乃至政治体系博弈的结果。

对于有政府参与的体系博弈,理由需要相当充足,否则就可能出现政府干预经济生活之嫌。农业的基础地位毋庸赘言,农村幅员辽阔也是事实,农民人数众多便是现实国情,因此政府的有所作为既为解决生存的饭碗问题,又是企及大众民生、关乎社会和谐的政府基本职能发挥的具体表现,于是才有了政府作为兼及"三农"体系博弈主体的必然理由。这样的体系博弈,政府需要建立机制,去融合各方的参与并创造价值,获取博弈的利益。无论前面说的农民自身的合作,还是基于产业的因势借力,农民就应该在这个机制、体系、体制中主动积极参与,促进自身的市场融入,通过体系机制性的变革,创造和发展"三农"利益。

二、博弈的力量与农民利益

正如前面所说的,无论是宏观的经济决策,还是中观的产业成长,或是微观的企业竞争,其博弈者之间的博弈总是建立在其结构力量是如何被博弈利益所激励和进一步壮大，进而使其利益最大化的。第一类博弈中作为博弈者的农民的"局"本身不足够大，因此需要联合把它做大；第二类博弈其实是由于产业内外部主客观因素导致做"局"的时间有先后，而且这个时间先后本身就是由于社会分工不断发展的历史必然，也正是这样的时间先后才显示出动态的层级博弈；而第三类博弈是基于经济利益但又出于经济之外的综合性系统博弈，特别是像在"农业""农民""农村"这样一个"三农""局"面的架构中，宏观、中观、微观的力量都会进入，因此政府毫不例外地成为了博弈者。综合在一起，便形成了一个长期的合作博弈局面。

农民在这样的博弈中的经济利益，毫无疑问也就出自于博弈的市场力和政策力，因此农民的市场参与既要基于微观经济个体按"适者生存"原则，自我有意识地去获取和壮大力量，又要依赖于体系性的制度安排（目前没有任何一个产业的成长是脱离于这样的安排，尤其是当代社会战略性成长产业更是如此），依靠政府力量，实现"三农"转型。有时候可能后者还要先于前者考虑，特别是解"三农"这样的"局"，"局"面易认知（其实从坊间调研了解到，目前农民对这样的"局"也越来越有更充分地认识，只是因为个人力量比较单薄，无法形成整体力量推动农"业"的发展），但后果较难把握：一是因为历史性的积重难返，二是系统性变革力度会相当大，从而需要相当多的（政府和社会）资源投入。所以，中国"集体办大事""集中办大事"的力量在这样对各方利益的维护中就可以得到充分发挥。

在理性的博弈主体无法形成博弈力量，无法真正参与利益创造与分配从而最大化自己利益的时候，基于政府自身的属性和存在的价值（其博弈的根基或者说博弈的力量源泉还是在于老百姓，即政府博弈的利益最根本的还是老百姓的利益，是"三农"的利益）。促进农民市场参与的政策规则纳入利益分配的内容是其应有之义，"三农"政策力就是促进农民像工人那样、农业像工业那样、农村向城市那样（甚或系统性）拥有资源优化配置的力量，或者形成资源优化配置的力量，创造市场"自助力"，引导"三农"利益的获取。政府博弈的核心目标是解决农业农村市场失灵，并进行总体利益的有效分配，实现帕累托改进。

另外，在体系博弈中，作为微观主体的农业企业，其市场资源优化配置的力量自不必说，但它们自身也无法解决市场失灵的问题，基于利益最大化的目标，它们也希望在"三农"整体利益最大化的过程中，使自身的利益不断扩大。所以，"三农"有机会、也需要加强与外部企业合作，特别是需要借助政府的力量与相关企业进行互助合作。体系中各自差异化目标、差异化博弈环境、差异化博弈力量使得相互间矛盾和冲突的出现在所难免，因而确定可预知的博弈规则以建立持久的关系，也就创造了一种平衡力，能以稳定各方融合的关系，就像爱情需要建立婚姻契约以维持双方长期的互助关爱从而促进家庭稳定和谐那样。政府"三农"文件、"三农"项目、"三农"促进机构就是政府在订立那样的"契约"，只要订立契约的过程足够充分地融入农民和农业企业的意识和意志，那么这样的契约就有稳定的基础，各方就有意愿遵照执行。

前面提到的逆 PPP 模式也是建立三方博弈的机制之一，该模式就是"契约"执行的架构体现，当然会在融入相关战略（包括工业反哺农业、城市支持农村、城乡区域经济甚至社会服务一体化等）的基础上，识别和关注各方利益，而且这种模式在订立 PPP 契约的时候，就已经明确了诸多权利、责任、风险和利益。只是我们在考虑这种模式，或者订立 PPP 契约的时候，如何关注弱势一方（农民及其组织化）的利益而已。总之，对于农民来说，必须利用各种市场力和政策力，促进自身的市场参与，增进自身利益，在体系机制推动和创造的利益增长、分配与共享中，最大化自身的利益。

第三节　和谐社会构建中农业弱质性问题解决的利益问题

如何通过农民的市场参与，解决农业的弱质性问题，增进农民的利益，是"三农"发展的核心问题。

一、明确利益

无论通不通过建立 PPP 伙伴关系来促进"三农"发展，是绝对不应也不能回避利益的。在相应的机制安排中反倒必须明确相关参与主体的利益归属。没有明确的利益归属，经济活动参与主体就没有持久的参与动力，就无法实现农业生产要素的有效流转和优化组合，也就无所谓生产要素特别是农业劳动力的真正价值的实现。

在现实的"三农"实践中，多次农产品涨价，却没有让农民感受到涨价的真正获益和喜悦。前些年蔬菜"价跌也不是涨也不是""种也不是不种也不是"；柑橘烂掉也不能运到邻近省份销售，成本是一回事，物流也不畅通；最近猪肉价格上涨，猪养也不是，不养也不是，养猪成本不说，未来市场又不可期。这些都说明了在农产品贸易活动的初始端，农民的现实利益拥有和未来利益创造都是模糊的，他们仅仅占有农产品收益的最微薄的份额，涨价中的其他环节却被其他参与主体给掳走了。从农业产业系统的视角看，农产品的价值被分割得体无完肤，没有一个明确的、完整的价值创造和维护体系的建立，又如何去推动现代农业产业化发展，又如何去实现农业的市场一体化和加强新农村的建设？

看不到利益、找不到利益、得不到利益，本质上就是缺乏挖掘一个产生利益的源头、利益获取途径建立、利益创造活动推动、利益分配机制设计和利益维护政策制订的系统性规划。以要素、地缘和产业为特征的农业发展项目为基础的"三农"伙伴关系安排，只是为建立那样一个系统性机制设计和政策规划的初步探索，它要求在伙伴关系安排的各个环节明确责、权、利，而政府政策的内生化将推动这一进程。历年中央"一号文件"提出了农业发展的战略举措，这些措施围绕改善生产条件、促进市场流通、减少行政干预、调整城乡关系、促进"三农"现代化发展、增强"三农"发展活力、落实发展新理念、促进供给侧改革、增加农民收入等方面展开，应该说涉及"三农"问题的解决已经够全面的了，但相对还缺乏对经济活动主体的利益归属，及其系统性的利益创造，以及通过责权利明晰的契约等形式的项目设计来推动"三农"利益的有效巩固和维护的细致性规定和描述。某种意义上说，这些战略举措也只是框架性的。利益不明确，具体政策措施就没有根基，其执行效果也会大打折扣。

在利益无法明确界定，或者利益还未创造之前，应该明确利益创造的风险，利益可能的分配原则，以及为获得此利益应该承担的职责，树立责权利和自我风险管控意识，这也是市场参与最基本的原则。而由于农业自身的风险和弱质性特征，它需要外部力量协作推进市场发展及其利益的增进与积累，这也是本研究强调增进农民市场参与的原因之一。

二、创造利益

在明确利益的基础上，就要去实实在在创造利益了，这是农民市场参与和"三农"发展最务实、最需要实践操作的内容，它要依托各个主体、各种平台、各类项目来实现。

（一）在伙伴机制下，以提高农民素质的方式增进利益

在风险较高和弱质的农业产业，促进农民的市场融入并获取利益，需要依靠伙伴关系，加强彼此间的合作，尤其在农村劳动力结构不均衡、市场信息不对称的情况下，更需要通过伙伴关系来促进生产要素更好地共享、提质与配置。这种伙伴机制可以是外部协作的，如以 PPP 项目形式开展，或者以契约形式的订单农业的促进，或者金融、信息等平台的构建与维护；也可以是自组织的，如构建各种农民专业合作社的形式；甚至可以是自发的、临时的合作生产经营，如短期雇工，或者季节性临时互助等。

毫无疑问,以市场参与为基础的伙伴关系,无论是直接让农民融入生产经营,还是增强对农民自身的培训和引导,都会提高劳动者的素质(农业劳动力既作为生产要素在生产性投入上的质的提升,也作为利用生产要素的力量实现资源配置能力的增强),并以获得价格边际溢出的形式,增加农民自身的收入。所以,创造"三农"利益,建立伙伴机制尤为重要。而且这种伙伴关系不仅仅是市场主体层面的行动伙伴,还可以是国家宏观调控层面在城乡区域间、产业间的价值伙伴。

(二)以要素集聚、综合经营、促进规模经济形成的方式增进利益

前面理论部分提及的规模经济理论阐释了生产和市场扩张带来成本降低从而促进经济利益的提升。"三农"规模经济利益一方面源于系统内部生产要素的集聚和流动组合加速,包括人才引进和土地的流转,农业科技投入加强,进而边际产出效率提升进一步引起的资本投入增加,从而使基于合作社、家庭农场和农业企业等组织形态主体的生产经营扩张,在进一步吸收农业劳动力融入和参与下,带来"三农"利益的增进,获得内部规模经济利益;另一方面在新型城镇化推进、工业化发展和新农村建设的进程中,各种系统外的生产要素不断卷入,促使城乡、农工服、系统内外市场主体之间的联系更加紧密,加之各种组织和平台的建立,提高了产业资源配置规模及其效率,降低了整个农业产业的平均生产成本和市场经营成本,获得外部规模经济或外在经济利益。

结合"三农"现实经济发展的情况,不同地理区域,不同的农业生产结构,在农业科技、数字农业和智慧农业的发展推动下,多样化生产所需生产要素的可获得性得以提高,各种大宗农产品和特色农产品的生产和销售都有条件去进一步挖掘其内部规模经济利益和外在的规模经济收益。2018 年农业数字经济占农业增加值的比重达到 7.3%(2025 年的目标是 15%);全国农产品网络零售额 5542 亿元,占农产品交易总额的 9.8%(2025 年的目标是 15%)。物联网监测设施应用于农机深松整地作业面积累计超过 1.5 亿亩,信息进村入户工程已覆盖 26 个省,全国 1/3 的行政村建立了益农信息社。农村互联网普及率为 38.4%(2025 年的目标是 70%)。[①] 这些有利条件,在尽可能拉动农民素质提升及其市场参与能力的情况下,必然会进一步促进农业规模经济和外在经济的利益获取和农民收入的增加。

小农经济要壮大走强,必须实现向规模化生产转变,要集细碎生产、零散经营为系统化、集成化、组织化、规模化实践,农民的市场参与就是在这一转变中不断融入与成长,并分享其规模经济利益的。另外,农民的市场参与本身也使农业劳

---

① 参见农业农村部、中央网络安全和信息化委员会办公室发布的《数字农业农村发展规划(2019—2025 年)》。

动力的市场集聚加强，而作为生产要素的规模化利益，它不仅可以体现在自身效率提高，从而带来机会成本的下降，还体现在作为能动的要素，其素质提高从而使可以运作的生产要素及其农产品总量的增加，进而在规模化生产经营中通过学习效应获取利益。

（三）以品牌建立形成的产业形象维护方式增进利益

就"三农"而言，我们应该把农业像其他产业一样作为国民经济重要组成部分对待，把农民像其他产业工人一样当作一个光荣职业对待，把农村当成我们日日珍惜、夜夜怜爱并得以安居乐业的美丽家园来对待。而且农业也需要营销，也需要精心经营，也需要有自己的组织——农业产业工人的组织，或者农协，或者农会等，也需要有自己的品牌，并以品牌建立形成的产业形象，作为创造和增进农民利益的重要推动力。

品牌是农业特色产业发展的战略抓手，做品牌就是做价值，有价值才能卖出好的价钱。例如，来自新西兰的 ZESPRI 佳沛黄金奇异果每个售价高达 10 元，而普通国产猕猴桃每斤才卖 4~6 元。中国长白山人参闻名遐迩，中国人参的产量和出口量也均占世界 70%以上，但产值不到世界人参总产值的 4%，而韩国高丽参年产值却是中国的六倍之多，这就是品牌带来的价值差距，也是促进农业供给侧结构性改革和特色农业发展必须面对的问题。

中国确实具有非常丰富的特产资源，"地理标志""特产之乡""中华老字号"也比比皆是，但其资源优势没有很好地转变为市场优势，没有转变为突出的品牌优势，没有实现从产业链到价值链的转换，更没有努力打通产品价值创造的内外部市场。推动"三农"发展，未来需要在品牌上下功夫，要从地方小特产中找到成就大品牌的机遇。中国作为世界第一美食王国，应该能够成为打造世界级伟大农业品牌的沃土，在中国市场做大做强地方特产和美食品牌，推动其跨出国门，走向世界，让更多的农民从中受益。

再看外国，早在公元前 600 年的巴比伦尼亚和公元前 300 年的罗马就已经分别有产地和店铺名称的品牌标识，19 世纪广告推动了商标品牌的发展，20 世纪初农产品品牌开始走向标准化、规范化和商业化。现代日本农业品牌化战略的实施经历了三个阶段："一村一品"运动、"地产地销"战略、"本场本物"制度。著名的"松板牛"长成后能够每天喝啤酒，享受按摩，欣赏音乐，享受日光浴。法国则实施"原产地命名控制"认证体系（即 AOC 认证标志），突出传统文化和地方资源优势，包括地理气候环境、种养殖技术和经营管理等方面的独特优势等，其 AOC 葡萄酒，对土地、品种挑选、栽培酿造方式、贮存、标识、酒精含量等都制定了严厉的规则。新西兰重在打造差异化的农产品品牌,其中最著名的农产品品牌非前面提到的佳沛莫属,它被称为新西兰奇异果的代名词,其品牌打造突出品牌命名、产品立异和标准一致(不仅表现在包装上,生果本身的色彩、个头、形状也有严格的控制)。美国更是重视专业化品牌发展,强调科技创新水平、传媒营销水平和专业化经营方面的优势。

[域外传真]一个有力的农协品牌"SUNKIST"①

美国新奇士种植者公司(Sunkist Growers Inc.)于1893年创立,原称"南加州水果与农产品合作社",最初由加利福尼亚州南部种植橙子、柠檬和葡萄柚的果农自发组织起来,现已成为世界上历史最久、规模最大的柑橘营销机构。它是一个非营利性组织,采用"合同制",并按照自愿的原则,目前成员达6500多户。这些柑橘种植者大部分都是小型的个体果农,他们共同拥有该公司,其柳橙、柠檬、葡萄柚和其他许多应季产品销往世界各地,形成了将产前、产中和产后各环节实行合同制的利益分配机制。

该公司的建立也是缘于适宜果树生长条件的地理环境,但如遇丰收而致积压,果农竞相降价致果贱伤农,于是果农自发组成销售协会,以抵御市场风险。且在1908年结合加州"阳光地带"的美誉,诞生了这一著名的集体商标"SUNKIST",它与SUN KISS谐音,蕴含柑橘因加州阳光(SUN)充分照射(KISS)而具有优秀品质的特性。为树立和巩固这一良好品牌,新奇士始终把质量和服务放在首位,同时积极投放广告,并参与各种社会活动以提高产品知名度。例如,他们每年参加当地的玫瑰花车游行,把水果放在花车上展示;赞助美国著名的橄榄球冠军锦标赛,向青少年球队捐赠水果等;每年"柑橘小姐"评选活动的优胜者就是产品的代言人;新奇士官网推送"柠檬小姐"专栏,介绍各种用柑橘、柠檬做成的美食。

新奇士合作社成功地进行了品牌塑造,"SUNKIST"这个商标在全世界各行各业的商标中排名第47位,在美国排名第43位。在国际市场上,新奇士合作社凭借品牌优势,在53个国家和地区拥有45个执照持有者,年销售额达11亿美元,品牌市值超过70亿美元。自2003年起,新

① 姚伟,范凯.从新奇士现象看中国农业的商标发展之路[J].北京农业,2010,9(中):14-15;沈志勇.从美国"新奇士",探索农业合作社发展之道[EB/OL],中华品牌管理网,2012-05-15.

奇士合作社推出商标授权计划，授权全世界各地有能力的合作伙伴使用其商标，并收取不菲的专利费。这一授权计划最大的好处是，新奇士无须花费一毛钱就能享有价值数百万美元的宣传效益，专利费收入也使新奇士果农的投资额低于全球任何一个合作社。此外，每个经授权使用新奇士商标的组织都是新奇士海外加工产品的大宗购买者，为新奇士增加数百万美元的收入。授权产品虽然不由新奇士出产，但为确保品质，它们的质量检测和宣传标准却始终受到合作社的监督。

（四）以产业利益增强为基础，促进产业间、城乡间联系的方式增进利益

产业利益增强，产业间的依赖就会加强，产业间的价值链也必然更加牢固。正如前面层级博弈分析到的，只有产业利益的自我强化，顺位博弈和反向利益输送才会变成"自然而然"，否则就只是在国家宏观调控下，把农业当作基础产业，推动着工业和服务业的顺位进步。农业自身的利益和积累不强，反向支持（工业反哺农业、城市支持农村）基础也不会牢固，因为其投入产出关系不紧密，生产要素和价值吸收能力就不强，反过来就会削弱其利益创造能力。

同样前面也提到，产业间和城乡间的价值伙伴日益增多，农业依托要素和产业联系、区域合作，会进一步增强其规模经济利益的获取，并在"三圈""三化"战略下，形成牢固的产业利益增进机制。产业渗透、城乡融合是必然趋势，"三农"也需顺应这一趋势，借助政府的支持，站稳脚跟，增强和积累自身利益，提高自我造血能力，在进一步加强产业间和城乡间合作的基础上，利用更大更广阔的农业现代化、产业化空间，创造更多的价值与利益。

[记者调查] 利益联结强产业 打通城乡促振兴①

利益联动催生高效特色农业

重庆市涪陵区大顺乡地处中海拔地区，森林覆盖率达 68%，水资源丰富，空气质量优于一级。在海拔 700 多米的天宝寺村，成片的紫苏、前胡、金荞麦等中药材长势喜人。这是由龙头药企建的 400 亩示范种植园。在其带动下，全乡中药材种植已达两万亩。2018 年初，大顺乡依托良好的生态条件引入太极集团，搭建起"公司+合作社+村集体+农户"的利益联结机制：首先以各村集体为主体，以种植户为成员，在 11 个村分别成立中药材股份合作社，村集体以山坪塘、道路、办公用房和管理服务入股占 20%，农户以土地、劳动力等入股占 80%。进而以各村的合作社

① 李勇，张桂林，陶冶. 利益联结强产业 打通城乡促振兴——重庆涪陵大顺乡乡村振兴观察[EB/OL]. 新华网，2019-08-06.

为成员,成立乡中药材股份合作联合社。联合社与龙头企业合作,参与产品初加工效益和政策性扶持收益分红,企业通过提供种苗、技术指导、收购加工保障等入股占15%,联合社占股85%。将土地托管给合作社种植的农户,可获得"土地保底分红+优先劳务收入";直接参与合作社种植经营的,可获得"免费种苗+技术服务+种植收入+入股分红"。天宝寺村二社贫困户张文模2018年将九亩地托管给合作社,每年获得流转费3600元,他和母亲在种植基地打工,两人月收入共3000多元,去年底实现脱贫。在"产业能做大、农民能增收、集体有收益、企业有效益"的机制撬动下,一年多时间,大顺乡发展中药材种植户1500户,覆盖了80%的贫困户。预计2020年面积还能翻一番,带动农户亩均增收2000元。

"共享农庄"激活"沉睡的资产"

大顺乡新兴村一处农家小院,看似普通的土坯青瓦房里却别有天地。屋内铺着木地板,家具十分雅致。屋外的院坝也格外整洁,门前小水田里睡莲漂浮。这是城里人租用村民自愿退出的农房,打造出的一处"共享农庄。"以前农村闲置的宅基地、土地等资源很难流通变成活资产,无法增值增收。为此,大顺乡探索组建村集体资产管理委员会,搭建沟通城市资本和农村资产的"桥梁",助推脱贫致富。新兴村是最早的试点村。为盘活宅基地,在农户自愿退出的前提下,由村"资管会"进行预收储,给予补偿金。再统一招商引入城市资本,对宅基地和房屋进行修缮居住,或改建成符合当地特色的民宿经营点,但不改变宅基地集体所有的性质。针对闲置的承包地,"资管会"则进行代管,按每亩一股确权量化,与村民签订股权托管协议。随后引入资本发展特色效益农业。"资管会"的经营收益则按比例向村集体和相关农户分红。67岁的村民陈禄高去年退出宅基地,老房被改造成"共享农庄",老房前的承包地也被改造成"共享田园",成为城里人的农耕体验场所。陈禄高还在"共享田园"打工,年收入超过两万元。近一年来,新兴村引进城市资本发展农业"三产"融合项目九个,农户直接收益170万元,村集体从负债20万元一跃为盈余50万元。

旅游产业链带动农民就业创业

在发展特色农业的同时,大顺乡还积极开掘生态、人文资源,构建由企业、村集体、农户联合入股的乡村旅游产业链,带动农户在家门口就业。天宝寺村气候凉爽、水资源丰富,还拥有古刹、古寨遗址,具备较好的农业旅游融合发展条件。前两年,村里引入一家生态农业开发公司流转耕地、林地等2000余亩,打造"简约山居生态园",发展乡村旅游度假经济。企业、村组集体和农户共同组建乡村旅游股份公司。村组集体以水利、道路等设施入股参与分红;农民按土地类型获得流转金。公司运营两年后,产生的利润进行二次分红;入股群众还优先享有务工的权利。"虽然发展势头不错,但乡村旅游产业链及其利益联结机制,还需要进一步完善。"乡党委书记潘登锡说,"下一步我们将进一步提升农户的参与度和收益水平,使乡村旅游真正成为带动农户居家就业创业的新平台。"

(五)通过以市场参与,特别是以组织形式的市场参与下的自我保护、政策吸收利用和落实来增进利益

"三农"发展和农民市场参与进程中出现的问题和意见建议,可以一定形式反映到上级主管部门,通过协商或者相应政策调整,促进"三农"利益创造。特别是以合作社等组织形式的问题和意见反映,更能说明反映的问题和意见的重要性,并更有可能取得问题和意见反映的相应效果。例如,法国农民协会的工作重点是向农民工会提出建议,游说院外议员,召开小型企业会议,提出农业议案,向有关部门提出建议等。它通过向政府列举其不利于"三农"的法律的实施将造成的严重后果,来影响政府的决策,并通过举办各种会议,特别是邀请农民、农业部等相关部门的官员、决策智囊人物、法国农民组织及农业研究中心的专家等参加圆桌会议,寻求最佳的农业发展和风险管理的办法。农民工会也代表农民同政府进行谈判,并参与农业政策的制定过程①,争取政府拨付给农民更多资金,以减少农民负担和保护农民的合法权益。而农业议会是法国农民和农业界的利益代表以及他们在向法国政府及欧盟提出各项要求的代言人,在法国议会、政府和欧盟制定各种农业政策时站在农民的立场上进行分析,提供建议。②

再如,日本农协的组织化程度非常高,采取三级组织体制,自下而上建立有基层(市町村)农协、地方(都道府县)农协、全国农协三级网络。政府的农业政策在很大程度上受到农协的制约,任何损害农民利益的行为很可能导致执政联盟的崩坍。日本政府即使面临美国的巨大压力也不肯全面开放大米市场,其原因就在于此。日本农协不仅是一个经济组织,还兼有协助政府贯彻农业政策和代表农民向政府建议(施压)的双重职能,因而具有"政治团体"的性质。日本农协的事业依

---

①　政府确定该项政策后,农民工会仍可坚持自己的主张,选择执行或拒绝执行,并可采取游行示威方式向政府施压。

②　一旦政府确定了该项政策,农业议会就必须无条件协助政府实施。

靠政府支持和监督,而政府的有关政策措施需要农协贯彻实施,农民的意愿和建议也依靠农协及时向政府反馈。无论经济辐射力还是政治影响力,农协在日本农业与农村中居于举足轻重的地位。再说巴西"全国农业联合会",它的主要职能是收集全国农业生产者对农产品贸易的意见,供政府有关部门参考;在农产品贸易出现问题时,负责向政府就应对措施提出建议,并协调农业经营者与政府部门之间的立场;向农户传达政府关于农产品贸易的最新政策。该联合会已成为政府与农业经营者之间进行有效沟通的纽带和桥梁,也是向政府转达民意的忠实代表。①

从上面这些国家的"三农"实践看,组织形式的利益维护和创造对于拥有八亿多农民、近五亿农村劳动力的中国"三农"发展而言,是具有相当重要意义的。一方面是在信息不充分、不对称条件下,及时地通过组织的力量获得相应的政策信息及其政策分析的能力,从而在及时改善政策信息传递、尽早把握政策信息有效性方面创造利益,另一方面是在适时下情上达中,通过问题反馈影响政策制定,以组织形式表达利益诉求,实现自我保护,并在组织力量双向交互中更加有效地对政策加以吸收利用和贯彻落实,不断创造和增进"三农"利益。农民也只有通过市场参与,才能发现自身利益创造和维护中存在的问题,并创造可以获得解决问题或改进市场参与方式的机会,进而创造和增进利益。

(六)以市场参与机制形成和引起国民关注的方式增进利益

"三农"发展不仅是国民经济发展的基础,而且与老百姓的生活息息相关。"三农"发展中的问题也日益引起国民的更多关注。就"市场参与的机制形成"②而言,农民工问题、(农科)大学生就业问题、留守儿童和老人问题、农村土地撂荒问题、农村环境问题等,已日益引起国民对"庄稼未来由谁来种""农业今后由谁来接班"等问题的思考。国民除了关注国家相关政策(包括中央"一号文件")的制定外,两眼尤其盯在了农村农业具体的发展项目(包括基础设施项目)上,并一直关注着农村有没有新生力量固守在那块养育中华儿女的土地上,还包括聚焦于农村的治理有没有很好的班子和团队,甚至出色的领导和带头人身上,除了江苏华西村,还有没有华东庄;除了河南南街村,还有没有北道庄;除了山西大寨村,还有没有小屯庄,等等。这些无疑都事关农民或者农村劳动力的有效利用和市场参与问题。

在"引起国民关注"的另一个方面,就是农产品质量和多样性问题,一是关乎

① 参见笔者拙著《三农利益论:要素·市场·产业·政策·国际经验借鉴》(上海交通大学出版社,2013年版)第208-255页。

② 具体机制问题可参见第六章相关内容。

老百姓的身体健康，二是能否满足日益增加的多样化需求问题，这不仅仅是吃和吃饱的问题，还可能是其他基于"三农"的生活享受问题。宅在大城市不是生活的全部，以人为本的新型城镇化也应体现出这一特点。于是，有机、绿色、生态、自然、环保、无污染、健康、休闲、养生、体验这样的字眼与"三农"和新农村建设紧密地联系在了一起。

有了这些关注，"三农"利益也就有托底的基础（被关照到的可能）。中央"一号文件"也正是这些关注的一个注解。这些关注进一步促进了来自系统内外部对农业的投资和项目开发，包括政府政策的制订和支持措施的形成，它能够让农民更有机会去分享到更多中国经济发展的成果和利益。很多新产品、新服务的产生，从而利益的创造和形成，都是源于消费者潜在的需求。从这个意义上讲，促进农民的市场参与，就是要培养农民在改善生产方式的同时，不断地去挖掘这些潜在需求的能力。这也是新型职业农民的特征和要义。

三、重视反馈

其实上一小节（五）（六）两点已经多多少少涉及了利益的反馈问题。任何政策、制度、规则和规定，从制订到实施，再到具体效果的产生，都需要一定时间去解读、体会和反思。决策者的意图、贯彻者的想法和执行者的具体行动之间存在的某些分歧或差异，会对这一过程产生不同的解读，以致深深影响着对政策和规则的重新修订。所以长期的反馈至关重要，它会不断修正并持续考虑各参与主体的实际情况，并不断切合人们的预期，进而提升政策规则的实施效果。

重视反馈本身就是利益创造及其螺旋式提升回路的一个重要环节。但现实中，往往看不到或者根本就没有一个恰当的政策执行效果的反馈机制，去说明和强化政策所产生的实际效果，看不到利益主体通过一定的机制参与其中，进行个体或集体利益主动提升的行动。这些利益主体在"三农"范畴内更多的还是农民，即使包括政府，也要尽可能避免政府官员在能力和知识上的偏差对发展项目及其实施做出不恰当的评价，以致给出不恰当的建议，影响反馈机制的有效建立。只有政府职能的转变和能力的提升才能真正获得政策反馈的意义与价值。实际上，伙伴关系安排可以视作转变政府职能、提升政府政策效力、促进反馈机制有效建立的一种探索。

"三农"发展涉及产业、利益和政府宏观调控，农民的利益本身事关民生和福祉，归结为"三农"利益的农民市场参与，不仅要准确地反映其影响因素、能力和水平测度、政策及渠道的可获得性，还要建立利益的有效反馈机制，促使不利影响因素的减少，能力和水平的提升，政策和渠道的畅通，保障"三农"的持久利益和永续发展。

反馈的目的在于问题的解决,而问题往往跟利益最终紧密地联系在一起,所以反馈的过程就是一个不断创造利益的过程。反过来讲,没有反馈,问题就不能及时得到解决,从而减少了利益创造的机会和可能性。在"三农"发展,特别是在农民市场参与的过程中,必须反馈市场参与存在的问题,以让农民真正贴近市场,贴近利益创造的要素价格等因素的决策过程,真正实现农业的市场化、产业化和现代化,以及"三农"的可持续发展。

第六章

新型城镇化进程中农民市场参与能力提升的渠道和机制研究

第一节　天时、地利、人和——究竟几何？

当前天时、地利、人和,为促进农民市场参与和"三农"发展提供了难得机遇,也是政府在"三农"上有所作为的大好时机。

一、天时

党的十九大要求紧扣我国社会"人民日益增长的美好生活需要和不平衡不充分的发展"这一主要矛盾,统筹推进乡村振兴战略,建立健全城乡融合发展体制机制和政策体系,构建现代农业产业体系、生产体系和经营体系,促进农村一二三产业融合发展。由此可见,实施乡村振兴战略是适应社会主要矛盾变化的新要求,也是响应全面建成小康社会和全面建设社会主义现代化国家的发展要求,此谓"天时"。

国务院 2019 年 6 月 17 日印发的《关于促进乡村产业振兴的指导意见》提出的基本原则指出,要更好地发挥政府的作用,引导形成以农民为主体,企业带动和社会参与相结合的乡村产业发展格局,要充分发挥市场在资源配置中的决定性作用,激活要素、市场和各类经营主体,加快全产业链、全价值链建设,健全利益联结机制,把以农业农村资源为依托的二、三产业尽量留在农村,把农业产业链的增值收益、就业岗位尽量留给农民,其目标任务是力争用五至十年时间,农村一二三产业融合发展增加值占县域生产总值的比重实现较大幅度提高,乡村产业振兴取得重要进展,乡村产业体系健全完备,乡村就业结构更加优化,农民增收渠道持续拓宽。

目前农业供给侧结构性改革深入开展恰逢其时,乡村产业振兴战略已经明确了农民的主体地位,突出了"三农"利益自身创造和维护的重要性,而且强调产业融合、城乡共济，并重视利益促进的渠道拓展。而且从互联网、物联网、电子商务、金融科技、区块链技术、大数据、云计算、人工智能等现代科学技术的快速发展及其应用来看，正好它们可以适时切入"三农"发展规划，促进农村交通、信息、物流业发展，为进一步开拓农业市场，推进农民的市场参与与融入创造极为有利的条件。

另外，十九届四中全会提出推进国家治理体系和治理能力现代化，也必然要求在"三农"治理的制度、政策、体制、机制上促进交汇融合，形成系统性的制度安排、机制设计和战略规划。从这个意义上讲，这也就是研究"三农"发展，特别是本研究聚焦研究促进农民市场参与、增进农民利益福祉的最大"天时"之势。

二、地利

继"十一五"规划明确提出要缩小城乡差距，促进区域协调发展之后，十七大明确提出要"统筹城乡发展，推进社会主义新农村建设"，而 2009 年中央"一号文件"则强调要推进城乡经济社会发展一体化。十八大报告认为"城乡发展一体化是解决'三农'问题的根本途径"，五年后的"一号文件"便开始着力强调健全城乡发展一体化的体制机制，改善乡村治理机制，特别是在城乡资源要素流动加速，城乡互动联系增强从而城镇化深入发展背景下，加快新农村建设步伐，推动新型城镇化与新农村建设双轮驱动，实现城乡共同繁荣。2020 年"一号文件"指出，要统筹用好国际国内两个市场、两种资源。完善农业对外开放战略布局，统筹农产品进出口，加快形成农业对外贸易与国内农业发展相互促进的政策体系。

在地区融合、产业融合、劳动力要素融合的大背景下，加上产城融合、信息科技融合、国内外市场日益融合等助推条件，"三农"发展的"地利"因素日益凸显。而地区一体化战略又进一步融入了区域城市（城市群、特色小镇发展）、微观的市场主体（大企业、中小企业和微商）和宏观的调控能力（行政决策力融合），使得"三农"发展及农民的市场参与在区域上既有城市的扩张力，又有乡村的吸引力；既有生产要素的集约推动力，也有功能政府的参与支持力；既有地区间的合作，又有点轴的辐射。这些强有力的推动因素便是现阶段促进农民市场参与的明显"地利"因素。

随着收入水平的提高和消费方式及观念的转变，城市居民对绿色、安全、优质农产品的消费需求，对美丽、清新、宜居的乡村生态环境和农业生产模式、生活方式和地方文化的体验需求越来越大，这为提升农业发展质量，培育乡村旅游服务业，推动小城镇特别是特色小镇建设等提供了新的动能。从新产业新业态的表现来看，2018 年全国观光旅游休闲产业增加值达 8000 亿元，占 2018 年农业增加值的 12%，解决了 800 万农村劳动力的就业问题。据商务部统计，2018 年"互联网+"在农村实现商品零售额达 1.37 万亿元，占农业增加值的 21%，农产品通过线上交易，实现了 3000 亿元的销售额，吸纳了 2800 万农村劳动力就业。[①] 这些都是或者正在形成的有利"地利"条件。

三、人和

"三农"发展已经开始重视并要求不断强化乡村振兴的制度性供给，提出基于农业内部、农村内部和农村外部三个维度，制定促进农民扩大就业和增加收入的政策，强调各级党委、政府和有关部门要切实加强领导和落实政策。从 2008 年起，中央"一号文件"就明确提出，将逐步提高农村基本公共服务水平，努力缩小城乡公共事业发展差距。2020 年"一号文件"提出要健全农村劳动力转移就业服务体系，大力促进就地就近转移就业创业，稳定并扩大外出农民工规模，支持农民工返乡创业。

人心齐，泰山移。目前全民对农业的关注，对基于食品安全卫生的生态文明的关注，对基于贫富差距的包括社会医疗保障的农民福祉的关注，对农民工和大学生返乡创业及其职业发展的关注，都已经为"三农"发展和农民市场参与的"人和"之势创造了条件。乡村振兴、现代农业、美丽农村成就着实现全体人民共同富裕目标，解决人民日益增长的美好生活需要的愿望。同样，产业兴旺、生态宜居、乡风文明、治理有效、生活富裕也是八亿多农民、近五亿农村劳动力的期盼，是中华民族伟大复兴的内在要求和必然体现。

从另外一个层面讲，中央和各地方相关机构也加大了对乡村振兴的支持力度，也充分体现了"三农"发展所聚集的人气。例如，财政部、人社部、中国人民银行出台了加大对创业担保贷款财政贴息支持力度的相关政策；在国家发改委、农业部、国家开发银行、工信部等有关部门共同支持和指导下，还于 2012 年 12 月正式成立了全国"三农"事业发展中心；陕西省财政厅、省发展改革委、省工信厅等六部门联合支持促进政府性融资担保体系建设，以支持小微企业和"三农"发展；山东青岛支持设立面向"三农"的地区总部、专营机构和金融租赁公司，引进优质异地农商行，单列信贷计划等。

另外，2020 年年初爆发的新冠疫情反映出来的问题及其政府响应，到后来提出的中国解决方案及其成效，让人甚至其他国家都充分看到了中国政府社会治理和决断处置的水平与能力，赢得了民心，也让国人对政府提出达成治理能力和

---

① 张红宇. 乡村产业：现代农业 4.0 版[N]. 农民日报，2019-11-16，006.

治理体系现代化的目标充满了信心,这同样是"人心""人和"之势,也同样让国人对政府的"三农"治理可期。

综上所述,得"天时""地利""人和"之势,"三农"发展及农民的市场参与目前已获得了十分难得的发展机遇。

第二节 农民市场参与的渠道建立及其选择条件

农民的市场参与是建立在家庭联产承包责任制基础上的一种资源配置力的形成与推动,农村和农业也是在这个制度下搞活的,它适应了特定的国情条件,也必将随着社会发展需要而不断改革创新。这里基于家庭经营的各种合作模式和促进农民市场参与的渠道建设,也是以这个为前提,来进一步推动责任与权利、风险与利益的共担与分享的,尤其式微的"三农"基于地理气候、资源禀赋、市场力量、产业结构等特征的发展更是如此。

作为本应最活跃的生产要素,并理应作为市场主体的农民,推动其市场参与与融入,可以从农业内部系统及与农业相关的外部系统两个角度来考虑其市场参与渠道的挖掘,内部渠道直接促进农民的市场融入与参与,直接促进"三农"发展,外部渠道间接带动农民融入农业相关产业发展,间接推动"三农"的市场创造与培育。

一、直接渠道及相应选择条件

农民在农业生产经营领域的市场参与,除了合作社等组织形式参与外,还可以通过家庭农场、农业企业、农贸市场、农产品超市、农产品期货市场、专业化创业、多样化经营、PPP农业项目等其他一系列途径,深度融入市场,获取经济利益。

(一)合作社组织

这种形式和渠道的市场参与,前面已有诸多描述。目前全国依法登记的农民合作社达到220.7万家、联合社达到一万多家。其中,国家示范社达8500家,县级以上各级示范社超过18万家。[1] 合作社内涵式发展也十分迅猛,超过一半的合作社提供产加销一体化服务,八万多家合作社实施标准化生产,七万多家合作社注册商标,四万多家合作社通过"三品一标"农产品质量认证,两万多家合作社创

---

[1] 高云才. 220万农民合作社在升级[N]. 人民日报, 2019-11-26, (10).

办加工实体,两万多家合作社开设社区直销店开展"农社对接"。① 中外的实践证明合作社的作用也非常明显,农民合作社表现出了较强的带农增收能力。在接受调查的农民合作社当中,能够带动入社农户户均增收 2000~4000 元的合作社达到 40.2%,6000 元以上的达到 24.9%,2000 元以下的 18.1%,4000~6000 元的达到 16.9%。②

但根据本研究调研江苏、安徽和四川的几个村镇来看,合作社的发展并不尽如人意,大多数农民的生产经营活动还都比较独立和分散,主要以家庭为单位,呈碎片化状态。散户农民(大约占 70%)种植农作物大多以季节、方便种植等非市场化因素作为主要考虑因素,虽然对价格、销路、保险等十分关心,但因缺乏相应的知识和有效的参与途径而只好听之任之。从事承包经营的农户(约占 15%)市场参与能力相对较高,他们自行从散户手中承包土地(不成片 150 元/亩,成片 600 元/亩),达到百亩至几百亩,种植相对具有经济效益的农作物。尽管 2007 年开始正式实施农民专业合作社法,也一定程度地推进了家庭承包经营基础上的互助合作,但农民专业合作社的发展,仍然面临诸如资金短缺(农民大多收入较低,不愿将过多资金投入到合作社,求稳怕风险。因此合作社向成员提供种子、化肥需要垫付资金时就显得捉襟见肘了)、运作不规范不民主(大多数农民处于从属或者被动地位,社务不公开,产权不明晰,缺乏有约束力的规章制度,社员违纪无法及时处置,毁约现象时有发生,更重要的是有些合作社没有健全的利益分配机制和风险补偿方案,农民加入后同样没有安全保障)、合作社规模小从而作用不强(大部分社员股金小,盈利水平低,合作社服务范围窄,示范性和辐射性不强,实质性农户加入比例低)、政府无效干预多而支持少(合作社因政府干预较多,导致许多人以为是政府下属机构,其独立性没有体现出来。合作社本来就是农民自发组织的为自己谋福利的组织,但政府的过多干预反而使它失去了应有的作用。其次,政府干预后对合作社的投入又欠缺,税收减免有限,也是一大难题)。

所以促使农民通过合作社参与和融入市场的前提条件是,成熟的合作社应明确合作社性质和发展目标,制定详尽的战略规划和章程制度并认真执行。同时主动联系农民的自发性融入与合作,加强有效治理(其治理模式在第五章第一节有详细论述)和部门协调(包括积极与龙头企业协调并学习其市场营销、人才培养、

---

① 中国产业信息网. 2017 年中国农业规模化经营行业发展现状及未来市场趋势分析[EB/OL]. 中国产业信息网, 2018-01-02.

② 彭超, 杨久栋. 2018 中国新型农业经营主体发展分析报告(二)——基于农民合作社的调查和数据[N]. 农民日报, 2018-02-23, (004).

制度设计等方面的经验,与政府部门的主动沟通和交流等),密切与市场的联系与融入,创造实质性收益并通过合理机制加以分配,并在农业产业发展中代表农民向政府有关部门表达合理诉求,以推动农民、农业组织和政府三方伙伴关系发展。促进城镇服务、城郊工业和外围现代农业的"三圈"衔接,推进农业产业化、农村城镇化和农民"市"民化"三化"可持续融合发展。

在正当我国农民合作社处于从数量增长迈向质量提升的关键期,姓农属农为农的性质使合作社时刻应以促进农民市场参与为着力点,调动他们的积极性和主观能动性,同时通过强化顶层设计和规范管理,增强其服务功能,进一步延伸农民在全产业链上的融入,提升其产加销及相关服务的能力,进而通过增进彼此间的利益,加强利益联结,促进"三农"产业资本的不断积累,反过来又增强农民的市场参与能力。

(二)家庭农场

家庭农场在通过规模不断扩大,及融入现代化企业经营模式的过程中,既可以加强农场主及其家庭劳动力自身的市场参与,还可以进一步促进外部劳动力的吸收并加强其市场参与。从建立农场选择经营方向开始,到生产要素的购买与投入,再到寻找产品的市场销路,家庭农场以市场为导向的经营特征,决定了农场主需要在市场竞争中寻求生存和发展之道。

2016年陕西省洋县共登记认定家庭农场55家,达到市级示范家庭农场12家、省级两家。农场劳动力总数297人,常年吸收剩余劳动力100余人。[①] 2018年甘肃省张掖市临泽县沙河镇登记认定家庭农场19家,市级示范家庭农场四家、县级九家。农场劳动力总数100余人,常年吸收剩余劳动力280余人,带动周边农户1900余户。[②] 江苏省盐城市盐都区大冈镇佳富村回乡大学生范延荣、夏卫红夫妇在2013年按照现代循环农业理念创办的野绿芳地蔬菜家庭农场,目前已投入资金800多万元,吸收当地劳动力200多人,为农民增收300万元。[③] 四川省德阳市罗江区白马关镇捌零后家庭农场还把产业发展与扶贫产业园建设相结合,将市级精准扶贫项目资金64万元变"股金",精准匹配股权给61户建档立卡贫困户,累计兑现股金分红15万元,贫困户户均增收2400元,同时长期吸纳周边农村闲置劳动力及贫困户30余人就地就近务工。[④] 窥豹一斑,足见家庭农场对农业劳动力的吸收和

---

① 胡汉杰,等. 家庭农场领跑农村经济[N]. 陕西农村报,2016-03-21,(3).

② 代鹏. 沙河镇家庭农场助农增收[N]. 甘肃农民报,2018-11-27,(2).

③ 宋进波. 盐城盐都大学生创办家庭农场,吸引200多人就业[N]. 双新盐都报,2016-03-26,(1).

④ 肖盛雄,叶思思. 科技助力小农场展现大作为[N]. 德阳日报,2019-08-12,(2).

农民市场参与的带动作用，并通过农业科技细耕农业产业的深度发展。

目前，我国已有各类家庭农场 87.7 万家，逐渐成为我国农业生产的生力军。其中，经农业部门认定的达到 41.4 万户，平均每个种植业家庭农场经营耕地 170 多亩。据农业部对全国 3000 多户家庭农场生产经营情况的典型监测，家庭农场的年均纯收入达到 25 万元左右，劳均纯收入近 8 万元，高于普通农户收入。①

适用这种参与渠道的基本条件是，在土地确权工作进一步推进并完成的基础上，无论是通过系统性培训，甚至获得像欧美国家那样拥有相应的家庭农场执业证书，还是自我经验积累与提升，农场主应拥有参与市场竞争的基本素质，包括在业务选择、要素利用、资金运作、市场营销等方面的市场信息捕捉与经营运作能力，以及诚信、坚韧、责任等品质，这些也决定了农产品的品质、家庭农场的品质和农业产业的品质。

政府有关扶持家庭农场方面的措施在进一步明确和规范的基础上，要重点突出这些措施的层次性，包括不同行政层级、不同机构和部门相应的责、权、效的确定和评价，这个"效"包括对农业资源利用及其利益分配的效果，对农业规模化经营的效果，对农业基本功能维护和产业发展的效果，等等。而且责、权、效的权衡和评价关乎政策措施扶持的条件是否针对经营规模，与国家产业政策一致的经营方向，产出的量与质，就业带动和农民参与等，甚至可以考虑家庭农场的区域和行业特征，与其他渠道的衔接和市场拉动等因素，推动家庭农场的有效经营和可持续发展。

（三）农业企业

农业企业两头分别联系着广大农户和大市场（包括流通商和消费者等），引导农民进行产业化经营，企业在适应多变的市场环境和激烈的国际竞争方面具有较大优势，也为小农散户提供着适时的风险保障，成为农业产业化经营的有效组织者，而且对周边地区经济辐射力强，带动农业产业发展作用十分明显。例如，生产烟叶的农民可以和当地的烟草公司合作，生产水果的可以和当地超市合作（这一渠道后面将单独阐述），这不算是新鲜事物，企业和农民的博弈从来都没停止过。

实际上，与企业合作的农户或农民的市场参与可以通过以下两种形式。一是（主动或"被动"的）订单农业，二是（"被动"的）承租反包。订单农业可以看作"农户+经纪人"的一种特定情形，这里"企业"承担了类似"经纪人"的角色，虽然农户并没有归入企业内部管理，但也成为了农业企业市场一体化运作的一部分，

---

① 中国产业信息网. 2017 年中国农业规模化经营行业发展现状及未来市场趋势分析[EB/OL]. 中国产业信息网, 2018-01-02.

多少有些"被动"的成分。最理想的情形还是要让农民更"主动地"参与一定程度的市场决策,特别是在新型职业农民队伍建设推动下,需要进一步发挥农民自身结合其经营特色的主观能动性,而不是被动地等待"订单"。确实,当前"订单"农业中的农民积极性还需要进一步发挥,农民在"订单"内容的把控力上也还需要进一步增强。同时还要通过法律和监督,确保双方订单合同的高效高质履行。所以,作为农民市场参与的重要渠道,农业企业也应主动吸收更多的职业农民,并将其纳入为生产经营决策的一分子,打造利益共同体,而不是作为劳动力资源可以被垄断的对象。

而承租反包一定形式地更有效利用了农业劳动力和农地。企业显然是主角,它与农民协商,在不改变农村现有家庭联产承包责任制模式和农地用途的前提下,整方连片地承租农民的承包地,并对土地进行特定专业化生产目的的改造,然后再承包给农户(可以是出租户,也可以是其他农户,同样其劳动力有被纳入企业整体运营规划的"被动"成分),实行生产专业化、经营集约化、管理企业化、服务社会化,从而实现土地增值、农业增产、农民增收。这有点像"合作社"服务的味道,但农民也只是企业市场化经营管理的一部分,总体上可以影响但并不决定企业的决策。也正是在这个意义上,为完善这种承租反包的形式、内容和利益分配,农户企业化组织的"企业+农户"核心模式不断演化发展形成了诸如"企业+中介组织+农户""企业+合作社/协会+农户""企业+中介组织联合体+合作社/协会+农户"等组织模式。农业产业化组织形式的演变过程主要与交易费用和规模效益有很大关系,有些是(因为生产经营要求)自主规模扩大以降低成本,有些是直接出于交易费用的降低,这些都会提高产业链中各要素的配置效率,从而使企业和农民(包括中介组织和合作社等)获得更高的经济效益。

据农业部统计,截止到2016年底,我国农业产业化组织数量达41.7万个,其中农业产业化龙头企业达13.03万个,这些农业产业化龙头企业对农业产业化发展的带动作用十分明显。作为产业化经营的组织者和营运中心,它一端链接着广大农户,另一端链接着流通商和广大消费者,充当着农产品供需市场的桥梁。同时它还是农业生产技术的创新主体和农产品市场的开拓者,在经营决策中处于主导地位。十九大报告提出要确保国家粮食安全,而农业产业化龙头企业在粮食生产和加工方面表现尤为亮眼。根据相关数据显示,农业上市公司是农业产业化龙头企业的重要部分。截至2017年年底,我国涉农类(不包含茶类)企业合计121家,其中涉农制造69家,农业52家;同时农业上市公司中,食品制造业和加工业都各占涉农类上市公司的31%,这表明我国农业产业化龙头企业主要还是分布在食品行业,紧接的农业种植业占比13%,它们主要集中在粮食、油料等品种的种植;牧业养殖业占比 12%,渔业养殖业占比 8%,林业种植业占比 3%。随着"互联网+农业"的快速发展和休闲农业的推广,相关服务业企业蓬勃发展,占比 2%。从产业链划分来看,我国农业上市公司主要集中在产业链中游(种植业、养殖业和林业)和下游(食品加工业),占比 70.49%。而国外农业上市公司主要集中在上游(农药、化肥、种子和饲料等)和下游,例如种子企业孟山都,粮油加工企业路易达孚等。这也看出我国涉农企业与欧美发达国家农业企业之间的发展差距。①

农民通过农业企业参与和融入市场,显然其前提条件是自身要有适应(现代)企业制度的素质和能力,企业在一定条件下也需要有吸收农业劳动力的主观意愿和规划,否则农业企业就成了一个纯粹外生的垄断力量。农户和企业是推进农业产业化发展的主体,农户与企业关系的演变是农业产业化演进的基础,当然政府在演进过程中发挥着重要作用。所以促使农民通过农业企业参与市场、融入市场,其目的还是要促使我国农业企业发展壮大,它既要考虑农业企业在农业产业链上的分布,还要考虑农业企业对农业生产要素的合理充分利用,特别是农村劳动力的吸收和农业科技的创新,而非单纯的(垄断性)利润的攫取。

(四)农贸市场

农贸市场本身就是促进市场流通和交易的场所,而且随着交易商品的日益多样化,农贸市场的发展也促进了更多的农民加入,其市场服务的内容也日趋完善,甚至有的农民还自己建立起了农贸市场。例如,早在 1993 年黑龙江鹤岗市就兴建了第一家由农民投资的全封闭式农贸市场——新生村新企凌云农贸市场,虽然后来其经营受到很多商超和农副产品商店的冲击,但在当时该市场在方便周边市民购买农副产品的同时,更进一步唤起了农民参与市场经营的意识。至今农贸市场仍然是广大农民进行农副产品交易的聚集地,而且在政府的支持下,很多农贸市场建设也越来越规范,并体现出多功能性特征,并促进了更多农民的融入。相反,在一些没有农贸市场或农贸市场不发达的地区,其农民的市场意识相当欠缺或者十分淡薄。"农贸市场"是农民市场意识的"启蒙老师",农贸市场的发达程度反映了这个"老师"的"教学水平"。由于农村幅员辽阔,所以农贸市场的总体覆盖面是相当广的,因此农贸市场是促进农民市场参与的重要渠道。

传统上最简单的是农户利用自给自足以外的剩余产品直接参与市场交易,由于这种方式原始简单,交易能否达成也无保障,农民的市场意识不强,对"市场"的认识并不清晰,销售模式也十分单一,风险承受能力弱。当出现滞销时,只能自己

---

① 高鸣, 郭芸芸. 2018 中国新型农业经营主体发展分析报告(一)——基于农业产业化龙头企业的调查和数据[N]. 农民日报, 2018-02-22, (004).

食用或送人。这种方式作为规模很小的农户来说还好,但对于大规模的农产品经营来说,这种模式不仅不利于农民自己,也不利于农村市场的搞活。因此,相较于其他渠道,促使农民通过农贸市场参与和融入市场,首先是农贸市场的功能需要提升,标准规范需要建立,组织管理需要加强,由此打造成具有品牌的城乡农副产品交易的集散地、价格形成地及其市场供求信息的交换中心。这也是第四章分析到的新型城镇化下农民市场参与的第三种模式的再描述(这里不再赘述它与组织化建设和外部市场联通的关系)。但从参与渠道来讲,农贸市场还包括了城镇里的农贸市场,它以与乡村农贸市场的区域链接形式,拉动农民在乡村市场的参与,甚至向城镇相关市场的延伸,或者直接对接桥岛市场参与模式也成为了可能。①

在功能提升及其品牌创建方面,未来的农贸市场会随着人们生活水平提高从而改变生活方式和食品安全意识的增强,更注重市民的"消费体验",从满足最基本的生活物质需求到"商场式"服务体验的提升。注重乡村消费文化的形成,消费结构的(产品加工)集成及其功能拓展升级(包括市场关联设施的建设)等。品牌创建不仅仅是注重摊位品牌的引进,更是日益注重农贸市场自身品牌(服务品牌)的建立,注重品牌拉动的上下游产品的市场链接,从而在新型职业农民队伍建设下,提升农民市场参与的数量与质量。

[域外传真] 美国加州戴维斯农贸市场②

戴维斯农贸市场(DFM)是加利福尼亚州最著名和最成功的农贸市场之一。在众多社区组织、企业和个人的参与下,DFM已成为当地社区生活和文化的中心。这个市场的氛围吸引了大量当地家庭和学生,以及来自加州、美国和国外的游客。该市场是社区聚集地、旅游目的地和各种直接销售的新鲜蔬菜、水果、鲜花、熟食和工艺品的来源地。因此,DFM提供了一个独特的论坛,促进了许多小企业的发展,并在戴维斯大

---

① 随着消费习惯和生活方式的转变,在经济发达的地区或城市传统农贸市场正逐步退出市场舞台,像深圳、广州、上海等地区已逐步对现有农贸市场进行升级改造,代之以新型街市、社区服务中心和农改超等这样的新型业态。但乡村农贸市场在其功能升级下,仍然有巨大的农产品和信息集散功能,并吸引着更多的农民参与。新型业态的出现使全国交易额亿元以上的农贸市场从2012年的1759个(其中批发及零售农贸市场1044个,综合农贸市场715个,交易总规模为20726.51亿元)减少到2018年的1501个(批发和零售农贸市场数量853个,综合农贸市场数量648个,交易总规模却上升到30627.89亿元)。数据来源:根据国家统计局(http://data.stats.gov.cn/easyquery.htm? cn = C01&zb = A0I0901&sj = 2019)数据整理。

② Vance Corum, Marcie A. Rosenzweig, Eric L. Gibson. The new farmers' market: farm-fresh ideas for producers, managers & communities [M]. New World Publishing, 2001, pp. 91-97.

企业界发挥了重要作用。

DFM 于 1975 年由一小群当地有机农场主和社区成员创办，目的是支持当地农民，同时为消费者提供新鲜的当地种植的农产品。通过促进从种植到消费者的直接销售，DFM 创始人看到了一个支持那些通常无法在传统的营销领域竞争的小种植者和初种植者的机会，其收费标准是总销售额的一个百分点，这也反映了不禁止小种植者参与市场的初衷。而且在农贸市场首次开放后的大约六个月里，DFM 的组织者、同时也是戴维斯食品合作社的运营商，提出在农贸市场关闭后，从农贸市场的供应商那里购买所有剩余的农产品，试图通过该"保险计划"，吸引农民在客户建设时来到市场。这对于帮助在社区认识到市场才刚刚起步的这个关键时期，为供应商和客户创造一个稳定的市场非常重要。

Jeff 和 Annie 是最初的两位市场创始人，一开始他们常常不得不应对小规模、刚起步的农民所面临的低产量和不稳定产品供应那样的典型挑战。与其他营销渠道不同的是，随着 Jeff 和 Annie 自下而上地"发展业务"，并一路学习所需的技能，以致 DFM 很容易容忍数量和品种的波动，并帮助开发了在一个缺乏农业经验的年轻行业（有机农业）生存所需的支持网络。Jeff 和 Annie 最初将当地农业与当地消费者联系起来的设想仍然指导着他们的经营目标和战略。如今，其农场经营（腐殖质好的农产品），仍然是 DFM 的支柱之一。Jeff 和 Annie 在他们位于戴维斯东北 45 英里的卡佩山谷 20 英亩的有机农场里种植果蔬和花卉。除了新鲜的农产品和鲜花，他们还在市场上出售各种果酱、果冻、干果和蔬菜、草药、干花和花圈。好的腐殖质农产品也为一些批发商提供果蔬，他们有一个 100 人的社区支持农业项目。

DFM 现在是加州最大的农贸市场之一，平均每周六有 85 家供应商。一年中有 180 家不同的供应商进入市场。虽然许多商贩仍然是本地人，但也有来自整个北加州，甚至远至南加州奥克斯纳德和圣玛利亚的商贩。星期六市场全年营业，每周吸引 5000 至 7000 人，特别活动期间吸引 10000 人。该市场由戴维斯农贸市场协会（DFMA）管理，该协会是一个非营利组织，由 11 名成员组成的董事会，由八名农商、一名非农商和两名社区代表组成。

DFM 的中心目标是建立社区支持和参与农贸市场的网络。一开始，DFM 被当地商业界视为主要惠及城外农民的工具，而没有直接惠及城市本身。为了克服这种看法，并培养当地对农贸市场的广泛支持，市场经理兰迪·麦克尼尔(Randii MacNear)和市场董事会着手发展关系,将农贸市场确立为社区的重要组成部分。事实上,DFM 已经成为戴维斯社区的一个重要组成部分,以至于今天许多人很难想象没有农贸市场的社区。兰迪致力于以各种可能的身份将 DFM 与社区活动和组织联系起来,参与了许多公民和教育组织,还在加州认证农贸市场联合会(CFCFM)中发挥了领导作用,为在当地、地区和全州范围内推广 DFM 收集了想法和机会。

　　建立 DFM 的地方社区所有权意识也是一个重要目标。一个向社区团体、政治组织和候选人开放的市场区域为地方政治和社区问题发出了强有力的声音。每年有 500 多个非营利组织在市场上开展外展活动,帮助筹集资金,这些资金随后又回到社区。学校和社区团体表演通常是市场上特定活动期间的一些娱乐活动。每月的市场活动通常与社区和商业组织、戴维斯市和加州大学戴维斯分校(UCD)的团体共同主办,汇集了当地非营利组织、全县农业团体、当地学校、农民和市民。相关活动甚至包括职业妇女福利互助会为孩子们经营一块南瓜地,"4-H"①小组展示他们的动物,戴维斯高中 Key Club② 出售馅饼,UCD 化学俱乐部进行演示,UCD 猛禽中心展示猫头鹰,戴维斯科学中心展示动手展品,等等。通过这些活动,农贸市场成为一个展示平台,社区组织可以在这里宣传自己,进行筹款,并与更大的社区建立联系。每周农贸市场举办如烹饪示范、食品品尝和免费食谱之类的活动,为社区提供营养、饮食、健康和农业方面的教育。该领域与这些问题有关的机构齐聚一堂,推动这些活动。兰迪还通过当地学校在高中家政课和小学科学课上举办营养和农业讲习班来促进 DFM 发展。加州州立大学萨克拉门托营养项目的学生实习生帮助在市场和学校的营养项目中进行演示。

　　市场直接回馈社会的另一种方式是农民向紧急援助项目捐赠粮食。兰迪估计,95% 的新鲜水果和蔬菜是由 DFM 农民提供的,这些水果和蔬

---

① 美国一个专门面向农村青少年课外技能培训和教育的项目,也是目前世界上最大的青少年课外教育项目。4-H 是青少年四项基本能力素质的简称,即 Head(头脑)、Heart(心智)、Health(健康)、Hand(实践)。

② 美国高中常见的社团之一——志愿者俱乐部(自立公益社团,通过帮助他人、服务社区来锻炼自身领导力),它在美国是一个非常有含金量的俱乐部。它为会员提供服务、塑造个性和发展领导力的机会。会员每月约举行两次会议,一个是校内服务项目,另一个是校外服务项目,学生自愿为各种不同的事业和组织做出贡献。

菜在社区用餐时被送到约罗县的短期紧急援助柜。DFMA 一直在努力证明，它的成员正在回馈该市，以换取他们所允许的支持和设施的使用。除了为当地居民提供服务外，DFM 还是一个重要的旅游景点，它将来自该州及州外其他地区的游客带到戴维斯市。DFM 一直努力将自己打造成戴维斯最大的"事件"，并为此尽力推销自己成为许多来到戴维斯的游客，特别是那些与 UCD 有联系的游客的目的地。通过在校园内举办各种会议和其他活动，UCD 在吸引州外和国际游客到该市旅游方面发挥着特别重要的作用。这些访客代表一个重要的市场，DFMA 通过与各种 UCD 项目和规划委员会的关系来瞄准这个市场。DFM 的吸引力有助于为这些游客提供进入戴维斯市中心的"桥梁"。戴维斯的企业也从该市不断增加的游客流量中获益，同时也从 DFM 对戴维斯的正面形象中获益。

除了对社区发展做出的贡献外，每周吸引大量的人来农贸市场还有一个基本的务实目的：为市场摊贩提供客户基础。DFM 最重要的功能之一是以多种方式支持和促进在市场上销售的农业、手工艺和食品摊贩获得成功和发展。除了提高对游客和社区成员的个人销售水平外，兰迪还试图帮助农业供应商与当地餐馆和杂货店建立广泛联系。许多 DFM 摊贩也已表达出了农贸市场作为产品开发和定价研究试验场的重要性。DFM 摊贩也经常利用他们在农贸市场的经验及联系，帮助其进入其他（批发或直销）渠道。即使如此，农贸市场通常仍然是其整体营销战略的重要组成部分，可以补充其他营销渠道。DFM 为其摊贩提供的另一个好处是帮助开发更好的营销和展示技巧。此外，DFMA 还在年会上为研讨会聘请顾问，分析摊位陈列，并为更好的设计提供建议。DFM 的几家供应商提到，DFM 的许多客户已经对农贸市场为支持小型和本地种植者提供的机会有了很高的认识，通过食品和农业建立了社区意识，并选择了高质量的产品，包括有机食品产品。戴维斯社区的这种意识被认为是戴维斯农贸市场的一个特殊优势。通过摊贩和 DFMA 的教育，努力提高广大公众对农贸市场独特利益的认识，对于未来几年保持整个加州农贸市场的实力和增长可能非常重要。

DFM 已成为戴维斯社区生活中心的一个成功机构，并成为参访者和游客的著名景点。DFM 为许多新业务提供了一个切入点，为新产品提供了一个试验场，并为业务和营销技能的发展提供了一个场所。通过广泛的社区参与和支持，DFM 已成为当地市民、组织、地区企业和农民建立关系、创造新的商业机会和加强社区纽带的地方。通过农贸市场建立和维持这些关系是一个持续的过程。兰迪将此作为其工作的主要目标,也是DFM 成功的关键。

(五)农产品超市

像农贸市场一样,农产品超市增加了一条"从田间到餐桌"的农产品(食品)供应渠道,在这一渠道上可以通过减少中间商从而降低交易成本,便利地拉动农产品消费,进而规模地增加"田间"直接供给的数量,促进农民的市场参与程度。农产品超市不只是综合超市的一个角落,也不只是街边的一个门店,它也应该像上面"戴维斯农贸市场"那样,促进自己品牌的形成,增进消费者的购买体验,促进多元的产品陈列以满足多样化的产品需求,进而不依赖或者减少纯粹流通地(纯投机倒把式地)增加农产品的价值,这就是市场营销。

从这个角度讲,这种农产品超市(甚至包括城市的农贸市场)的建立,不仅是新型职业农民产成品向城镇的商业拓展,也可以考虑正在"市"民化的农民工发展与乡村农业的产业联系,促进城乡产业融合。虽然一些地方特色农产品已经进入城镇,部分实现了门店或摊位的专卖,但其品牌建设还不成熟,消费者对其品质的体验并不深刻,整个产品的价值创造还不成体系。比如,如果真是有机农产品,其认证如何向消费者充分展现,否则认证的价值多少也有些埋没,要不然就不是有机农产品,至少会让消费者无法感受到其价值的真实存在。要不就是在设施、保鲜、陈列、管理等方面还不到位,但是在人们追求生活品质的拉动下,标准、规范、精细作业的农产品超市会不断成长,并成为促进农产品供求衔接的助推器,并且还可以助推上游农产品的规范生产和标准作业。

其实,不管是农贸市场,还是农产品超市,甚或一定范围内的农改超,只要是其治理有方,经营有道,就有其存在的价值,并在整个价值链上拉动或吸引更多的农民融入。农产品超市是要有利于在农产品流通的渠道和方式上进行改造和优化,并由此建立起一条可追溯的农产品质量监控、食品安全和信息追踪体系的途径,但最关键的还是要在超市本身的经营上下功夫,否则体系不但建立不起来,可能还没有了农贸市场那样具有规模经济和多样化选择的优势。总的来看,通过农产品超市促进农民的市场参与,其基本的前提条件是农民自身要有强烈的(现代化)商业经营意识,包括品牌意识,以及外联调配调度的能力。当然政府有必要对超市质量标准和安全监管体系的建立给予一定的支持,提高生产者或供给方的组织能力,这又与农业合作社和农业企业联系在了一起,它们延伸了生产后的分级、加工、包装、配送等,并尽可能创造条件让超市达标盈利。

例如,2010 年央企华润万家就在商务部确定的农超对接试点市——慈溪市横河镇建立了优质农产品示范基地,杨梅直接进入华润万家在全国100多个城市的3000家门店。据种植大户黄康盛说,他每天有5000斤杨梅供应直销超市,价钱比卖给收购商涨了一倍多。该市十万农户在超市"摆"货柜,从蔬菜到水果,农民在市场上有了讨价议价的话语权,有的还专门为农产品注册了"慈润"等之类的商标。据试点企业反映,通过农超对接,农产品销售价格提高约15%,而超市售价下降15%,卖菜的农民和买菜的市民都得到了实惠。农产品直接摆到卖场货架,减少了流通环节和企业成本,也使农户迅速了解市场和客户反映,市民的餐桌更加新鲜、丰富、安全,使农民、消费者、企业三方受益,也解决了农户小生产与大市场之间的矛盾。据该市农业局介绍,农超对接后,农场、基地按照现代管理方式组织生产、销售,农民规范种植、标准生产、争创品牌的积极性高涨,还形成了包括包装、分拣、加工、配送在内的庞大物流网络,使更多的农民投入到第三产业中。①

（六）农产品电子商务

正如前面相关章节提到,虽然相关报告分析了目前我国包括期权期货在内的农产品电子商务系统的发展情况,本应成为农产品市场主体的八亿多农民、近五亿农村劳动力理应更大程度地融入这一系统,但事实上却参与甚少,也就在农产品网络零售交易、批发市场的网上交易等方面有所涉足,对于诸如农产品期货市场,它本是农产品市场的最高形式,主导着世界农产品的价格走势。中国很多农产品也都在进行期货交易,但那无法成为农民进入市场的玩味游戏,却只是其中非农期货交易者投机赚钱的工具。主客观因素导致其市场交易信息无法向农民进行有效扩散和传播,农民自身的接收能力不足,渠道也十分有限,它没有真正成为农民参与市场的信号提供者和载体,反倒扭曲了生产成本和经营决策,进而影响了农产品可持续的国际国内市场竞争的能力。②

而在发达国家,期货市场已经与农业生产紧密结合,农民能有效利用期货市场,来引导他们按照市场规律安排自己的生产,并且获得机会收益。美国农产品期货市场在整个农产品生产、流通和销售过程中发挥着重要作用,农业生产与农

---

① 卢萌卿,等. 慈溪农产品直销超市[N]. 浙江日报,2010-07-14,(3).
② 投机倒把"逼空"市场,农民无法参与期货交易,部分的、直接或间接的农产品（如大豆、小麦等）市场价格信号,却错误地、间接地引导了农民的生产或种植方向（无论这种引导是不是被动的）。像大豆之类的"需求"都是交易所的库存,成了"逼仓"炒作的筹码,却不是市场上真实消费的反映。而农民只晓得豆价天天涨,因此开始加紧种植,一到"逼空"行情结束,新豆旧豆一齐低价倾销,并成为下一个炒作周期的开始,豆农损失惨重,痛苦不迭,之后更是茫然无措,无所适从。而且通过投机资金和交易所联合"操纵逼仓"而保持交易量,会越来越偏离期货市场本应通过法治规范促进其系统发展,并形成中国期货与国际期货的"联动"发展的轨道,这将更加不利于农产品市场的完善。

产品期货市场实现了有机结合,期货市场与现货市场联系也非常紧密。美国是农产品生产和贸易大国,也是上市交易农产品期货品种最多的国家,参与者以大规模的家庭农场为基础,以保持高度独立性的专业合作社为主体,政府发挥了重要的推动作用。早在 1996 年美国农业部(USDA)进行的农业资源管理调查(ARMS)就显示,年销售收入在二十五万美元以上的农场主更有可能使用套期保值、远期合约等风险管理工具来规避风险。相比之下,年收入在五万美元以下的农场主则很少使用套期保值或远期合约来规避风险。

因此从某种意义上说,我国通向现代农业的市场路子对农民来说似乎并不通畅,十分有必要将市场链和经销渠道向前延伸到农村和农民,包括建立健全农产品期货市场等电子商务系统功能,在加强市场宣传、信息传递及对农民专业性、系统性市场经营技巧培训的基础上,增加农民逐步接触期货市场的机会和能力。发展农产品期货市场无可厚非,但不能脱离发达的现货市场而存在,在加强农产品流通和价格市场化前提下,应该完善期货市场的实质内容,提升市场的交易形式。其他电子商务市场的农民参与,也应创造类似的条件。特别是结合新型职业农民队伍的发展、多种农产品电商平台的建立,以及第三方支付平台的发展,进一步增强农民在这一系统的能见度,增强市场中农民的存在感,其相关条件事实上也正在趋向成熟。

按《2019 年中国农产品电商发展报告》[①],2018 年我国大连、郑州、上海三个期货市场农产品期货交易额达到 47.37 万亿元,大连、郑州两个期货市场的农产品期权交易额 127.27 亿元。数据显示,2018 年全国农产品网络零售额达到 2305 亿元,同比增长 33.8%。[②] 这么庞大的农产市场电子商务交易额,可以想象农民的深度卷入会成为其市场发展的一个多大的推动力。事实上,自 2014 年起,商务部会同财政部、国务院扶贫办实施电子商务进农村综合示范,支持示范地区建设完善农村电商公共服务、物流配送和人才培养体系,营造良好的市场环境。截至目前已累计支持 1231 县次,推动农村电商在很多地区,特别是贫困地区,从无到有,从弱到强,蓬勃发展。全国农村网商已经接近了 1200 万家,带动就业人数超过 3000 万人。[③] 总之,增强农民电子商务市场参与意识和参与能力,还得加强农民在市场形式认知、参与技能掌握、有效信息辨识等方面的能力培训,同时做好"最后一公里"的平台、网络、信息等基础设施和软硬件建设(也可参见第三章第一

---

① 中国食品(农产品)安全电商研究院. 2019 年中国农产品电商发展报告[R]. 2019-03-18.

② 冯其予. 去年全国网上零售额超九万亿元[N]. 经济日报, 2019-02-22, (4).

③ 杨威. 商务部:全国农村网商已接近 1200 万家 带动就业超 3 千万[EB/OL]. 中国网财经, 2019-09-05.

节第二(二)部分内容)。

(七)专业化创业

农民通过特色专业化市场的参与(包括鼓励、支持农民个人或合作开办与地方资源相匹配的乡村菜园、果园、农家乐等特色农业),特别是在加强新型职业农民培育的基础上,促进生态农业、设施农业、体验农业、文化农业和定制农业的特色实践,提升自身经营效率,提高产品档次和附加值,从而获取更高的价格溢出,甚至解决低价格竞争带来的低农业积累的问题。Meike Wollnia 和 Manfred Zeller (2007)[①]以哥斯达黎加的咖啡市场为例,研究了农民的市场参与后发现,参与特色专业化咖啡市场的农民获得的价格确实高于那些参与传统渠道的农民,而参与合作社对农民选择专业化种植特色咖啡的可能性和他们获得的价格都有积极影响,其良好的营销业绩也与特色专业化市场信息的获取息息相关。

适用这种参与渠道的基本条件是,因其专业化的特性从而造成经营范围的相对狭窄,除了能够获取专业化信息并随时维持经营特色外,其销售必须有一定的市场通道,或通过专门代理促进市场拓展,包括专业服务和广告宣传,可以根据条件建设富有特色的农民购销站。由于缺乏信息和流动性,特色市场的扩张和新市场的开发很容易将小农排除在外,所以这一渠道对于小农来说,合作社可以在其中发挥重要作用,政府也应大力支持一村(一镇)一品专业化生产;再者,对于特色专业化市场,还得考虑其产品供给满足消费者需求的程度,如超过有效需求的水平,超额供给就不会出现溢价而使农民获利(甚至出现跌价陷入传统轮回),所以需求开发也显得十分重要。

因此在一渠道下,可以大力推进"农户+经纪人"模式发展。经纪人不是简单将过剩粮食和果蔬组织销售,而是系统性地为特色专业化生产经营进行市场化运作,包括前面提到过的资源利用、技术投入、信息获取、营销推动等。经纪人应时代而生,他们大都是由那些有一定市场意识和经验的农民结合当地农业生产经营发展特点而形成的新兴农民群体,并在不断的市场探索中积累经验,专门致力于农产品生产和销售的供求匹配、市场开发和商业拓展,推动个体农民实现从业分化,专业分工细化深化,大大推进"订单农业"和"代理农业"的发展,促进农民增产增收和"三农"发展。当然这一模式的主要问题还是在于对经纪人的培养,政府需要发挥功能性作用,助力此类人才的发掘,让农村市场更加繁荣,真正持续造福

---

① Meike Wollnia, Manfred Zeller. Do farmers benefit from participating in specialty markets and cooperatives? The case of coffee marketing in Costa Rica [J]. Agricultural Economics 37 (2007) 243 – 248.

于广大农民。

(八)PPP 农业发展项目

前面第四、第五章相关内容已经说明了(逆)PPP 项目开发与农民的市场融入问题。但作为一种市场参与的渠道,(逆)PPP 机制应让农民在三方契约关系的确定下,有充分的沟通与合作的机会,而不应简单地将农民作为项目开发中的一般劳动力加以吸收。

2016 年 12 月,国家发展改革委、农业部(现农业农村部)联合发布了《关于推进农业领域政府和社会资本合作的指导意见》,重点支持社会资本开展高标准农田、种子工程、现代渔港、农产品质量安全检测及追溯体系、动植物保护等农业基础设施建设和公共服务;引导社会资本参与农业废弃物资源化利用、农业面源污染治理、规模化大型沼气、农业资源环境保护与可持续发展等项目;鼓励社会资本参与现代农业示范区、农业物联网与信息化、农产品批发市场、旅游休闲农业发展。2017 年 5 月,财政部、农业部联合发布的《关于深入推进农业领域政府和社会资本合作的实施意见》提出,我国将重点引导和鼓励社会资本参与农业绿色发展、高标准农田建设、现代农业产业园、田园综合体、农产品物流与交易平台、"互联网+"现代农业等六个领域的农业公共产品和服务供给。这些"意见"给"三农"PPP 项目的合作开发提供了契机,创造了条件,并将促进更多的农民进入这样的项目和工程。

从现阶段农业 PPP 项目的实施来看,截至 2018 年 9 月底,财政部 PPP 中心项目库中(含项目管理库、项目储备清单),共有农业项目 116 个,总投资 980 亿元。① 项目分类情况如表 6-1 所示。从表格数据看,农业 PPP 项目政策落实的执行期不长,总规模不大,落地率不高,但从项目涉及的农业领域看,农业 PPP 项目有助于加强市场交易的基础,其未来发展也会吸收更多的农民融入参与。由于农民才是农业、农业利益、农业未来发展的真正主体,所以以市场为基础,政府为保障,项目为依托,引入农民、企业(社会资本)和政府三方共同推进弱质农业向现代化农业的发展转变,必须考虑或者基于农民的利益,并真正依靠农民,特别是越来越庞大的职业农民队伍的力量,在资源要素、项目设计、市场运作及效果反馈等方面发挥重要作用。②

---

① 中国 PPP 服务中心. 全国各行业 PPP 项目情况分析—农业篇[EB/OL]. 中国 PPP 门户网, http://www.zgppp.cn/hyzx/zxdt/7277.html, 2018-10-24.

② 《关于深入推进农业领域政府和社会资本合作的实施意见》在规范项目实施时,就要求优先选择适宜市场化运作的农业公共设施及公共服务项目,这给农民的市场参与提供了很大的机会,农村本身就是这些项目运作最基础、最根本性的市场。

表 6-1　财政部 PPP 中心项目库农业项目开展情况

分类		项目管理库		项目储备清单	
规模		52 个	492.3 亿元	64 个	约 487.66 亿元
占所有行业项目比重(%)		0.67	0.43	1.37	0.9
从回报机制看	可行性缺口补助(个)	28		20	
	使用者付费(个)	20		30	
	政府付费(个)	4(3 个已是执行阶段)		14	
从落地率看	准备阶段(个)	5		–	
	采购阶段(个)	23		–	
	执行阶段(个)	24(落地率 46%,全国全行业 51.96%)		–	
从项目细分领域看	农产品交易中心项目(个)	7		15	
	粮油物资储备项目	1		3	
	其他类(个)	44(其中田园综合体、产业园等 24 个)		46(其中田园综合体、产业园等 13 个)	
	现代农业产业园与交易中心类项目占比(%)	60		43	
说明		项目管理库包含准备、采购、执行和移交阶段项目,该部分项目已完成物有所值评价和财政承受能力论证的审核		项目储备清单则只包含识别阶段的 PPP 项目,是地方政府部门有意愿采用 PPP 模式的备选项目,但尚未完成物有所值评价和财政承受能力论证的审核。	

资料来源:中国 PPP 服务中心. 全国各行业 PPP 项目情况分析—农业篇[EB/OL]. 中国 PPP 门户网, 2018-10-24.

"三农"PPP 伙伴关系的主体是农民及其合作社、农业企业和政府,它们分别担当了促进农业市场一体化的能动主体要素(农民及其合作社比较熟悉当地农村现有的生产要素、地缘状态、农村社会人际关系及其拥有相应的要素动员能力)、以具有资源和地缘及产业特征的项目实施者(企业擅长生产要素和技术的有效运作与实施,熟悉业已建立的市场状况,甚至还可能知道未来的农业发展方向及其处理与地方政府之间的关系,或者能一定程度地协调农民与政府间的关系)、制度及其利益的协调者的角色。作为一体化市场中市场力量最强参与主体的企业,它最能集聚和盘活生产要素。虽然农民可以直接参与市场,但农业企业事实上存在的产前卖方垄断和产后买方垄断的地位,致使农民无法在农业生产中获得平等的市场地位及讨价还价的能力,因此促进农业真正的市场一体化和农民的市场参与,政府就有了通过政府政策特别是财政政策发挥内生经济增长功能,加强其"伙伴"角色发挥的空间。

这一市场参与渠道的建立,是向内在农业产业系统内部挖掘市场和产业发展潜力的,而不是单纯向系统外输出利益。因此,通过这一渠道参与市场的前提条件是三方合作伙伴关系的真正建立,并在农业项目的招投标中,明确三方在项目实施前、中、后各环节的责、权、利。长期的契约控制一方面可以减少不必要的、在目前看来不属于农业系统的中间环节及其利益损耗,另一方面还可以动态评估利益的变化,并从政府的角度进行适当的项目调整和利益调节,否则难以看到真正的伙伴关系,难以看到真正市场一体化的现代农业发展,更难以看到"三农"利益的真正维护和增进。

(九)小农多样化经营

对于小农①而言,特别是对于那些居住在对生产不太有利的地区的农民而言,最好进行特色专业化之外的多样化经营,以契合多样化的需求,开发缝隙市场。但这也同样受到两方面的制约:一是生产是一回事,而消费需求的可替代性又是一回事;二是与之相适应的,需要促进农村地区中小企业发展,不仅为了就地整合多样化产品本身的生产经营,而且在吸收更多农民(在中国情境下还包括返乡农民和大学生)参与市场的同时,还要释放较长距离市场吸收和物流输送的能力。当然小农多样化的经营,也可以依托农村供销社,开展联合购销,并通过供销社建立以若干产品为龙头的群众性销售服务组织,甚至以社员身份融入合作社的购销系统。当然政府制定政策,建立机制,促进小农改善生产设施条件以及与农超、农社、农企的对接,提升其抗风险的能力。

因此,多样化的生产经营也会推动产品销售商机的出现,催生一体化销售系统的建立。小农生产本来就不具有优势,只能在各个环节上节约成本,提升其产

---

① 据第三次全国农业普查数据,2016 年全国 2.07 亿户农业经营户中,小农户占比 98.1%。2015 年纯农户占比为 10.3%,较 2000 年降低了 13 个百分点;农业兼业户占比 11.6%,降低了 14.8 个百分点;非农兼业户占比 20.6%,降低了 5.6 个百分点;非农户占比 57.5%,增加了 33.5 个百分点。资料来源:魏琦等. 重视农业现代化建设中小农生产的独特作用——基于传统农耕文化和生态文明的视角[J]. 农村工作通讯,2017,(23):26-29.

品性价比，才能寻找市场空间，因此不论是借助微信朋友圈叫卖，还是通过集贸市场销售，都需要规模化运作，以弥补多样化经营下单品种数量的不足。小农自身没有多余资金建立新的销售渠道，但联合建立或依托第三方的销售系统促进产品销售便是其融入市场的不错选择，类似于独立出像前面"经纪人"似的专业销售机构，促进销售系统共享和交易成本节约，当然这反过来也会一定程度地促成农产品竞争日益向质的方面转变。

事实上，在人们追求生活品质的今天，小农经营往往会跟"纯天然""无添加""新鲜""散养""人工""土办法""传统"等词汇挂钩，在确保水源和土壤没有被污染的情况下，它们也有它们的市场，如果让小农也有代理人，同样可以促成销售的规模化运作，从而推动小农一定程度地市场深化。以家庭为单位的小农甚至可以拓展农村"家庭"市场，如节假日的家庭体验，未必需要像专业化创业在特色经营上搞集中，就一般的"散客"，也会对"家庭"形成期待，或者在特定的农季或针对特定的农事，如犁地、插秧、芝麻开花、花生落花，甚至抓泥鳅、摇风车、水井取水、土灶做饭等，开展体验式"农情教育"。以及在小农生产基础上的乡村文化体验，如森林—村寨—梯田—水系"四素同构"的景观文化，楼车、耙耱、稻床、连枷、磨、碓等农作文化，山歌、龙舞、庙会、绘画等乡村文化艺术。在此基础上，创造另类的一村一品，也会有它独特的市场特性，进而推动独特的农民群体参与和融入市场。

二、间接渠道及相应选择条件

间接渠道的市场参与主要是指表面上农民没有直接参与和农业直接相关的生产经营活动，但间接地通过推动农村基层组织建设、搞活农业生产要素，"离土不离乡"地就进非农企业务工，就近参与城镇产业拉动的经营活动等，促进农民市场参与。

（一）农村基层组织建设的推动

尤其是基层政策宣讲、乡村发展战略和规划、财政金融、文化建设等方面的组织，完善政府的服务功能，增强农民与政府的联系，搞活农业生产要素。这包含两个层次。

1. 政府推动下的参与渠道

如政府通过相关职能部门，组织劳动力流动（劳务输出）、乡村物流运输和客运服务、乡村通信、乡村人力资源和技术培训站建设（包括返乡农民工和大学生的有效利用），加强政府的服务功能，创造良好的生产生活环境，增进政府—农企—农民三方关系。除了直接吸收农民参与市场，推动农村搞活市场外，农民（干部）

参与相关政府功能性建设,包括外联内服、内联强服,其本身在强化资源管理、市场推动、项目设计、政策实施和利益分配等方面,也等价地参与了市场活动,甚至比一般农民参与市场更具有前瞻性、系统性和有效性,尤其是那些一方面参与政府建设,一方面直接参与市场经营活动的农民(干部)更是如此。但是这里如果涉及公权私用的情况,那就不是真正的市场参与,而是以权谋私了,真正的市场参与是公平竞争的市场参与,或者为了社会公平正义和可持续发展而进行的必要的政府干预下的竞争性参与。

2. 农民自我促进的渠道

即农民自我经营农村快递物流运输等活计,建立各个村点农资周转站、农讯交流站、农活接洽站等,促进城镇、城乡、乡乡要素贯通。这一些渠道并不强调属于直接渠道的要素流转本身,而是通过建立"点到点""点与线"贯通式的非正式行政组织架构与建设。从某种意义上说,这也是加速市场建设的参与活动,甚至包括对运用"点""线"流通的产品和服务的理解从而熟练操作"点""线"运用的行为和实践。所以,一定程度上讲,即使不是直接参与农业生产经营活动,只要是有利于促进农产品市场培育、市场流通、市场经营活动开展的事项,都是开辟了促进农民市场参与的渠道。只是第2项相较于第1项更自发和更自主性一些。

(二)"离土不离乡"的就近非农企业务工

如吸收农民进入非农乡镇企业务工,一方面农民用务工所得增进农业资本积累,另一方面还可以随时就地进行劳动力转换,缓解农忙时的劳动力需求,带动相关市场建设,包括联合政府推动相关基础设施建设等。其实,根据《乡镇企业法》,乡镇企业本身就是农村集体经济组织或者农民投资为主创建的,它在乡镇(包括所辖村)举办承担着支援农业的义务。所以,毫无疑问,它对促进农民的市场参与有巨大的推动作用,只是在这里从业务范畴讲强调了非农的因素,涉农渠道在前面合作组织和农业企业部分已做论述。乡镇企业"想尽千方百计、说尽千言万语、受尽千辛万苦、走尽千山万水的"的"四千精神",率先冲破"一大二公"、城乡二元格局和计划经济体制的束缚,本身就是融入和激活市场的体现,它推进了我国工业化①、

---

① 乡镇企业发展起来后,农民自下而上在农村兴办二、三产业,整合农村资源,吸引城市要素,逐步打破城乡分割,协调工农发展,在城市工业化之外开辟了农村工业的新领域,避免了城市工业"瘸腿走路"的弊端,形成了农村工业化与城市工业化"比翼齐飞"、并驾齐驱的良好局面,大大加快了我国工业化的进程。

信息化、城镇化①和农业农村现代化②的进程，也曾创造国民经济"三分天下"、工业经济"半壁江山"、财政贡献"五居其一"的不朽贡献，同时为农村经济和县域经济的发展积累了具有重要历史意义的"第一桶金"。

可以想象，由于结合资源和地理条件的产业布局，有相当一部分农业外的产业是依托农村，并吸收大量农村劳动力务工的，既影响着"三农"资源的运动，同时也有更多的外部资源融入，所以吸引农民"离土不离乡"的市场参与，本身就是在整合市场，推动着市场的发展。农村市场并不是孤立运行的，最佳的资源配置需要靠市场协同。只不过，地理上的差异让不同的区位市场具有了不同的特征，需要采取不同的支持措施，包括在农村市场对农民市场参与的针对性支持。

除了乡镇企业，农民还可以就近立足作坊、专卖店、日杂点等就业或创业，从事针对市场的生产制作、零售批发，促进家电、服饰等日杂百货交流，诱发农民参与市场、融入市场的意识，引导农民进入市场。

（三）就近城镇产业拉动的经营活动

在推进"三圈""三化"发展中，农民可以就近参与城镇产业拉动的经营活动，加速就近城镇化，以此推动农业产业化和促进农民的市场参与。特别是围绕小城镇，推进城镇中心服务业，特别是餐饮、交通、农资日杂批零集散、农业休闲娱乐生态文化的宣介、农村地方民族特色义化宣介、农村经典中医中草药的培植与宣介、农村历史人物故事宣介等，和近郊与农业相关的（加）工业发展。在加速城镇产业结构优化的同时，促进城乡融合发展及农民在小城镇中的市场融入，同时加强了农业相关产业的集群发展和农业资源的综合利用，进而可以加速农村的市场发展和农民的收入增加。

就像在农村以外的"办事处"为"三农""代言"和（相对）远距离服务那样，就

---

① 乡镇企业为吸纳城市无法吸收的、因家庭联产承包责任制催生出来的农村富余劳动力，先是在小集镇集聚发展，后来逐步发展成工业园区和产业集群，不断吸引人口、要素、设施和公共服务的集聚，最终连片发展，形成了星罗棋布的小城镇。

② 乡镇企业从发展的一开始起，就以转移农村富余劳动力和以工补农、建农、带农为己任，助推了农村公共性公益性设施的建设，走出了建设农村必须繁荣城镇，发展农业必须发展非农，富裕农民必须减少农民的成功之路；同时乡镇企业瞄准农业资源，大力发展农字号特色产业，包括农产品加工业、休闲农业、乡村旅游和现代种养业等，为农业注入了大量的资金和现代要素。目前乡镇企业产值中，三产比重接近1/4，农产品加工业比重接近1/3，农产品加工业、休闲农业和乡村旅游在乡镇企业中的占比逐步提高，为促进"三农"问题的解决发挥了重要作用，也为中国特色农业现代化发展提供了重要的支撑。
宗锦耀，陈建光.历史不会忘记乡镇企业的重要贡献[EB/OL].中华人民共和国农业农村官方网站，2018-07-31.

近城镇产业拉动的经营活动不断挖掘着农村市场的边际潜力。也像前面关于新型城镇化描述的那样,其实城镇化的发展早就是融入了农民和农业产业了的,否则城镇也不可能正常运转。所以城乡产业交融本身有其客观基础和内在的运行规律。功能性城乡一体化的技术外溢和部门扩张使城乡自然融合,人为的(市场)障碍无疑会阻碍着规模利益的形成,影响市场蛋糕的做大。所以,促进农民就近城镇产业拉动的经营活动也会为农民融入市场提供新的契机,创新更多样化的直接或间接渠道。

三、渠道选择的"支点"问题

始终要清楚的是,无论是直接参与渠道还是间接参与渠道,农民是要着眼于市场融入的,只是根据与自己相关的主客观条件,选择不同的融入方式罢了。但从本研究的目的,和政府宏观经济管理的层面上讲,在农民选择直接或间接参与渠道之前,只有充分认识和突出解决三个方面的"支点"问题,才能真正解决农民通过这些渠道有价值地融入市场。因为渠道并不是明明白白摆在那个地方,也不像一条直行的道路很轻松地就可以从头走到尾,除了每个渠道自身具有的特征,在总体宏观的渠道把握上,至少目前还不足以让农民主动地、有足够的能力去辨识并进行有效抉择。

(一)渠道的合力推进

除了农民的主动作为,相关机构的拉动和政府的引导是必须的。毕竟,目前的情势是,农民的眼界还没有那么开阔,其获得市场信息的能力还没有那么充分,即使是通过当初选定的渠道着手市场参与,其对相应渠道的把控能力还没有那么强大,因此需要成熟的、已经市场化了的主体。如农业企业和专业或综合性合作社等,和调节机构(如政府)加以合力推进。前者既是吸引其加入的引力,也是推动其多样化市场选择的推力;后者是创造条件,给予扶植保障,拉动其融入的拉力,推动农民对渠道的判断、选择与融入,甚至包括后期获取相关的帮助与支持。这一点,在后面"战略钻石"模型关于"力"的分析中也有所体现。

(二)渠道的产业专注性

农民选择渠道融入市场最终是要推进产业发展和收入增长的,是要在市场化进程中进一步促进农业产业发展,在农业产业化发展中推进农业的市场化,吸收更多的农民融入,解决农民浅就业和低收入、农产品低弹性和单一功能、农业弱质性和低吸引力等问题。因此,无论是直接渠道的选择,还是间接渠道的选择,一定是在国家认准了的、并经充分论证认为合适的产业化发展战略和农业产业结构调整下,促进合适渠道的选择,这必然也需要考虑农民自身的人力资源特性。当然,在国家宏观调控下,市场本身有其内在机制推动农民做出选择,只是两者的结合在一定程度上会降低选择的机会成本、交易成本和时间成本而已。总之,渠道选择是要锚准产业发展的,要有产业专注性,因而每一个渠道都或多或少、或直接或间接地与农业产业发展项目相关联。

(三)渠道的自身建设与完善

从上面直接或间接渠道的描述和分析看,目前有些渠道(甚至每个渠道)并不尽成熟和完善,无论是在内容上,还是在形式上,都会掣肘农民的认识判断及其选择。因此,不管是农民自身,还是通过外部机构包括政府的支持,这些渠道都是要在农民的市场融入中加以不断完善和发展的。只有这样,农民的市场融入才会越来越具有渠道上的多样性,从而增加其选择上的可能性和有效性;其市场融入的程度也才会越来越深入,从而促进其更加具有产业化的价值。当然,这种建设与完善也应该是系统性的,除了每一个渠道的产业和市场价值的挖掘,还需要在农业产业化发展道路上系统性地修复各渠道的连接纽带,拟定并最终评判这些渠道的共同目标,以及分析各渠道选择在农业劳动力结构上的分布情况,以便最终更好地促进农民最大程度地市场参与。

从上面这些"支点"问题看,政府作用不可或缺。

第三节 农民市场参与渠道构建的机制设计

基于对上述农民能以参与的直接或间接渠道的分析,农民市场参与渠道构建的机制设计必然要考虑渠道得以存在的时空结构,以确保其中的每一个生产要素(这里主要指农业劳动力)能够无缝地衔接、或者说嫁接到这个结构上去。

一、机制设计的基本出发点

上面已经概括性地点到了这个出发点,就是要确保每个生产要素,特别是农业劳动力能有效地嫁接到市场参与渠道赖以存在的时空结构上去。

(一)考虑纵向的动态发展

渠道架构的时空结构在时间上尊崇产业发展的动态规律,从而推进渠道质的升华和发展。例如,市场参与的渠道构建机制要有利于:在产业发展中根据新业态的出现,不断创新合作社的发展模式;在农业发展项目实施中,不断变革农民参与的方式方法和手段；在创新市场形式中，不断提升"三产"融合下农民"外贸"的动能，等等。这样，"三圈""三化"战略才会有深厚的内涵基础，才能在发展中不断增添新的内容，进而使其拥有持久生命力。新的电商服务平台向农村的深入推进就是一种具体的市场拉动形式，也为农民提供了一种新的市场融入方式，也是农民"市"民化的真正体现。前期基于农民纯收入拉动的电信网络等基础设施建设，也是一种前瞻性的投入，考虑了农村动态的市场发展潜力，反过来又促进了农村市场的繁荣，这只是其一。当然，农村的市场渠道和市场形式还有很多需要不断完善和动态跟进的地方，这便是其二。此乃基本出发点之一。

（二）考虑横向的空间覆盖

全国一盘棋。促进农民的市场参与，不只是推进某个村的农民的鸡鸭蛋买卖，而是构建机制，推动所有农民，特别是农村劳动力的市场参与与融入。因此，在渠道构建机制的空间上的考虑，需要体现产业发展项目具体承接载体的地理区位特性，有利于分门别类充分利用各地的资源要素和市场，当然尤其要重点关注那些在地理区位上能够连接成片的市场。例如，"桥岛"参与模式下，如何让全国五大区域战略（一带一路、京津冀协同发展、长江经济带、长三角区域一体化和粤港澳大湾区发展①）下的农民的市场参与得到更加充分的体现，从而更加有利于这些战略下五大区域产业结构的进一步完善和空间布局的进一步优化。这只是其一，其二是要结合新型城镇化建设，推动以小城镇为基础的城镇化产业融合参与模式的发展（参见第四章相关内容），这是本研究的重点及推崇之处。当然还有其三，不应忽略以乡村市场调剂为基础的乡集参与模式。这都是作为渠道构建机制设计的第二个基本出发点。

（三）考虑经纬结合的"点"的特性

生产要素在时间上发生的质的变化及其位移特性，反映并将凸显出其市场优化配置的过程和效率，正如前面提到要考虑各渠道选择在农业劳动力结构上的分布情况那样，经纬交错的各个渠道节点融入了这些活跃要素的"革命性""创新性"的特征，培育、挖掘和发挥他们的创造力，是维系和推动渠道发展的关键。例如，结合一些地方民族文化的元素，开发民族文化产品，不仅可以创造出更多的文化产业价值，还可以进一步在推动农民市场参与的进程中，促进地方民族文化的传承，反过来将进一步激发农民市场参与的热情。再如，利用"教育培训"这一杠

---

①　甚至包括与这些战略相关的上海自贸区和海南自贸港的建设，从而如何在农业国际化和农产品竞争力提升进程中，推进农民在产业结构升级下的市场参与，也是大区位"桥岛"建设考虑的应有元素。

杆,挖掘新型职业农民"新"的特征,自助性地推进渠道的建立和拓展,甚至还可以拉动 N 代新农民"强连接"的代际交流,和"弱链接"社会关系①下的对外合作,促进渠道的内涵深化和外延扩张。总之,渠道构建要考虑节点要素质和量的特性。

因此,在战略上构建这些渠道并形成体系,主要依赖于推进农民在市场中得以真正融入的三大机制的设计:一是"三农"发展的参与主体合作机制;二是以地域为基础的城乡产业融合发展机制;三是以地域为基础的点轴辐射带动机制。

二、市场参与主体的合作推进机制

这一机制是"农民—农业组织—政府"三方合作机制。这一机制让市场的力量和政府的职能相互融合,促进生产要素和微观市场主体的自我市场认知、自我市场融入和自我市场开拓。

(一)政府的引导

这一机制中,政府的角色相当重要,一方面要提供"三农"发展的相关服务,另一方面还要进行战略设计、力量整合和市场引导。战略设计突出发展方向;力量整合突出中国特色"三农"国情的大国集体动员能力;市场引导突出"三农"发展功能性服务的行政支撑。它构成了渠道推动的起点。没有这样的起点,渠道无法有效建立,即使建立,基于农业的产业特性,其相关资源也不可能大量融入这些渠道,其渠道价值也会大打折扣。

事实上,中共中央自 1982 年至 2020 年以来颁布的 22 个以"三农"为主题的中央"一号文件",无论在实行联产承包责任制、粮食保护价、"万村千乡市场工程""家电下乡"、专业合作社和家庭农场等方面的支持和补贴政策,还是在大幅度增强对农村道路、水利、科技等基础设施等方面的投入,甚或在加强基层组织建设、公共服务、乡村治理等方面,都在不断改善农村的生产、生活条件,努力调动农民的生产积极性,进一步调整城乡利益分配关系,并以利益诱导农民参与市场竞争,对促进农民融入市场,进而增加农民收入,确实产生了巨大的推动作用。政府仍应围绕"八亿多农民、近五亿农村劳动力"这一主体,继续加大对农民市场参与的支持力度,促进"三农""三化"建设。

就市场参与渠道建立本身而言,除了给予政策和财力支持外,政府还有另外一个基础性工作,即对主体融入渠道的"精神"支持,获得某种程度的"官方""许可",那就是依法依规认可农业组织在资源配置中的资质,包括认可法人农企的参与范围、形式和可以动用的资源和力量等;认可农业合作社在农村组织架构(进而

---

① 关于"社会关系"的说明可参见第三章第一节相关内容。

内控机构建立)中的合法地位、生产经营活动市场资源配置利用的资质、对外经济合作交往的身份、农业产业利益分配中的角色等;认可家庭农场的农业产业化地位,土地综合利用的集约生产优势,劳动力整合的有效性(无需限制非家庭成员人数和比例)),以及多品种、宽地域、多时段经营分布下的单一规模经济优势。这些毫无疑问都是渠道建立(从而后面提到的产城融合、"三圈""三化"机制)最重要的基础。

(二)组织的推动

基于政府方向和目标的设计,以及财政金融的支持,农业合作社和农业企业的组织推动,是最有能力在促进市场建设和完善方面,诱发农民市场意识和吸纳农民融入市场的。正如前面所说,农业组织尤其是农业龙头企业,它一头联系市场,一头联系农户;一方面拥有比较稳定的销售渠道和一批比较稳定的生产基地,另一方面还可以适时把市场信息、适用技术和管理经验传授给农户;在促进分散农户经营与大市场连接的同时,还促进了农业完整产业价值链的形成;它不仅"身体力行"地授人以"鱼",还在生产实践活动中不断授之以"渔"。同样,农业合作社以农户经营为基础的合作本身就是走向市场第一步,它聚分散经营为联合管理,共享资金、技术、农资采购等产前服务,按市场需求有计划引导生产、加工和销售,避免生产经营的盲目性和随意性,降低自然和市场风险,实现小生产与大市场的顺利对接,抱团"取暖"闯市场,增进彼此间的利益。

经济组织的经营活动是最有能力形成产业体系的,从而也是最有能力利用资源、吸收劳动就业和促进产业结构优化的。在这一过程中,经济组织不但可以自主建立农民可以融入市场的渠道,还可以拉动渠道的形成,并促进渠道间的贯通和融合。例如,特色经营/自主创业——经济组织——农产品市场(超市/农贸市场/电子商务);农民要素市场运作(入股/出租/转包)——经济组织(PPP项目的核心主体)——政府(农业项目的风险分散)等。这些过程也包含了市场参与从采购、生产、物流、销售到最终消费服务的所有环节。所以,经济组织的推动对农民市场参与渠道的建立,作用是相当巨大的。

从政府层面讲,农业经济组织对经济活动的管理、控制、监督及其政策的执行是相对更有效率的,尤其是在"三农"这样一个相对较有广度、宽度和深度的经济活动促进和利益形成与分配中,更需要组织的力量去集中推动,从而在创造效率的同时获得一定程度的规模收益,这反过来对渠道的维护也有一定激励作用。例如,无论是合作社、农业企业,还是家庭农场,他们都有动力去推动整合农民的特色经营,以及劳动力流动下的土地流转、物流运输等农业生产要素的综合利用和多种经营形式的建立。

（三）农民的"解放"

一是思想认识的解放，这是促进农民市场参与的最根本性的问题。对农业合作社及其融入的思想认识、对外部市场力量介入的思想认识、对农业生产要素市场化整合（如土地流转、要素入股、劳动力流动等）的思想认识，等等。这些认识搞清楚了，农民自然就会主动去辨识那些渠道，进而进行选择性加入。当然，通过渠道和市场参与促进机制的建立，反过来也会刺激农民思想认识的进一步解放。

二是能力的解放，就是要把农民的生产力解放出来。没有生产力的解放，市场参与渠道构建机制建立的意义就会大大降低，因为建立渠道就是要让农民的生产力有路子释放出来，当然有了生产力也需要相应的渠道让其充分释放。如果农民没有相应的生产力，这些渠道就是一个空架子，就像生命机体有骨骼而没有血肉。

农民能力或者生产力的解放，可以通过两个途径来实现，一是主动出击，争取机会和资源，获取能力解放，如自我学习充电；二是通过接受外部力量实施能力解放，这种途径又分为两种情况，一种是在市场参与渠道中边干边学（学技能、学技巧、学实务、学应用），另一种是暂时脱离渠道，接受专门培训机构（如相应高等专科院校）在思想、认识和理论等方面的素质训练与拓展。

这一机制的基本结构如图6-1所示，图中正向箭头形成农民市场参与渠道构建的正向推动；反向箭头形成市场提升、产业成长和收入增进的反向回馈和市场参与渠道的进一步完善。可以看出，政府是起点，首先要从它那里获得"三农"政策和财政金融支持；落脚点是农民（更广意义是"三农"），是通过推进农民的市场参与，来获得"三农""三化"发展；农业组织（农业合作社、家庭农场、农业企业）是最核心的市场推动力量和农民可以强有力开展市场融入的渠道，其他的渠道都是三方共同推进，如PPP项目；农民单方主力构建，另两方战略支持，如农民的专业

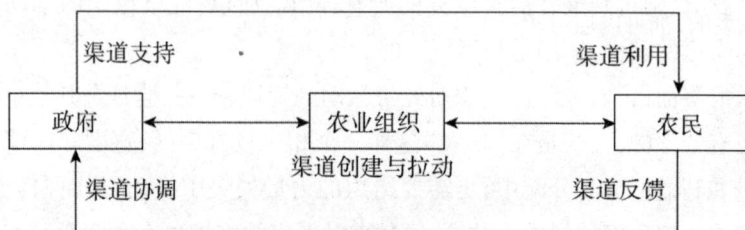

渠道支持　　　　　　　　　　　　　　　　　　　　　渠道利用

政府　⟷　农业组织　⟷　农民

渠道协调　　　　　渠道创建与拉动　　　　　渠道反馈

图6-1　农民市场参与渠道构建的主体合作机制

化创业和多样化特色经营;或者政府、农业组织主力推建,吸纳农民融入,如农产品超市、农贸市场、农业电子商务等。所以这一机制是依靠三方勠力合作来维持的。具体还可以参见第四章第二节相关内容。

三、以地域为基础的:城乡产业融合发展机制

这一机制是以新型城镇化带动农业及相关产业发展,促进城乡、特别是小城镇及近郊"三圈""三化"发展的机制。它结合中国"三农"现实国情,促进"三农"发展合作参与主体,在区域战略和产业战略上的融入,是上一机制在新型城镇化发展背景下一定程度的位移,是把"三农"放在一个更大的发展框架和研究视野下,来促进农民的市场参与的。将农业市场与城镇相连,不仅仅是扩大了农业市场,更是深度融合了城乡发展,并促进三产价值链上的利益创造。

第四章第二节、第三节已经详细描述了新型城镇化背景下"三农""三圈""三化"的农民市场参与模式。在这些参与模式下,农民参与和融入市场的直接渠道和间接渠道都可以被充分挖掘,并将其充分利用。例如,以小城镇为基础的城镇化产业融合参与模式可以促进间接渠道中就近城镇产业拉动的经营活动,以及"离土不离乡"的就进非农企业务工,甚或链接合作社、农业企业、家庭农场、非农乡镇企业后续的商务拓展活动。另外,直接渠道中的特色经营活动、农产品超市、农贸市场、农业电子商务完全可以围绕城镇居民和企事业单位需求开展相关服务促进活动。而在市场和产业向小城镇上移(位移)的过程,由于需要产业衔接、资源对接、空间连接,政府需要在其中充分发挥服务功能,做好城乡三产战略的合理设计与布局,包括 PPP 项目的开发等。

以大城市近郊为基础的产业桥岛参与模式可以成为与大城市产业(不是农业或小城镇工业)衔接并向大城市输送农产品以及向乡村输送农资、技术和科研人才的集散地,它需要农业企业推动,也可以形成大型农贸市场,甚至成为新型职业农民训练和人力资本储备(包括返乡大学生利用)的基地。可以这样说,凡是大城市能与农业发生联系的,都可以通过相应的渠道促进"桥岛"的建立,增进农民的市场参与。

以乡村市场调剂为基础的乡集参与模式结合新农村建设和乡村振兴战略,培养农村市场经营管理人才,发展并利用乡村集贸市场,进而建立次级①的农业生产要素和农产品的集散地,激活农村市场。在这一层面上,农民合作组织可以直接发挥主力作用,家庭农场可以直接发挥助推作用,农业企业也可以整合自主创

---

① 针对桥岛模式下建立向大城市输送农产品以及向乡村输送农资、技术和科研人才的集散地而言。

业和特色经营,通过集贸市场和集散地,对外加强商业联通,形成规模经济优势。

很明显,这一以地域为基础的城乡产业融合发展机制(见图6-2)仍然需要政府发挥重要作用,其职能也要扩展位移到围绕小城镇战略和产城融合战略的、促进乡村市场拓展和农民市场参与的服务上去,甚至包括加强道路桥梁、网络平台和公共服务等建设,同时需要加强区域战略上的城乡接合部的组织协作,加强产业间的协调与融合,拉动乡村市场向外(向小城镇,甚至向"桥岛")拓展。

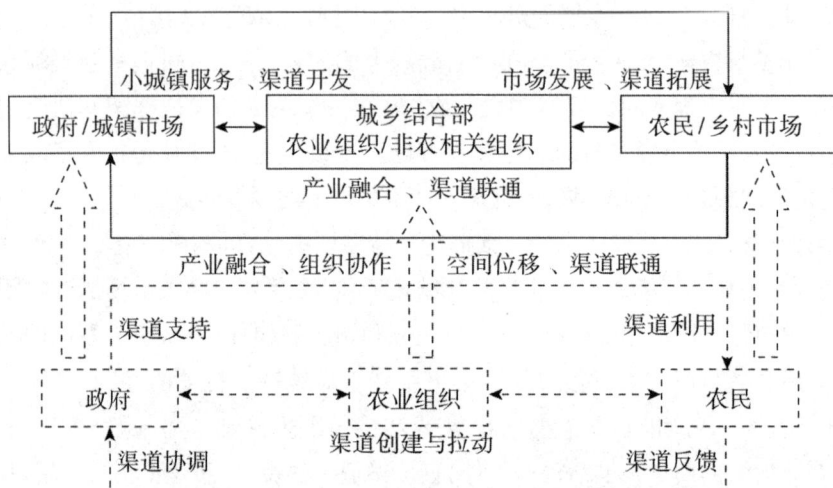

图6-2 以地域为基础的城乡产业融合发展机制

四、以空间为基础的:点轴辐射带动机制

一是基于传统地理空间下的"点轴"辐射带动机制。

围绕中心城市这个"点",利用交通、通信干线和能源、水源通道等基础设施形成的"轴",开拓服务业和工业带动下的农业市场渠道的构建和拓展,轴线附近区域有很强的经济吸引力和凝聚力,形成对产品、信息、技术、人员、金融等物质和非物质要素的扩散和辐射作用,形成新的生产力,推动区域经济社会发展。

在新型城镇化建设下,这样的中心城市(非指大城市)能够在一定空间范围内,把产业部门相对集中而得到优先增长,同时吸纳周围的生产要素,首先使自身日益壮大,并使周围的区域(主要指"三圈"中的"中圈",从而在"中圈"意义上的"外圈")成为极化区域,当城镇化和这种极化作用相互影响,使"点"上的能量达到一定程度后,就会向周围地区扩散,整合"中圈"和"外圈"的生产要素。农业生产要素将在这个经济大循环和点轴辐射中得到进一步整合,农业劳动力也不例外。这种扩散和辐射实际上就是渠道构建的表现，只是在本研究中如果辐射效应扩散至农业产业，那么农民市场参与的渠道就自然而然得到建立。当然辐射过程中起主导作用的、具有方向性和支配意义的产业，与农业之间自然联系的强弱程度，也决定了渠道建立的质量高低。

"点""轴"空间渠道构建机制，突出体现了两大特点：（1）基础设施的基础性作用，跨地区承载特征和产业间的普遍关联性；（2）经济系统内部生产要素内在的自我集聚特性，形成了滚雪球效应，带动和激发关联生产要素的生产活力。而推动或者说加速自我集聚的那个"点"，就需要政府充分考虑"点"上的产业关联度、产业或产品优势、市场优势、基础设施可能的覆盖面，周边资源开发基地、产品生产流通与劳动力基地的特征和结构状况等，以进一步增强其辐射效应，以及对"三农"发展的拉动作用。

二是基于现代网络空间下的"点轴"辐射带动机制。

在网络信息技术发展下，各种平台的建立，已越来越多地积聚了人们生产生活空间里的物质和非物质资源，促进了线上线下渠道的衔接。现实生活中，各种平台"点"所爆发的力量是巨大的，各个信息流、资金流、产品流、服务流形成的"轴线"拉动了越来越多的"闲置"资源，而且这种空间上的辐射渗透远比第一种来得快而深，在笔者看来其跟"三农"发展的关联，会因"三农"固有"物质"形态下的弱、差、乱，而有更多的提升空间，使其关联变得越来越紧密，平台"非物质"特性则可以促进这一关联，成为改变"弱、差、乱"的支点，将弱质"三农"动态发展中的"优点"和"强项"迅速地、越来越多地展现出来，为农民构建出更多的新的市场参与渠道。

随着农村人均纯收入的不断提高，促进信息平台利用的工具也越来越多，电视、电脑、手机、网络等已越来越成为农民尤其是新农民的日常所需，微信、支付宝等的运用也日趋娴熟，除了直接的生产销售类市场参与平台外，各种间接的教育培训和政策传递类平台的应用也愈加广泛。至少，从这类"点轴"辐射下的渠道构建的机制条件已基本成熟，可以考虑信息高速公路在农村更广泛地推广建设，特别是在农业资源丰富、农业产出比重较大的省份，以及产业联系紧密和特色农业发达的地区的建设。

前面提到的全国五大区域战略（一带一路、京津冀协同发展、长江经济带、长三角区域一体化和粤港澳大湾区发展），甚至包括成渝地区、西安—咸阳—宝鸡地区，以及其他"二线""三线"城市和地区等，完全可以利用其相对发达的基础设施条件、信息化网络和一定程度的金融信息服务扩散，加之共同实现技术的创新和变革，协调战略资源，转变传统的点轴发展，充分开展网络式、平台式和区块式推进,促进区域发展与合作,完全可以拉动农业市场化、产业化和现代化的进程,促进农民通过不同形式的渠道参与与融入市场。

随着这种网络式、平台式和区块式发展模式的运用,一些中西部地区也可以借东部经济圈的发展力量实现自己的外围突破和地域扩展,如可以在国家交通、能源大动脉基础设施建设基础上实现"一"线发展向"非"字网络发展的转变,赋予"点""轴"新的内涵和形式,依托项目建设促进信息和交通基础设施网络化发展,增强生产要素鲜明的竞争和互补特性,产业结构升级进程中的产业相互关联特性,以及地区经济发展中的经济的、人文的和自然的生态平衡可持续发展特性。

第七章

促进农民市场参与能力提升的政府政策设计

前面已经多次提到政府在促进农民市场参与及其能力提升中的作用,无论从加强基础设施建设,改善市场参与环境,还是提供政策支持,加强市场参与渠道建设,甚或完善 PPP 项目设计与实施,促进公私伙伴关系发展,以及具体到农民市场开拓中的公共服务提供,政府都可以有所作为。

第一节　农民市场参与的政府角色研究

毫无疑问,农民的市场参与关乎"三农"发展,"三农"发展需要政府发挥极其重要的作用。而"三农"中"农村"靠的是城乡结合一盘棋,区域战略需要政府;"农业"靠的是产业互动下的市场力,市场培育需要政府;"农民"靠的是组织支持,其"伙伴关系"需要政府。

一、宏观战略制订者

政府必须在战略上布局"三农"在全国宏观经济发展中的地位。

首先,国家应从农业的历史发展、农业生产要素及其产业的地理分布,城乡间、产业间的市场融合与推进、国家间竞争力的比较及其竞争优势的挖掘等方面设计"三农"发展战略,促进农民的市场参与。

农业的历史发展,从"历史维度"体现战略基于"三农"发展本身过往的问题、发展中的缺失、失败的教训和成功的经验,基于国家宏观政策的不断调适、不断纠偏和不断完善,甚至基于人们对"三农"认识的历史性改变。

农业生产要素的流动和产业的区域演进,从"科学维度"体现生产、市场和产业发展的客观规律,体现投入—产出关系的作用原理,体现要素(包括土地、资本、劳动力、信息、技术等)变动,市场变动,产业变动以及要素—市场—产业互相作用的关系,体现系统内与系统外的要素、市场和产业关联的基本机制。

　　城乡间、产业间甚至政府与国民（包括个人与组织）间、国家间的市场或者利益竞争涉及经济活动"主体"力量的相互作用及其博弈的过程，既是"科学角度"也是"艺术角度"展现了"平衡"之美，一旦打破平衡，必须权衡达到一个新的平衡前所要付出的代价，各主体的利益变化及相应的反作用力，以及政府如何重新诠释新的"平衡"之美。

　　虽然研究对象是"三农"、是要素、市场和产业，甚至包括政府，但最核心的是人的发展，因为人是生产力系统中最能动、最活跃的因素，所以必须对其（这里指农民或者农业劳动力）市场行为加以重点研究，这里笔者阐释的就是农民的市场参与与融入及其能力的提升。我们还可以从"只要社会还没有围绕着劳动这个太阳旋转，它就绝不可能达到平衡"[1]"劳动一被解放，大家都会变成工人，于是生产劳动就不再是某一个阶级的属性了"[2]等马克思的经典论述中，仍能进一步从"哲学维度"[3]发掘现代农业"劳动"和农村"劳动力"在"三农"事业和国民经济发展中的核心地位及其价值，从而制定相应在区域、产业、利益等方面体现"共生、共融、共享"的农民市场参与促进战略。

　　把上述思想放到一个战略钻石的设计中，可以看出政府应该发挥的作用和扮演的角色，如图7-1所示。

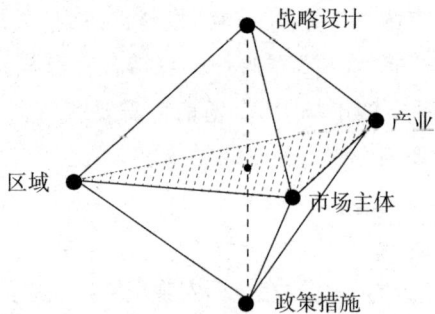

图7-1　农民市场参与促进的战略钻石

---

①　马克思.揭露科伦共产党人案件：第二版跋[M]//马克思，恩格斯.马克思恩格斯全集：第18卷.北京：人民出版社，1964：627.在马克思看来，劳动是社会的太阳。因此，推动劳动关系的和谐共生，是一个永恒的研究课题，永远都有进一步研究的可能性，笔者注。

②　马克思.法兰西内战二稿[M]//马克思，恩格斯.马恩列斯论巴黎公社.北京：人民出版社，1971：198.劳动在特定的社会生产方式下进行，尽管其生产成果的使用价值没有阶级性，但其实现到达最终消费的过程也存在着特定的社会分配关系，因此更需要将劳动放在现实的社会中研究，笔者注。

③　系统把握生产力与生产关系、人与自然（物、环境）、系统内外、时空推演之间相互作用、相互影响的辩证关系。

图 7-1 中,政府的角色发挥贯穿战略与措施之间的作用张力,其中战略必须总揽全局,要高屋建瓴,同时政策要具体细致,便于操作实施,这样战略与措施之间作用于区域、产业和市场主体板块的张力(类似拉线飞轮的拉力)才会更大(纵向单项措施要有力度),战略钻石下的主体板块三脚架才会更稳,一旦战略高度下降,措施浮夸,中间基于地理区域、生产要素和市场主体、产业结构(横向"平台")的农民市场参与促进行为就会显得有些摇摆,可能随意而为。这也是战略力量的"艺术性"解释。

基于此,可以将前面有关促进农民市场参与的战略做一归纳(在此不再做过多延伸)。

(1)基于"人力资本"积累的"人"型战略:以系统内新型职业农民(包括种养殖能手、返乡创业农民工)和系统外大学生毕业返乡为主要农业人力资本资源为基础,围绕市场,开发适合地理区位、农业资源、当地市场和产业发展特性的农业发展项目,以"人"为本位,促进其市场参与和拓展能力提升。

(2)基于市场参与主体合作的逆"公私伙伴关系(PPP)"战略:在转变政府职能的过程,促进农民市场参与需要政府干预内生化的伙伴关系下的政府作为,加强农业市场一体化的能动要素主体、以具有资源和市场及产业特征的项目实施者、制度及其利益的协调者三方协作关系。伙伴关系安排旨在达成一种类似纵向的合约,在解决市场失灵和促进农业市场一体化的过程中,推动"三农"资源的优化整合,并使不断融入的政府关系发挥其内生经济增长和社会协调发展的能力。

(3)基于新型城镇化城乡关系演进、体现区域、要素、市场和产业特性的"三圈""三化"战略:以上述两大战略为基础,推动农民、农业组织和政府三方伙伴关系发展,促进城镇服务、城郊工业和外围现代农业的"三圈"衔接,实现农业产业化、农村城镇(功能)化和农民"市"民化"三化"融合可持续发展。

二、政策工具创建者

正如前面战略钻石模型所描述的,政府必须在各种政策的实施方面,创建支持和促进农民市场参与的政策工具和实施手段。

在战略钻石上,一方面,每条纵向的线条上要有促使市场主体、产业和区域各自有推动农民市场参与的具体政策工具和手段;另一方面,政府要横向地促成他们三者之间的融合和相互支撑,构建农民市场参与相互促进的机制。整体上,政府要在战略钻石上促成"三农"和宏观经济的协调发展。

所以政府在政策设计上,需要考虑:(1)基于市场主体,农民要有可以利用的工具和手段。例如,如何得以提升农民自身市场参与的素质,农民如何能有效地利用现有和可以获得的各种生产要素,如何促进市场主体之间的沟通、协调与联合,以避免弱质性障碍影响市场利益的获取,等等。(2)基于产业,政府如何让农民在市场中真正有效地利用市场工具促使产业资源的优化配置,如何促使其农业产业资本的可持续积累,如何促使产业间的有效融合,以推动宏观经济的协调发展,等等。(3)基于区域,政府在综合判断不同区域资源特征的基础上,如何让农民利用其政策工具就近融入地方的区域发展战略,如何在资源和市场联通基础上促进农民融入城乡和产城融合发展之中,如何在东中西部或南北部地区体现农民有价值的产业经营特色,等等。

同样,基于战略钻石的横向"平台",政府应提供有促使正如前面提到基于地域资源、市场主体和产业特征的三方融合关系的工具和手段。例如,可以通过具体政策工具把农业逆 PPP 项目嫁接到"三圈""三化"战略上去,然后在产业间通过具体政策工具,支持类似"工业反哺农业"的战略,促进产业融合与协调发展。

三、适时服务提供者

政府在职能发挥上,必须做好农民市场参与的各项服务工作。在促进农民市场参与的具体服务方面,主要体现在三个维度上的支持:市场参与前、中、后的支持。

事前支持如新生代农民(工)的传接,农民创业、务工、经营前的政策传达、信息支持、企业联络等服务;事中支持主要是问题解决,比如农业技术的运用问题,项目实施中的工商税务卫生检疫等问题;事后支持主要是有利于促进农民市场参与的问题反馈,资源、市场、产业再调研,政策调整传达等。

当然,"战略制订""政策工具创建"本身也是服务,但这里需要政府适时提供的服务,需要贴近百姓,贴近农民,贴近农民具体经营活动的实践过程,或者说要具体调动地方政府官员和职员的职能发挥,下到基层和村庄,不能高高在上,让农民叫"天""天"不应,叫"地""地"不灵。政府的角色就是要"灵""应"(再一个意思:既要预知,还要应验)。

政府提供适时服务,并不是要政府从事具体的生产经营活动,而是对农民的经营活动通过及时的、适当的服务提供加以市场引导,或者给予必要的条件保障,比如农资及农产品市场信息提供,基本的仓储物流、农田水利建设支持,为农民提供组织化建设支持,人力资本积累特别是新型职业化农民队伍建设服务,农业项目及其就业信息提供,提供即时的金融信贷保险服务及其市场培育,组织专家开展农技(包括农业生产技术、信息网络、相关 App 及无人机等运用)指导服务,政府政策宣讲及其工具措施信息提供,市场秩序整顿及其争端解决,等等。除了上述这些生产要素服务、信息物流服务、条件保障服务、政策支持服务、问题争端解决服务外,政府自身服务"三农"的能力建设,也是其重要内容之一。通过交流和学习,加强服务型政府的能力建设,是政府角色扮演和功能发挥的重要内涵。

第二节 农民市场参与的促进机制

政府在明确了自身所应扮演的角色后,需要建立相应的机制来促进和保障农民的市场参与,提升农民市场参与的能力和水平,促进"三农"发展,以及区域和产业等相关战略的实现。

机制建立需要考虑些什么? 需要考虑参与主体和作用对象,需要考虑关键的作用"力"点,需要考虑执行过程及其效果,需要考虑国家层面的总体协调,因此笔者提出需要建立以下五大机制,来确保和促进前面分析中有关农民市场参与和"三农"发展相关问题的解决、相关战略的实现、相关作用的发挥。

一、促进市场参与的机制论

"机制"在英文中称"mechanism",意即部件、元件或零件的逻辑组合,及其借助相关的能量和信息流,促使机器、过程或系统能够达到预期的结果。其实,任何一件事情和一个项目,都是一部期望良好运转的机器(因而首先期望它的各个元器件都是良好的,并且应该存在于机器架构中它应该存在的位置,不能错位,也不能脱落),都将反映出一个有其内在运行规律的过程(因此连接各部件的轴承至关重要,相应的机油和润滑油必不可少),也都存在一个能够框定其边界的内在系统,以区别于系统外部的元素(从而它有其自身合适的运行环境,甚至有时还要在与外部发生的各种联系中,承受得住各种外部环境因素变化的干扰)。

物理学、工程科学在研究如蒸汽机的自动调节时,较早涉及"机制"概念,20世纪控制论对反馈机制所做的一般研究,认为诸如物理学、工程科学中的恒温器、稳压器、飞机自动驾驶等自动机具有的自调节、自平衡、自追踪、目的性等性能,都与反馈机制有关,因而随后也都纳入或拓展出了相关学科的"机制"研究。后来在人文社会科学领域，亚当·斯密的"市场机制"用一只"看不见的手"作用于供求这两个相互影响的力量，并在一定条件（完全竞争）下，通过自组织，获得均衡的经济效率状态。这是一个非常"理想"的结果。

关于本研究中"机制"的提出，首先基于那些存在问题并需要迫切解决但又难以解决的事项，需要分门别类的要素和机构有计划、按步骤、分阶段协同推进。因此，本研究在"三农"问题解决的农民市场参与促进上，提出了机制论（包括前面农民市场参与渠道构建机制设计的内容，这里只是从更综合、更宏观上考虑农民市场参与促进的问题）。

设计合理的"机制"，是要让事项的执行者能够十分清晰地知道，确保事项的解决所必须触及的三个问题，即该事项：（1）如何推进？（2）如何有效推进？（3）如何可持续推进？让人知道"如何推进"，确保执行的每个阶段都要行之有"物"，有着力点，有推手，有抓手；让人知道"如何有效推进"，确保每个阶段能有效衔接，每个分项能达预期，各期前后的规划与反馈都能适时跟进，最终让参与者及关系人都受益于此；让人知道"如何可持续推进"，确保事项的完成可以复制推广，有广泛的社会经济效应，这样，总的决策才能得到拥护，从而产生更广泛的宏观经济管理决策的外部效应。

就"三农"问题，特别是农民的市场参与问题而言，在一个产业面临诸多弱质劣势从而必须进行复杂的创新变革，三产关系在要素、市场和地域层面呈现层叠交织、错综复杂的局面下，必须通过设计一定的、稳健的机制，提升市场主体要素—农民（特别是农业劳动力）的市场参与能力，发挥其主观能动性、创造力和开拓精神，增强自我造血功能，借新型城镇化建设和城乡产业融合发展之势，培养新型职业农民在生态优美的农村建设现代化的农业。

二、"五大机制"一体化推进

基于上述"机制论"的说明，本研究着重阐释以下"五大机制"，来一体化推进农民的市场参与，以便下一步确定相关政策，推动包括农民市场参与能力提升等"三农"相关问题的解决。

（一）人—财—物保障机制

政府要厘清农民市场参与和"三农"发展中可以调动的政府资源，分析短板，找准缺口，促进政府层面人、财、物能以切实保障对"三农"发展和农民市场参与的支持，并尽可能吸引和拉动私人部门人、财、物在"三农"发展中的边际投入和有效利用。

从政府的层面上讲,这里的"人",主要是指是否有相应的农业技术专家指导,是否有农业项目开发专家指导,是否有政府层面的"三农"人才培训专家,是否有政策宣讲、信息发布团队,是否有相应人员追踪政策执行。诸如此类,尽可能机制性地促进私人部门对"人"自身有一个很好的、在农业领域的职业安排和发展规划,并尽可能吸收大学毕业生志愿投入到"三农"的建设中,并进一步成就新型职业农民、农业种植能手、致富带头人和农业企业家的发展。在"财"方面,政府应考虑在税收、财政、信贷、保险等多个方面与农民的创业、农业项目的开发、农业专业合作组织的功能发挥、农民—农业合作组织—农业企业的协作相匹配。甚至还包括建立利益合理分配的监督机制,尽管政府不直接干预利益分配,但利益直接关系农业资本的积累和"三农"的可持续发展,必要时还可以建立利益分配的财政协调和缓冲基金。在"物"的方面,政府要解决前面第三章中分析的、那些影响农民市场参与和"三农"发展的因素,结合"三圈""三化"等战略分阶段创造保障"三农"发展的软硬件条件,特别是首先要解决生产前后生产要素和农产品在物流、信息等方面高效流通的"物"的条件,以及生产中的水电气、土地修缮、种苗试验、仓储加工等基础设施。

这一机制与农民市场参与和"三农"发展的基本生产要素及生产经营实践相关联而发挥作用,所以从政府层面讲也是最基础性的。政府可以利用"人—财—物"政策保障机制引导农民的经营方向、合作社的发展方向、农企的决策方向,增强农业资源和农业项目在农村的发展和融入。因为涉及政府具体的作用对象,特别是在"财""物"的方面,真正体现其服务功能,这一机制必须明确各个环节和作用点的权责利,确保产权明晰,责任到位,利益创造与分配合法合理。无论是农民家户的,还是集体或政府的,只有明确了产权,才能确定利益归属,形成市场促进和项目发展的动力。

（二）计划—行动—反馈运行机制

政府应根据各地资源禀赋和市场、产业发展的实际情况,切实制订好"五年规划",并落实到具体的行动计划之中。加大规划和计划的执行监督力度,务实地设计反馈闭环和矫正机制,以进一步提高计划制订的质量,解决执行过程的问题从而提高行动执行的有效性(包括产前、产中、产后农民市场参与程度的提升),及"三农"发展的利益增进。

无论是农村变革和农业项目的开发创新,都应有一个良好的反馈运行机制来检验这些变革和创新的实际效果，这也是"机制"的应有之义。2015 年中央扶贫开发工作会议上，习近平总书记首次提及"三变"改革，即"资源变资产，资金变股金，农民变股民"①。但在充分保障资源利用的过程中，我们要思考的前置问题是能不能"变"过去，怎么"变"过去，"变"过去后能不能有效利用，归根结底还是要结合地缘、要素、市场和产业的特性，开发合适的"三农"发展项目，增进边际利益，反过来促进相互间的要素利用、市场联通和产业互补。否则，没人会去"变"。所以，2017 年 2 月 5 日把"三变"改革写进中央"一号文件"时指出，要从实际出发，探索发展集体经济有效途径，进一步增加群众经济收入，不断促进农业增效和农村改革发展。就像六盘水的成功经验也是以相应的种养殖产业项目开发为基础，其他地方"变"不成功的案例也不在少数。很多创新发展本身就是一个"试错"的过程，但需要有一定的机制对"错误"进行总结和矫正。

而且在"三变"改革中，虽然需要把不耕种的土地、闲置的房产、暂时不用的农机具等资源变为资产，但却首先需要思考的是这些问题：为什么不耕种？为什么会闲置？为什么暂时没用？这些问题不反馈清楚，"变"了也是白"变"。如果要"变"，"变"之前还得梳理可用资源，选准产业和项目，找到合适的承接载体（企业）②，最后变为协议的过程，这又是一种体现"伙伴关系"的安排。

（三）资金—项目—机构实施机制

长期以来，农业的生产都是小规模、碎片化和松散的形式进行，在推进现代农业发展中，促进市场化，形成规模经济，切合消费者多样化需求发展特色农业，推进农业供给侧结构性改革，需要集合零散的资源，搭建平台，心往一处想，劲往一处使。这个"平台"就是切实可行的农业发展项目，上面提到的"三变"改革在

---

① 即资源变资产：村集体以集体土地、森林、经济林、草地、荒山、滩涂、水域等自然资源性资产和房屋、建设用地（物）、基础设施等可经营性资产的使用权，通过合同或者协议方式，投资入股企业、合作社、家庭农场等经营主体，享有股份权利和股金收益分红。资金变股金：将财政资金、村集体资金及村民自有资金变股金。其中财政资金包含各级财政投入到农村的发展类、扶持类资金等（如生产发展类资金、农村设施建设类资金、生态修复和治理类资金、财政扶贫发展类资金、支持村集体发展类资金，但补贴类、救济类、应急类资金不包括在内）。在不改变资金使用性质和用途的前提下，原则上可量化为村集体或农民持有的资金，通过合同或者协议方式，量化到村集体和农户，投资入股经营主体，享有股份权利和股金收益分红。农民变股东：农民自愿以自有耕地、林地的承包经营权、住房财产权、宅基地使用权，以及资金、技术、自有大中型农机具、设施蔬菜大棚、无形资产等生产要素，通过合同或者协议方式，投资入股经营主体，享有股份权利和股金收益分红。
② 资产产权明晰，赋予了其一定的处置权和收益权，但没有合适的承接载体，资产也很难获得资产性收益。

六盘水的成功经验,就是以项目为抓手,借助好的项目推动资金资源融入,让资金有去处,让机构有着力点,而这些项目一旦发展成熟,必定要结合经济社会和产业发展的新的实际,开发新的项目,农业就是在这样不断更"新"中推动了其产业化发展。而且各地区的项目必然有它建立和开发的自身理由,于是多样化的产业发展一方面结合地方资源特征,另一方面结合需求的多样性才有它得以进一步推动的基础。

事实上,"三变"改革的经验,也包含了政府成功的角色扮演:如果基于农业发展自身的风险,(逆)PPP项目就是一个很好的发展思路,内生化的政府"干预"也有了合理的依据。在那里,它以专业合作社、农业科技与开发公司、金融机构等"平台""公司"为支点,支持产业化发展,用(逆)PPP等模式投资农村基础设施。例如道路一通,农民房屋变旅馆;自种猕猴桃卖不出好价钱,让土地入股,实行"标准化"生产,供不应求,价格即涨。这样资源就活了起来,市场也繁荣了起来,产业链也就通了起来。

在上面提到资金与项目的融合过程中,显然机构(具有一定规模化经营能力的专业合作社,家庭农场,农业企业和强大动员、协调和统筹能力的政府机构)也起到了关键的作用,这是"平台"提供和组织建设的核心力量,没有它们的推动,农业生产就是一盘散沙,农业产业化发展同样是一句空话。其实在笔者看来,(生产经营、物流销售、金融保险、技术服务等的)农民专业合作社和家庭农场是值得政府好好去推动发展的,正如前面提到的管理运行机制也好,还是与其他组织和农民的协作互动也好,在调动农业资源和组织农业生产方面本应是最接地气的。如果说第一个机制是保障性的,第二个机制是关乎决策效能的,那么这个机制就是解决具体执行和经营运作问题的。

(四)短期—中期—长期利益提升机制

"一年一鉴、五年一规划、十年一人口调查、二十年一地方志书",这就是描绘社会,书写历史,成就未来。同样,推动农民市场参与,促进"三农"发展也应有它的历史:短期靠行动,中期靠利益,长期靠眼界(半互文之辞),从而可持续地增进"三农"利益。只有这样,短期才能靠有针对性的行动获得激励的基础,突破"万事开头难"的困局;中期才能有效地基于利益,完善制度,成就"未来";长期才能通过宏观眼界,运筹帷幄,真正促进"三农"提质、增益和可持续发展。

从具体的"三农"发展实践来看,资源摸底、项目方案设计与执行、完善专业组织建设就是短期的,是现阶段必须要做的;实施项目执行反馈、要素特别是劳动力动态变化监控、利益分配追踪就是中期性的，农业人才培养、农业技术开发和产业间、地区间系统统筹规划就是长期的，基础设施建设也是一项中长期的重点工作。拿人才培养为例，目前农村最缺的是三类人才：一是缺乏能适时捕捉市场信息，有效开发项目，精通经营管理的人才；二是缺乏能适时捕捉、就地开发和有效利用农业新科技的人才；三是缺乏具有有效动员和组织力的人才，特别是青年人才。这些都不是短期能解决的，但需要投入、扶植和培养，尤其当前"386199"（老人、妇女和儿童）主力部队长期固守农村，人才挖掘更非易事，"伯乐"在哪里？这需要政府认真加以考虑。

现实来看，短中长期的利益提升机制已然在农业发展实践中逐步铺开，一方面考虑政府推进农业产业化发展和促进农民市场参与的干预程度，另一方面考虑农民对这些推进措施和政府可能介入的接受程度。因此他们会短期观望，中期试探、长期卷入或拒绝，政府的作用就是让这一机制下的农民获益清楚明了，因而政府短期的行动要有可视度和执行力，要贴近"三农"存在的问题。例如，农村土地流转中所采用的"先租后股"模式，以及农村金融"联存联贷、联评联保"模式①，实际上就是一种短长期利益兼顾的机制，它有利于降低流转风险和交易成本，也能让相关的农业项目得以顺利实施（当然，这必须是在第三个机制下经过论证的，满足要素、市场、产业特征，具有推动"三农"发展和农民市场参与的项目。这里再次强调农民的市场参与，前面已多次提到原因，且看三个数字：14亿人口中有8亿多农民、近五亿农村劳动力）。

（五）微观—中观—宏观协作机制

2018年的中央"一号文件"从以往单纯对农业、农民或农村的支持调整为对

---

① 笔者在2013年曾提出这一机制。根据农村金融合作的思想，特别是结合农村合作（制、社）的发展，村镇银行和农村信用合作社可以开展和促进"联存联贷、联评联保"（即联合存款、联合贷款、联合评估和联合担保）的资金运作模式和使用机制。事实上，经调查，地方村镇银行正在推广以政府为担保，由几十户甚至更多的农户联合向村镇银行贷款的模式。农村金融机构完全可以"联存联贷，联评联保"的资金创新运用方式，将"三变"资金纳入其中，并以联合贷款和联合存款为基础，联合评估与联合担保为保障，充分考虑当地生产要素、地缘、市场和产业情况，更好地契合和融入（逆）PPP模式的农村项目开发和实施，盘活农村金融市场，促进农业资金的综合利用，进一步调动农民的积极性，进而推动"三农"利益增进和地区经济发展目标的实现。实际上，信贷合作社就是德国合作社的起源之一。其后，合作金融在德国农业合作社发展过程中发挥了至关重要的作用。至今德国已形成了遍布城乡的合作金融组织网络，并建立了十分健全的合作金融管理体制。参见笔者拙著《三农利益论：要素·市场·产业·政策·国际经验借鉴》（上海交通大学出版社，2013年版）第266-267页。

整个"三农"的系统性、全面性的设计,其"乡村振兴"战略不再把农业、农村、农民割裂开来,而是成为了包括社会治理、生态、环境、文化、产业、民生等多种元素在内的一项系统性工程。其涵盖面广,着眼点细,并在内容上明显兼顾了微观、中观和宏观的可操作性、方向性和指导性,在促进"三农"发展的同时,也进一步增加了农民市场参与、市场融入的可能性和机会。"三农"问题不仅仅是产业、经济发展等硬件问题,从整个社会发展角度看,更应关注农村文化、农民价值取向、村民社群关系等软件问题,所以政府必须高屋建瓴,顶层设计"三农"的全面综合发展,而在具体落实上突出"问题"导向,并依照"负面清单"有针对性地逐一解决,并力求努力营造良好的农村政治、经济、文化生态,促进产业兴盛、文化繁荣、政治清明,全方面吸引生产要素尤其是"三农"人才的流入。

市场在资源配置中起决定性作用,因此要激活"三农"活动中的微观市场主体,包括进行市场运作、盘活生产要素的微观企业、家户和个人(农业劳动力)等,但在机制建立层面,微观视角还应包括政府基层(政府支持操作上的基层)组织的建立与完善,这两者不可或缺。"市场失灵"需要依靠一定的政府干预去调节,这个"调节"的重任就落到了"基层"组织的肩上。

同样,中观层面除了农业产业(结构)的发展升级外,还包括通过产业间的联系和协同发展,获得相应资源的支持及其有效利用,同时也包括地区间的协作。当前我国社会中最大的发展不平衡是城乡发展不平衡,最大的发展不充分是农村发展不充分。因此,农村、乡村的发展对中国社会现代化发展至关重要,需要建立机制支持新型城镇化发展中的人员往来、信息互通、平台兼用、经验共享等。

在这一机制下,可以将脱贫攻坚战略、乡村振兴战略、区域发展战略、新型城镇化战略纳入综合考虑,从微观、中观和宏观角度全盘审视资源的利用(尤其是人力资源的利用)、市场的建立、项目的开展、政府角色的扮演、政策及经营项目执行的效果反馈、机制的调整与完善等。

当然,这些机制和渠道的设计是从"三农"整体角度考虑的,结合不同地区的城镇化发展阶段和农业发展水平,其农民市场参与的渠道和机制选择及其具体的实施方案还要根据当地的实际情况,研究定夺,这似乎又需要政府承担一定的责任。

综上所述,提升农民市场参与能力的关键在于农民的技术化、组织化和市场主体权力的加强,以及农业的市场化、专业化、产业化和现代化的持续推进。新型城镇化进程促进城乡融合、产业融合、产城融合,并在政府的机制性治理和扶植下，推动人本的"三农"建设和农民的市场参与。

第三节　农民市场参与的政府政策设计

如何体现政府的"有所为，有所不为"，关键看其政策的效率，好的政策应有利于促进农民的市场参与、生产的集约经营、产业的现代化发展、"三农"利益的获取与增进、社会的和谐进步与可持续发展，其政策内容就是政府"有所为"的范畴；相反，不重视调研的政策决策、一刀切的行政命令、凌驾于市场之上的行动措施、高高在上脱离群众的官派作风，都是不可取、"不可为"的。政府的权力来源于人民，其政策决策的基础在于人民的利益获取，在于人民在法律框架下的行动自主性，在于支持社会发展与进步的意见表达。所以，基于前面的分析，考虑农民市场参与的政策设计也要表达出"意见—行动—利益"的关联特性。

一、关于"意见"的政策

该政策结合农民市场参与的各种意见建议的传递，促进相互沟通，增进各方对各种促进市场参与的项目、政策和组织方式的理解，也是政府优化政策决策的基础，其基本内容应该包括以下方面。

（一）有关意见表达渠道畅通的内容

首先是表达意见的渠道要畅通。凡是有关农民市场参与及其利益的问题、意见和建议都应获得良好的渠道及时向上反映，反映他们市场参与中的影响因素和障碍，置业、创业和拓业及其项目推动的意见和看法，需要获得支持的方式与形式，政府不必要的干预及职能改进，利益创造及其分配的作用与影响等。意见表达渠道畅通是政府连接农民百姓的纽带和基础，是服务型政府发挥作用的基本途径和初始着力点。乡村振兴战略的基本原则之一是要坚持农民的主体地位，要尊重农民的意愿，因此必须通过畅通的渠道充分了解这些意愿，以促进乡村振兴和农民市场参与的积极性、主动性和创造性的提高。同时，政府也需要把这样的渠道信息及时有效地传递给农民。

（二）有关意见接收渠道畅通的内容

地方政府接收这些意见的渠道也要保持畅通，即政府需要建立机制对收到的意见和建议进行有效的处理，这也首先是对意见表达的一种尊重。政府应该通过制定政策的形式，不仅反映意见接收渠道的公开透明，而且要明确意见接收的具体机构和负责人,这同时也是对今后意见沟通和处理的一种监督。接收渠道畅通意味着政府需要明确建立意见处理的相关机制和程序(包括意见收悉确认回复、意见分类处理机制、必要的人事和财政预算安排、部门协同机制、处理的时间节点安排,等等),并努力寻求获得农民对意见接收的理解和支持。

（三）有关意见建议沟通的内容

这是意见处理的关键环节,相当程度地决定了意见处理的成效。政府有关部门需要按时间节点,多次往返与农民及相关部门和机构,就意见表达的具体内容进行广泛而深入地调研、沟通与交流,确认意见解决的关键问题及其难点处理。就前面分析到的影响因素而言,有很多因素都是与农民自身相关,并直接或间接决定了其市场参与的能力和深度,如教育培训、生产经营作物类别、农业系统外收入、组织参与及其成员关系、社会关系亲密程度、"最后一公里"的物流与信息化建设、"三农"系统风险处理、政府政策支持等,所以难免在其参与和融入的过程中会反映出一些基础性问题(如前面市场参与程度指标体系反映出来的问题),并产生很多相关深层次问题,包括身份和地位问题,资源的所有权、使用权和收益权问题,利益的获取和分配问题,加之新型城镇化及农民的(地理的或行业的)跨"界"流动,从而社会保障和公共服务的分配与使用问题等,都需要政府有关部门去直接面对、沟通和解决。

（四）有关意见建议反馈的内容

"反馈"机制的建立始终是很重要的,它是一个完整的活动形成闭环,从而促成自我良性改造的必要条件。在这里,它包含三个层面的反馈内容:一是意见建议处理的反馈,它反馈给农民,特别是无法解决的,要说明其原因;需要调整解决的,要说明调整的原因。要让农民及时知道意见的处理结果。二是要对反馈意见接受的反馈,这是农民对意见接收和处理机构的反馈,说明上述意见表达、传递、沟通的结果对农民而言是否满意。三是要获得反馈意见执行的反馈,这可以部分说明沟通的效果,也是后面对意见建议反馈内容从而具体的政策制订做出调整的基础,以便促进良好的农民市场参与的政府政策支持"行动"。

二、关于"行动"的政策

由于关乎农民市场参与的举措涉及方方面面的内容,既包括农业生产要素的、不同市场参与渠道的,也有组织化建设的、不同农业产业项目的,甚至包括城镇化建设从而使城乡、产业融合的,毫无疑问还有产业资本积累、最终收入和利益增长的问题,所以关于"行动"的政策也应该有所区分。

（一）人力资源开发政策

《新型农业经营主体发展指数调查报告》显示，目前新型农业经营主体负责人受教育水平存在明显差异。其中，家庭农场负责人受教育水平最低，拥有大专及以上学历者占比仅为7.29%，比农民专业合作社负责人中拥有同等学历者占比低了六个百分点，比龙头企业更是低达31个百分点。而年龄结构正好有一个相反的匹配：新型农业经营主体负责人中60岁以上者占比仅为7%，其中龙头企业负责人最为年轻，60岁及以上占比为5%，农民专业合作社为7%，家庭农场负责人为8%。总体而言三类主体负责人受教育水平明显高于普通农户。根据第六次人口普查，乡村18岁以上人口中，拥有大专及以上学历者占比仅为2.43%。① 这也充分说明，我国农业生产的人力资源开发还有相当大的潜力，这本身也是农业领域未来发展有待挖潜的一个产业。

而从新型城镇化、工业化以及前面关于家户当家人性别因素对农民市场参与的影响分析看，农业人力资源的综合开发对农业现代化发展任务而言就显得非常迫切，当然前面也提到目前已占天时地利人和之势。目前农业劳动力老龄化现象十分明显，截至2015年，我国"386199"部队的农业从业人员中，60岁以上者占比就高达18%之多；而截至2006年，女性占从事农业劳动力比重就已高达61.3%。② 据《广州日报》报道，在农业生产领域，妇女占劳动力的比例已远远超过"半边天"。全国妇联统计的中国妇女劳动力在农村劳动力中的占比达60%以上，而广东省妇联的数据显示，广东农村妇女占农业劳动力65%以上。（广州）市民每天吃的粮食、蔬果，80%是由女性农民种出来的。③ 然而龙头企业负责人、家庭农场、专业合作社中男性占比却分别高达81%、83%和87%。④ 足以可见，农业生产经营的人才队伍参差不齐，需要制定相应政策，结合农业产业的结构层次，加以开发推动，分层提升农民的市场参与能力。

1.关于新型职业农民的培育

2017年农业部编制并印发了《"十三五"全国新型职业农民培育发展规划》，该规划从新型职业农民队伍数量、高中及以上文化程度占比、现代青年农场主培

---

① 经济日报中国经济趋势研究院新型农业经营主体调研组.新型农业经营主体盈利状况趋好[N].经济日报，2016-08-22，(6).

② 经济日报中国经济趋势研究院新型农业经营主体调研组.新型农业经营主体盈利状况趋好[N].经济日报，2016-08-22，(6).

③ 李妍等.中国妇女劳动力已占农村劳动力60%以上[N].广州日报，2015-03-09.

④ 经济日报中国经济趋势研究院新型农业经营主体调研组.新型农业经营主体盈利状况趋好[N].经济日报，2016-08-22，(6).

养数量、农村实用人才带头人培训数量、农机大户和农机合作社带头人培训数量、新型农业经营主体带头人培训数量、线上教育培训开展情况等方面提出了发展目标,如到2020年新型职业农民队伍数量要达到2000万,高中及以上文化程度占比不低于35%等,并提出了选准对象、分类施策,提高培育针对性;创新机制、多措并举,增强培育有效性;规范认定、科学管理,加强培育规范性;跟踪服务、定向扶持,提升新型职业农民发展能力;巩固基础、改善条件,提升培育保障能力等五大任务,同时确立了培育、学历提升、信息化建设三大重点工程。

发展规划确实给新型农民带来了实实在在的市场经营运作的收益,他们不仅能用无人机和物联网实施生产作业,还懂得了更多的经营管理的技巧和经验。就像山东省郯城县归昌乡陈庄村村民、农大家庭农场的法定代表人陈龙,通过培训不仅拿到了新型职业农民资格证书,还大大提高了自己经营的200多亩土地和托管的1600亩土地的收益。以绿色大米为例,每斤卖到了19元,每亩地就能纯赚1000多元,比以前的散种收入翻了番。再如,山东省德州市陵城区临齐街道丰润农场主王文昌,通过新型职业农民培训,综合应用农业规模种植集成技术,并健全管理制度,经营着1080亩土地,年收益近100万元,而且他还被推选为新型职业农民发展协会会长。不仅如此,山东省还举办新型职业农民技能大赛,组织设计农业综合体、亲子教育农庄、私家果园、茶旅休闲等创新项目,并通过PPT、视频等影音形式演示宣讲。这些都是农民通过职业化发展参与市场、融入市场的鲜活案例。

据了解,2012年以来,通过实施新型职业农民培育工程,全国共培育各类新型职业农民400多万人,大多成为家庭农场、农民合作社、农业企业等新型农业经营主体带头人和骨干。目前全国新型职业农民规模超过1400万人,基本建立了初级、中级、高级管理的新型职业农民培育制度框架,一大批爱农业、懂技术、善经营的新型职业农民正在成为现代农业建设的先导力量。①

---

① 常钦. 让农民成为令人羡慕的职业[N]. 人民日报, 2017-09-03, (10). 据农业部(现为农业农村部)科技教育司, 中央农业广播电视学校. 2017年全国新型职业农民发展报告[R]. 中国农业出版社, 2018;2017年全国新型职业农民总量已突破1500万人,占第三次全国农业普查农业生产经营人员总量的4.78%。其中,45岁及以下的新型职业农民占54.35%,高中及以上文化程度的新型职业农民占30.34%。而且据不完全统计,全国16个省份的各类新型职业农民协会或联盟数量达到324个,68.79%的新型职业农民对周边农户起到辐射带动作用,平均每个新型职业农民可以带动30户农民。从来源看,40.6%的新型职业农民为务工返乡人员、退伍军人、科技研发推广人员、大中专毕业生等新生力量,多元化程度高。而且他们互联网利用程度也高,70%的新型职业农民通过手机进行农业生产销售。

但要让农民真正成为令人羡慕的职业,还有很多工作要做。目前从统计结果看,也仅有 7.5% 的新型职业农民获得了国家职业资格证书,15.5% 的新型职业农民获得了农民技术人员职称认定;21.1% 的新型职业农民正在接受学历教育;11.1% 的新型职业农民享受到规模经营补贴;在有金融贷款需求的农民中,也仅有 12.3% 的新型职业农民贷款需求得到充分满足。[1] 所以新型职业农民培育的成功经验还需要在全国范围内不断铺开,并在青年农民吸收、师资队伍、科技支持与开发、财政投入、区域平衡、部门协调等方面急需获得社会(包括各地建立的新型职业农民发展协会以及全国新型职业农民发展联盟等)的大力支持。

国家也应进一步制定和完善新型职业农民培育政策,强化体系和机制建设,探索理论实践结合、线上线下互动、内容进阶与资格认证相结合、城乡协同作战、校企政农综合施策的新模式新方法,综合运用各种财力资源,构建培育培训主体的责权利制度,突出培育培训后的实操性,从而后培育期的置业、创业和拓业支持。

2.关于务工人员返乡的吸收

据国家统计局抽样调查,1985 年外出农民工中,初中文化程度占 27.7%,高中文化程度占 6.69%,中专以上文化程度占 0.35%。2018 年,农民工中初中以下文化水平比例仅为 16.7%,具有初中文化程度的占比 55.8%,高中文化水平占比达 16.6%,大专以上文化水平占比超一成(为 10.9%),而外出农民工中,大专及以上文化程度占 13.8%。从年龄上看,40 岁及以下年轻农民工占比 52.1%,外出农民工平均年龄为 35.2 岁,其中 40 岁及以下所占比重为 69.9%。[2] 而且外出农民工增速逐年回落,2011—2016 年外出农民工年均增速分别为 3.4%、3%、1.7%、1.3%、0.4% 和 0.3%。外出农民工占农民工总量的比重也由 2011 年的 62.8% 逐渐下降到 2016 年的 60.1%。[3] 从这些变化趋势看,无疑外出农民工成为了农业生产人力资本积累的重要来源。

截至 2017 年 9 月,全国返乡下乡创业人员已有 700 万人,其中农民工 480 万人,占比达 68.5%。农村"双创"人员 82% 以上创办的都是农村产业融合类项目,广泛涵盖特色种养业、农产品加工业、休闲农业和乡村旅游、信息服务、电子商务、特色工艺产业等农村一二三产业,并呈现交叉融合、竞相迸发的态势。

近些年来,党中央、国务院高度重视农民工等人员返乡创业,也出台了一系列

---

① 农业部(现为农业农村部)科技教育司,中央农业广播电视学校. 2017 年全国新型职业农民发展报告[R]. 中国农业出版社,2018.
② 国家统计局. 2018 年农民工监测调查报告[R]. 2019-04-29.
③ 国家统计局. 2016 年农民工监测调查报告[R]. 2017-04-28

政策措施。2015 年,国务院办公厅发布《关于支持农民工等人员返乡创业的意见》,支持农民工、大学生和退役士兵等人员返乡创业。2016 年,国务院办公厅印发《关于支持返乡下乡人员创业创新促进农村一二三产业融合发展的意见》,进一步细化和完善扶持政策措施,鼓励和支持返乡下乡人员创业创新。

相对说来,已有越来越多的农民工等人员返乡创业,他们有经验、有见识、有技术、有门路,也积累了一定的资金,是非常适合创业的主体。农民工返乡创业正释放出巨大的潜力和活力,为推进新农村建设和新型城镇化提供了新动力。各类人员返乡下乡创业,有利于促进实施乡村振兴战略,推动更多人才、技术、资本等资源要素向农村汇聚,以大众创业、万众创新开辟就业新渠道、培育"三农"发展新动能。但在政策上,还需要进一步完善协同城乡农民工流动的布局和分工体系,在实现高效的农民工"市民化"的同时,努力促进在"三圈""三化"的产业和项目建设中更多的返乡农民工的参与和吸收。

人力资本积累本身就要通过要素和市场的利用、产业的推进从而利益的增进来实现,因此需要在对农民工做充分调查的基础上,结合城乡产业结构的耦合变动关系(可部分参见第四章第二节内容),引导农民工有序的市场流动,以使既让"市民化"的农民工在城镇"安居乐业",又能让返乡的农民工"回得其所"。其实,就现有的农民工调查看,已经部分掌握了他们的性别、年龄、来源地及其所从事的产业结构状况,因此农民工人力资本吸收的政策,应反映出他们跨界的流动行为特征,及其对应的"三圈""三化"的吸收阶段和吸收能力,分析其吸收的效果,并有针对性地在组织、产业、具体项目、自我创业等方向上加以引导,必要时像新型职业农民培训那样,也应该为返乡农民工提供职业培训的机会,甚或有针对性地培养部分农民工成为新型职业农民。

3. 关于大学生返乡创业的支持

无论是返乡大学生做村干部,还是直接创业,都应首先摸清他们的职业规划,特别是结合所学专业,匹配"三圈""三化"中有市场和就业拉动力的岗位,促进他们的职业成长。当然,扩大农学类本科招生数量是一回事[①],通过政策促进相关学科大学生返乡创业则是另一回事,这不只是为了扩大全国高校毕业生的就业渠道,更是为了农业人力资本积累寻找生力军。一方面高校大学生的知识体系和视野都相对较宽广,另一方面他们对于农业专业化经营和市场开拓的可塑性和延展性较强,通过适当的政策加以引导和激励,其对农业产业化经营的创新实践会更

---

① 即使是农学类高校本科招生,其在整个本科生的招生比例是大幅下降的,20 年前农学专业的学生占 6%,而现在只有 1.7%。

有期待。

[事实精粹]在绿色田野上书写青春答卷——几位"新农民"的返乡创业故事①

在山西晋中有一个"青年农民联合会"，一群30岁上下的"新农民"，告别"海归"、设计师和教师等身份，一头扎进黄土高原，用他们的聪明才智和奋斗姿态，在绿色田野上书写着青春答卷。

程子昂2011年留学归来时，父亲在当地杜堡村已经搞起了林果丰种养专业合作社，经营起一大片核桃园。但程子昂发现，营销对传统农民来说是个"短板"，但却是年轻人的优势。从2014年开始，他一头扎进了核桃园。从一个农业"小白"成长为"核桃社长"，一路上苦头没少吃，推销"闭门羹"那是常吃。但为了突破难关，程子昂每天泡在村里，向父亲和有经验的村民请教，当地政府和机构举办的农业培训学习更是一场不落。经过几年攻关，合作社的核桃平均亩产超过300公斤。目前，程子昂的合作社已在晋中九个县区建了示范园，推广种植核桃六万余亩。

毕业于中国矿业大学学建筑工程的"80后"李富春，竟然能在黄土高坡上种出香甜可口的热带水果，这得益于他对果品的认识及其商机的发现。他利用闲暇时间去参观热带果园，并在经过详细规划后于2014年在老家榆次开始研究起了火龙果种植。经过两年悉心培育，李富春的火龙果初次上市，就为他带来40万元的收入。到2018年，他的果园超过30亩，有一万多名游客前来采摘，"每一茬新果子都被一抢而空"。不少农户更是慕名前来，并在李富春的指导下建立了26家火龙果基地。随后他还培育出了芒果、柠檬等多种水果，园子变成了琳琅满目的"热带果园"。

从西安科技大学毕业的周磊和妻子李丽丽，利用所学专业优势，建起温室大棚，做起了"鱼菜共生"循环生态农业。"养鱼不换水、种菜不施肥"是这一模式的核心"卖点"，用养鱼的水种菜，鱼进食排泄后，由微生物分解并提供养分，蔬菜吸收养分并净化水体。他们的试验完全从零开始，不断琢磨鱼菜配比，多次试验，几经失败，最终获得了成功。2017年其"鱼菜共生"模式试验养殖鲈鱼四千斤、蔬菜三万斤。而2018年养殖的4000条新品种银鳕更是很快就预订一空。甚至周边不少农户还来到周磊的基地参观学习，他也开始走出去为更多的"鱼菜共生"基地提供

①　陈忠华，王皓. 在绿色田野上书写青春答卷——几位"新农民"的返乡创业故事[EB/OL].
新华网，2019-05-18.(有删节)

服务。

如果像高校有大学生创业孵化一样,政府在"三农"领域设立大学生创业孵化基金,制定匹配其产业发展和职业成长的金融信贷政策,改善创业环境,那更多的"程子昂""李富春""周磊"们就会涌现,带动他们和他们能带动的人力资本形成的链条就会拉长。农业事实上是一个有潜力的产业,应该让大学生充分认识到农业未来的发展,让他们在意识上不断积累农民作为一个职业、农业作为一个产业、农村作为一个工作创业成才之地的观念,长期积累农业人力资本,促进他们未来创业获益。

乡村振兴,要留住有知识的年轻人,要吸引有知识的年轻人,要扶持有知识的年轻人,他们有干劲、有冲劲、有思想、敢创新,会运用和制作各种新媒体,善于适时创意广告推销,于是大学毕业生这个群体便是最好的发展对象,这也是农业人力资本积累"人"型结构理论①的重要支柱之一。他们的着力点就是以市场为中心的项目开发,这样才能促进他们更好地参与市场,融入市场。此乃农业人力资本开发和积累促进政策的重要根基。当然,这样的政策还要真正解决对口专业与农村就业需求的匹配问题,找准定位,明确方向,深植他们身上的文化根基;促进他们对国家扶持政策的了解和运用,并建立相应的监督机制,推动各项优惠、减免、补贴等创业支持政策的具体落实;同时帮扶他们融入乡村那相对陌生的"圈子",既是观念上的,也是行动上的。

4. 关于村镇事务的人力资源开发

乡村振兴战略的基本原则之一是要坚持党管农村工作,强调要毫不动摇地坚持和加强党对农村工作的领导,健全党管农村工作领导体制机制和党内法规,确保党在农村工作中始终总揽全局、协调各方,为乡村振兴提供坚强有力的政治保障。因此,从农民市场参与促进的事务管理来说,必须通过具体的政策制定来促进村镇事务人力资源的开发,优先考虑干部的配备。农民市场参与的促进不仅是农民自己的事情,农民自身的力量有限且分散,需要有相关的人力资源去组织和动员、规划和设计,以有效地推动和促进农民的市场融入。

开发村镇人力资源,使其有能力依托村镇及时传达政策信息,并具备一定的政策解读能力,适时构建上情下达和下情上通的桥梁;有能力把村镇事务当作一个可持续经营的项目来抓,积极支持组织一村一品宣介,推介乡村乡镇农业文化;有能力分析村镇经济社会发展变化形势,特别是劳动力等生产要素的流动情况,掌握乡情镇况,积极招商引资;梳理和监督"契约"的有效执行,监督商业流通的合

---

① 请参见第二章第一节、第四章第二节相关内容。

法合规有序;有能力在国家政策下积极推进社会保障和公共服务的促进工作;有能力在相关农业开发项目中积极组织建设与农民(组织)、农业企业间的良好的"公私伙伴关系";有能力作为农民问题的调解员,积极及时解决农民市场参与中的村镇事务性问题。

政府的相关政策也要有利于促进(大学生)村干部的合理发展,除了给予合理充分的村镇事务运作空间,还应通过合适的考评机制促进其积极寻求更高的职务,并发挥更大的行政事务管理功能。这样,村镇事务人力资源才能得到真正的开发和积累。这一问题的提出,一方面源于前些年农村劳动力外流,农村越来越缺乏合适的担任党团和村镇工作的年轻人,另一方面源于当前的乡村振兴和新农村建设需要有专门的人才系统性管理诸如上面提到的村镇事务。所以,作为农村人力资源开发的重要组成部分,村镇事务人力资源开发不可掉以轻心。

(二)"三农"型化政策

把农民作为一个职业,把农业作为一个产业,把农村作为一个宜居宜业之地,那就应该让"三农"有型有范地发展,树立起自己的形象,开发出自己的品牌。只有这样,农民的市场参与秩序才能得到保障,"三农"的利益才能得到真正持续增进和巩固。

1. 关于"三农"实践成功经验宣介的内容

该政策需要确保"三农"实践中那些成功的经验得到有效的推广和宣介,建立"三农"自己的口碑,就像前面新型职业农民和返乡大学生创业的那些典型,应该适时地通过一定的途径和渠道加以宣传,扩大它的辐射效应和带动作用,这其实也是"三农"系统的一种自我监督和优势强化。

2. 关于"三农"营销促进的内容

同样,"三农"要进行基于事实的自我包装和营销。在这个信息化的时代,"酒香不怕巷子深"不再为品质唯一代言。错过时机,就意味着不再有市场,不再意味着有效地对接了需求。其实,"新型职业农民"就是"三农"自身的包装和营销,但前提是"新型职业农民"真实地存在,或者至少政府在大力推动其培育。"三农"营销不只是某一个商品、某一个品牌的营销,它更是需要整体的规划和设计,以及系统性地出击。

3. 关于"三农"标准化推进的内容

制定政策,确定"三农"标准,包括生产要素(技术和信息)的使用规范,产品生产及其质量标准,系统性品牌推进策略,组织化的程序(包括相关资格认证),项目执行规范及过程监控标准,"三农"问题解决流程。通过农产品运行的各个环节和阶段监控,推进"三农"产业链、价值链、区域链上的标准化管理,包括相关的政务管理。"三农"标准化要从质量标准化、技术标准化拓展到整个"三农"的全经济运行过程。

4. 关于"三农"品牌化推进的内容

结合标准化生产、服务和管理的持续推进,要通过培育农产品品牌,建立和保护农产品地理标志,打造一村一品、一县一业有品质的农业发展新格局。全面综合系统性加强农民的市场参与,除了重视农产品本身的品牌建设外,还需要打造有品质的服务品牌(包括营销品牌、管理品牌以及农业自己的平台品牌等)。农业产业化过程有很多服务融入,只有具备了品牌化的服务,才能与品牌化的农业生产有扎实的质的融合。另外,全面的"三农"品牌化建设还应重视"三农"文化品牌建设,包括通过文化品牌建设,保护好文物古迹、传统村落、民族村寨、传统建筑、农业遗迹、灌溉工程遗产等,传承和发展好农村地区的优秀戏曲曲艺、少数民族文化和民间文化等,建设和开展好农村地区传统经典节日活动、优秀民风民俗典礼、特色文化组织形式创新等,注重文化品牌与农村社会生产生活的融合与价值创造,打造"三农""工匠"。

总之,要重视标准和品牌的建立,重视"三农"组织力的考察与研究,不断积累经验,让"三农"有型有范、中规中矩、创新性地发展。

(三)"三农"发展项目开发政策

1."三农"资源和基础设施开发政策

一个简单的问题,过去有人认为,在工业化与城镇化逐步吸收了大量农村剩余劳动力之后,农地经营规模会逐步逐步扩大,土地单产会随之不断增加,粮食安全会更加有保障。然而自 20 世纪 90 年代起的大量实证研究[①]并未给予充分的乐观结论。时至今日,这种关系也仍不显著。反倒很多农村地区土地弃耕撂荒,以致粮食生产"规模报酬递减"的出现。

所以政府要促进农民基于生产的市场参与,首先应在摸底调研分析确定资源和设施存量、可能的增量及其存在的问题的基础上,通过政策制定,开发农业生产生活新资源、新要素、新设施,探索资源和设施特性,以及未来发展的趋势及资源要素的流动性,可能的地区、部门及其他外部合作,盘活好存量,利用好增量,在此基础上促进农业可持续性项目开发。

针对用地难题,要针对"三农"产业融合和项目开发,首先在全面完成土地确

---

① Fleisher & Liu,1992;农业部农村改革试验区办公室,1994;王昭耀,1996;万广华和程恩江,1996;普罗斯特曼等,1996;解安,2002;刘凤芹,2006;许庆等,2011

权登记颁证工作的基础上，摸底土地资源存量，并研究可能的使用方向及其最优配置量，分析差量，找准"难"点，创造条件实现土地等资源信息联通共享，必要时在明确实现"三权分置"基础上合作开展适度开发，并在不改变农地用途的前提下，保持土地一定的使用弹性①，最终在保持乡村生态文明基础上，让土地供求得到最佳匹配。

对于农村基础设施的提档升级，也需要首先找准建设短板，促进农村"最后一公里"建设，加快城乡间、乡镇间路、水、气、网等基础设施的互联互通。尤其要结合农业开发项目的实施和推进，促进基础设施改造升级，特别是加强乡村数字移动网络建设，开发适应"三农"特点的信息技术、信息产品及其应用和服务，推动远程教育、远程医疗、远程办公向乡村扩散和普及应用，加强城乡生产和产业融合，并以此为基础提升气象预报、灾害防控、环境监测等农事服务能力。

在项目开发上，除了开发确保藏粮于地、藏粮于技的基本农田耕地整治及其功能提升、仓储物流设施建设、农机装备制造与开发建设、科研开发及其应用基地建设、道路信息网络建设等项目开发，以及山水林田湖草系统治理等生态环境保护项目开发外，还要进一步明确开发"五位一体"贴近市场和产业，贴近生活与社会进步的"三农"发展项目。针对前面分析提到的诸如影响农民市场参与的农民合作社建设、种苗繁育、特色农业（有机农业、生态农业、休闲农业、文化农业）等因素，政府应制定政策促进相关资源开发，加强农林牧渔的现代化改造，提升自主创新能力。

2.农业组织协作政策

由于"三农"自身的弱质性，其发展需要借助外部力量加强其产业和市场的运作能力（前面已多次提及），增强"三农"自我造血功能。为此，政府应制定政策，加强农民的组织化参与，促进农业组织之间的相互协作，推动开发项目的吸收、建立和有效执行。从农业市场参与的组织机构看，它主要包括农业合作社、家庭农场和农业企业，但从政策协调的角度来看，它还应该包括适时参与和融入的政府机构。因此，这里的组织协作包括三种协作关系：一是合作社与合作社之间的；二是合作社与家庭农场、农业企业之间的；三是政府与合作社、家庭农场和农业企业之间的。

就合作社之间的协作而言，根据合作社的业务性质，梳理产业链和价值链上的融入机会，政府政策要促进组织机构具备这种机会的发现能力，促进合作社之

---

① 当然，自然资源部在完善农村产业融合发展用地政策方面，也强调允许各地在乡镇国土空间规划和村庄规划中预留不超过5%的建设用地机动指标用于村民居住、农村公共公益设施、零星分散的乡村文旅设施及农村新产业新业态等。这也是全面振兴乡村的基础。这里也包括了农业生产用地在合理规划上的机动弹性，创造灵活的使用权转让方式，促进区域间、产业间、项目间的联动发展。

间壮大自己的力量,推动合作社联盟(或者联合会)的形成,充分利用"三农"人力资本的积累之势,增强合作社的市场参与和农业劳动力的吸收能力。合作社联盟也应在政府政策推动下,努力形成自我价值实现的"行业"规范,主动寻求业务的创新改造能力,主动服务于广大合作社和广大农民。

[域外传真]国外农业合作社的联合与协作①

在农业合作社的联合与协作方面,目前国外就有很多成功的经验。例如,德国大多数农业合作社走上了联合发展之路,许多合作社都加入了地区性合作社联盟、专业性合作社联盟和全国性合作社联盟。这些联盟在互通情报、提供市场信息和咨询服务、培训合作社领导人及成员以提高其决策水平和经营能力、提供信贷担保与信用评级、提出经营管理建议、代表合作社向政府游说并表明利益诉求和争取优惠政策等方面都发挥着重要作用,且不断形成多层级、网络型、分权式的合作社联盟体系和结构,有力地促进了农民的市场参与,保护了农民的利益。另外,为了保护合作社的利益,荷兰全部农民专业合作组织也都被组织于"全国农业合作局"(NCR),它代表合作社的利益,协调着合作社之间以及合作社与其他经济组织之间的关系,推动了合作社事业的发展。西班牙合作社之间在需要时也可进行资金拆借和融通,而同一行业五个以上的农业合作社就可以组成行业联合会,这些不同的行业联合会还可以再联合,其中最大的联合会——西班牙合作社联合会(CCAE)就直接参与了一些国家及地方的农业科研项目。

在日本,其农协至今已经形成了一个包括地方性组织和全国性组织在内的完整体系,从中央到地方建立了一整套严密的农协组织系统,它不仅提供产前、产中、产后的服务和指导,还尝试包全所有人的生老病死,并把所有的农协组织联结在一起,从而在全国形成一个庞大的组织体系,覆盖了日本整个农村地区。日本农协已经发展为日本规模最大、群众基础最广泛的半官半民性质的农民合作自治组织,并成为今日本第一大企业集团、第一大银行集团、第一大保险集团、第一大医疗集团和第一大供销集团,同时日本也成为世界农业合作组织最发达的国家之一。日本农协的组织化程度非常高,采取三级组织体制,自下而上建立有基层(市町村)农协、地方(都道府县)农协、全国农协三级网络。其中地方

---

① 参见笔者拙著《三农利益论:要素·市场·产业·政策·国际经验借鉴》(上海交通大学出版社,2013年版)第221-262页。

农协是联合组织,除地方农协中央会（指导与监察机关）外,还有经营农业经济、信用、保险、卫生保健等业务的四个联合会,即"经济联"（流通营销组织）、"信用联"（金融组织）、"共济联"（保险组织）和"厚生联"（医疗组织）。全国农协也有相应的机关和组织。

巴西全国 12 个行业的合作社各有自己的总部。州和全国两级都设有合作总社,这两级是 12 个行业合作社的联合组织,不从事经营活动,主要任务是维护合作社利益、反映合作社意愿、协调关系、促进联合、提供培训和信息服务等,实际上是行业协会性质。印度合作社的最高机构是印度全国合作社联合会,其前身是 1929 年由印度著名的合作社领导人拉莱布罕·沙迈达发起创立的"全印合作社组织工作协会",1951 年改为现名。联合会的主要职能是代表合作社与政府间沟通的联系渠道,协调与政府各部门的关系,争取有关政策支持,指导全国合作社的发展,组织合作社的教育和培训,开展合作社的国际交流。

合作社与家庭农场、农业企业之间的协作关系,是一个要素相互支持和市场相互推动的关系,关系的着力点就在于把产业蛋糕共同做大,并在产业链上明确其业务分工,同时开展具体农业开发项目的合作共建,而让其竞争关系定位在要素和产品市场传导中的利益分配的契约精神上。政府政策需要给这样的分工和分配提供必要的支持和促进。除此之外,政府政策也应该促进非项目合作关系下农业企业对合作社和家庭农场提供必要的技术支持、农资保障（可能的情况下还包括信贷保障）、产品质量标准提升及其市场拉动,促进合作社和家庭农场对农业企业的农产品稳定供应（这并不与合作社和家庭农场寻求多样化销售渠道相矛盾）,甚至入股机会的提供（但要避免对合作社的完全控制,违背合作社的建社精神[①]）。

政府与合作社、家庭农场和农业企业之间的协作,除了农业经营合作日常行政管理事务范畴内的沟通与指导外,最重要的就是农业开发项目 PPP 关系了（关于 PPP 的阐释在第四章第二节、第六章第二节有详细论述）。政府政策应该促进这种伙伴关系的建立,尤其在包括农业基础设施建设在内的项目大开发阶段,政府应该借助这一机制加强三方力量的融合,解决风险、资金、市场和政策等相关问题。

只有在上述良好的协作关系下,"三农"项目才能得到真正的有效开发和利用。没有这些项目"操盘手"的友好合作,项目不但不能做大,甚至还可能无法顺利实施。

---

① 关于合作社自身的发展请参见第五章第一节、第六章第二节等相关内容。

3.项目促进的财政金融支持政策

尽管乡村振兴战略强调要在资金投入上优先保障,但政府在制订项目促进的财政金融支持政策前,为了确保政策支持的有效性,首先要结合不同项目的发展特性,确定不同财政金融信贷资金融入的模式。就像本章第二节"机制"论述中提到的"三变",它要首先确定合适的开发项目,然后才能有效地将资源变资产,将资金变股金,将农民变股东,其中"资金变股金"就融合了财政资金、村集体资金和村民的自有资金。从这个角度拓展来看,政府支持政策还需要结合不同的农业项目,有效地支持、吸收和融入银行金融机构和农业企业的资金,充分发挥其拉动和引导效应。例如,在优选的农业发展方向上,100万元的财政资金可以且仅能直接投资一个项目,但如能将该资金用于五个同类项目的贴息支持,将拉动500万元的农业投资资金,并可以在适宜的农业发展方向上对项目进行引导和优选。在财政金融支持政策能以解决资金短板的基础上,选择合适的项目,无疑将有助于推动"三农"项目的顺利实施。

在财政金融支持政策的具体内容上,要突出"合作"特性,要突出"风险共担、利益共享"的特性,注重支持的产业特性,要对科技、信息平台、人力资本培育、重点基础设施建设等加以重点扶植,区分财政金融直接支农和间接支农的不同效用,从而在政策支持的资金使用上,该补贴的补贴,该优惠的优惠,该"股权"的"股权",该奖励的奖励。一个"该"字,就需要认真研究财政金融支持政策如何融合、管理和运用这些资金;又将怎样"补贴","补贴"谁,"补贴"多少;对"谁"优惠,什么样的"优惠"形式,"优惠"多少;这些措施与"股权"融入如何进行合理的资金分配,收益资金流向如何;奖励的性质、对象和额度是什么等,这些都是支持政策的基本内容。

政府的财政金融支持政策还要在充分研究农业风险的基础上,推动农业风险担保、补偿和保险制度的建立、实施和完善,结合不同农业发展项目创新开发农业保险产品,甚至推动合作社、农业企业等市场主体按自愿原则,建立和完善农业生产者金融信贷互助合作及保险组织,支持政策要为围绕农业合作社为中心的"联存联贷、联评联保"(即联合存款、联合贷款、联合评估和联合担保)农村金融创新机制的建立提供便利,加大农业信贷保险保障服务,提高农业资金的整体利用效率[①],全力推动农民市场参与中可能存在的风险的解决。

另外,政府的财政金融政策还要有助于通过支持建立相应融资渠道,融入闲

---

① 在这一点上,农业的多功能管理也应协调各部门农业资金的综合利用,否则政出多门和资金使用效率低下,也会给农业发展带来风险。从这个意义上讲,主管部门必须在"村镇事务人力资源开发"的基础上加以统筹协调,有关部门特别是项目决策者和执行者,必须吃透项目的性质及其需要和应该发挥的作用。

散的社会资金。就像建立类似"支付宝""微信""水滴筹"等平台那样，分地区、分项目吸引和吸收社会闲置资金不同层次、不同收益和风险偏好地融入，就像在平台上分期发行不同收益率的"国债"一样，支持农业开发项目"按部就班"实施，而且还可以起到宣介"三农"项目的作用，促进国人对"三农"发展的了解与支持。

事实上，除了财政支持，世界各国尤其是发达国家"三农"支持的经验更是将"金融信贷"扶持放在首位，支持其市场化运作，即使是政策性金融机构除了弥补私人资本的不足，本身就需要强调公平公益原则上的收益性，实现"三农"收益自我增值和累积，进一步注重"开发"性质，重点支持小微创新企业，特别是"新型职业农民""新农民"群体的创业，体现政府的担当和作为。

4."三农"发展项目对接政策

结合农业总体发展战略和乡村振兴计划，政府应通过政策鼓励并实现各类"三农"发展项目在产业链、价值链、物流链上的对接，促进链条上资源要素的有效运动和利用。不能因为农业的多功能特性，而散装它的价值流程，甚至人为割裂其投入产出关系的"技术"纽带从而产业价值的自然传递。

这一对接可以是诸如基础设施等在地理空间上的对接（如道桥与园区项目对接等），可以是项目上下游供求链上的生产经营对接（如农超农贸对接等），也可以是项目在所有权（相关所有者和各管理部门之间）或使用权转移上的对接（特别是使用权的转移对接，要有利于便利八亿多农民、近五亿农村劳动力的市场参与与融入，否则又可能成为另一种形式的开发性"掠夺"），还可以是随项目周期在时间上的开发、拓展和创新对接，以及项目整体在开发前、中、后的过程对接。尽量减少项目开发主体变更的对接、合同变更的对接，这样的对接一旦发生，也需要有预案，尽快实现项目延续的合规性对接、执行对接及其可能效果改变的评估对接，以便做出适当的、合理的调整。

"三农"发展项目对接政策的作用主要不是简单组织召开几场项目对接会（虽然必要），而是实现从分析项目对接可能性、条件、执行和效果分析及其拓展延续全过程的规定和指导，促进"无缝"对接。从国民经济管理角度讲，"三农"项目还要在宏观上对接地方经济社会的发展实际及其总体经济社会发展战略，进而实现政策对接集成。战略上的对接由政府经济社会发展规划部门统筹，事务上的对接由村镇事务发展部门具体操办。总之，这都需要周密细致的部署，让"三农"工作和"三农"发展项目经受得起时间的考验和人民的检验。

（四）"三圈""三化"促进政策

这是结合新型城镇化发展、新农村建设和乡村振兴战略的实施的一种政策设计。"三圈""三化"涵盖了地域属性、产业特性、要素本性等范畴,从而必须突出传统农业发展至今的"新"的性质、城镇化"化"到现在的"新"的特点。归根结底,"农民"咋办?"农民"的收入咋整?只是本研究选择了农民市场参与的角度进行阐述。

1.城乡市场疏浚政策

清理、疏通城市和乡村的市场政策、规范及执行要求,引导农民有序而非盲目进入市场,并避免违规不当经营和不公平竞争,为城乡市场的充分对接做准备。这是确保促进农民市场参与和"三圈""三化"成功的关键。市场摸不清、政策吃不透,怎么让农民参与和融入市场?例如,很多农村乡镇一方面超市门店林立,经营格局单一、营销手段缺乏,销售业绩无法有效提升,另一方面经营特色表现不充分,市场秩序不规范,相关市场潜力仍待挖掘。一些乡村市场,除了京东、阿里等电商平台有所渗透外,不大的地方超市倒有很多家,但其经营状态大都乏善可陈,过不多久就负债累累,有的多次转业仍无力回天,甚至还欠下供应商货款,更无法保障员工工资。有人的地方就有市场,但这些乡村市场不能通过各个环节的创新经营提振整个市场的人气,其实并不是因为居民消费能力不行,而是市场的组织管理、引导疏通不够,对市场消费变化和产业价值链缺乏了解,从而无法形成市场的推动和拉动效应。

2019年上半年,全国城镇居民人均消费支出同比增长6.4%,农村居民人均消费支出同比增长8.7%,农村居民人均消费支出增速快于城镇居民2.3个百分点。城镇居民的边际消费倾向仅为0.52,而农村居民却高达0.79。这其中,实物商品网上销售增势强劲,成为突出亮点。[1] 2020年年初的新冠疫情给农村居民的消费生活带来了很大的影响,网络购物在疫情得到一定控制后再次兴起,并有进一步增长之势。所以对于城乡市场疏浚贯通,政府需要结合当前存在的实际问题,制定具有针对性的、分地区、分商品产业属性、分消费群体分布、分基础设施配套拉动、分不同政策重点的市场政策,摸底推动,规范引导,促进资源合理疏流,不断创新市场形式,在拉动城乡居民消费的基础上增进农民的市场参与。

这样的政策要让农民清楚市场的变化,特别是清楚当地消费需求和资源条件的变化,清楚市场发展的方向及其与外部的联系,特别是与(小)城镇市场的联系,并在清楚这些变化后引导农民进入市场、开拓市场、创新市场。同时,这样的政策要让农民知晓相关政策及其可能的支持措施,清楚融入市场及其提升自身市场参与能力可以对接的企事业单位、机构甚至人员。因此政策还需要让农民清楚,哪

---

[1] 央视网.农村居民形成强大消费能力/网上消费增势强劲[EB/OL].2019-08-30.

怕是在农村乡镇市场，竞争者应该具备的基本素质、能力、理念和意识。

2.城乡融合协作政策

乡村振兴战略坚持城乡融合发展模式，政府要制定具体政策，破除原有的二元体制机制障碍，推动城乡要素自由流动和平等交换，推动新型城镇化和新农村建设中的工农互促和城乡互补。特别是在农业现代化、工业化及信息化的同步发展中，促进城乡要素、市场、产业的功能性融合及其相应基础设施的建设、衔接和共享。

城乡融合的关键是分析目前"二元分割"的力的元素，根据城乡各自的特点，找到消解这一"力"的支点，即要找准城乡融合的产业切入点、市场切入点、要素切入点、项目切入点，实现经济利益创造的功能性融合（促进城乡生产要素合理优化配置），社会价值创造的身份性融合（促进城乡居民发展机会均等、获得感趋同），行政事务管理的标准化融合（促进城乡公共服务均等化），增强共识，提高效率。

因此，政府政策在促进实现城乡产业融合、市场联通、要素流通的同时，还要进一步促进城乡社会保障尤其是医疗保障的融合，要完善统一的城乡居民基本医疗保险制度和大病保险制度，尤其做好农民重特大疾病救助工作，并完善城乡居民基本养老保险制度，统筹城乡社会救助体系，将进城落户农业转移人口全部纳入城镇住房保障体系，让农民尤其是农村劳动力在"三圈""三化"中找到社会归属感。城乡融合协作的根本目的就是在促进城乡经济增长和共同发展的基础上，促进人们更好地生活和更好的社会认知。

政策方面关于协作的内容，就是要厘清城乡融合的推进体系，要进行系统谋划。2019年12月国家发展改革委、中央农村工作领导小组办公室、农业农村部等18个部门给吉林省等11个省市发布的《国家城乡融合发展试验区改革方案》就指出，要着眼于顶层设计与基层首创互促共进，要统筹考虑不同城市规模层级和区域"四大板块"（东部五个片区、中部两个片区、西部三个片区、东北一个片区）。但从试验方案提到要聚焦经济发达地区、都市圈地区和大城市郊区来看，既然遵循探索针对性原创性差异化的改革路径和方式，那么其他地区仍可依同样的思路，开展城乡融合的研究和设计，一定条件下在发挥地方主观能动性的基础上，基于责任意识，试点推广，协同推进，不一定只专注于大城市群、区、圈（客观上讲这也不是笔者所理解的新型城镇化的地理要义，因为它还在一门心思只专注于"大"，至少目前只专注于"大"）。

另外，在协同的具体操作层面，同省范围内不同层级政府不能各自为政，不同省级政府同样不能各自为政。正如前面提到的，需要有"三圈""三化"区域，尤其是跨省区域的，具体项目的城乡融合促进和协作机构统一部署，并对融合发展的时间及其执行进度进行追踪，协同解决难点，释放融合空间。尤其要在保住"农民利益"底线上,推进农民的市场融入,长久地维持和促进城乡彼此协同的基础和纽带。其实,城乡融合的根本性问题在人,在人的需求,其实现途径在要素,载体在项目,通过要素优化配置,利用项目开发为抓手,实现基于利益增进基础上的人的流动,包括人作为生产要素的流动,也包括人作为社会存在的、具有自己一定社会生活偏好的流动。这就前面说的"促进人们更好地生活和更好的社会认知",这就是隐于无形的城乡融合,它未必要基于大城市群来实现。

3. 产城融合"三化"支持政策

产城融合基于对城市功能的认识和定位,让生产要素借助产业项目,通过一定规模的集聚,使其因集聚而产生良好的(教育培训、科技研发、信息集成、平台创造、服务创新等方面的)集成效应、辐射效应和拉动效应。因此它不是阻碍生产要素向乡村的流动,而是通过合理的集聚产生更好的城乡共促、共进和共享的效果。而这样的要素集聚首先要有良好的城市产业布局,其基本依据还是基础设施、要素禀赋、地理气候、市场条件及其行政管理水平等。

以"三圈""三化"建设为基础,注重城市功能的发挥,以人为本,推动新型城镇化发展,促进相关产业的合理融入,让城市经济发展富有弹性,让城市社会发展更加开放,让城市生活变得自然顺达。以城乡融合为基础,通过深化户籍制度、住房制度、医疗保障制度等改革,加强相关产业融入的要素基础,促进有条件、有意愿、在城镇有稳定就业和住所的农业转移人口在城镇有序落户,依法平等享受城镇公共服务。这样,城市的物流、交通、商贸、卫生、餐饮等基础服务事业才会变得扎实稳定,现代城市功能(教育科技、信息集成、智能创意等)才能以真正发挥,进而才有可能在城乡一体化中发挥城市的要素集成、市场辐射和产业拉动作用。只是钢筋水泥铸就的亭台楼阁,不会有这样的作用,它需要将合适的产业嫁接并融入到城市,才会在生产要素、市场供求和收益增进的良性循环中达到"三圈""三化"的产城融合,从而实现城乡真正"融合"的效果。

回顾一下"为什么要提产城融合这一问题",其答案就在于一段时间的城市盲目扩张,没有以产兴城,以人兴城,出现"空城""鬼城"现象,既浪费资源,又进一步丧失城乡融合的实际意义和价值。所以政府政策要促进城市和产业的紧密结合,利用网络化、平台化、智能化技术,以产兴城,以城促产,服务加持,协同发展,进而真正发挥城市对乡村经济社会发展的辐射和拉动作用。当然,因为发展模式不同,有的产城融合是产业先行,为避免产业"孤岛""空转",随后造城,但要避免产业规划不合理,进而出现很多"烂尾楼"的现象。因此,不管是哪种模式的产城融合模式,必须首先明确产业和城市的功能定位,分析促进各自成长的可能条件,明确产城融合的方式、方法和机制,以及适时评价融合效果。

事实上,在城乡融合基础上实现城乡生产要素双向自由流动、人口有序迁徙安置、建设用地一体统筹,金融服务普惠通达,本身是需要产业融入的城市功能的发挥的,需要城市在产城融合中发挥"城市"的价值和作用,否则就会形成盲目无序,一盘散沙的局面。"产业先行"模式为什么需要"城市",道理也许就在于此。"三圈""三化"本身是确认了城市的地位了的,支持政策就是要促进城市功能的发挥,但支持政策也确认这种功能的发挥需要相关产业的融入,以达到提升城市的现代化功能。城市有大有小,功能有强有弱,融合有先有后,支持政策一方面需要确立"产城融合"稳步推进的程序和机制,另一方面还要评估城市未来功能的变化和产业的发展趋势,促进匹配,并在动态中加强融合。政府政策要评估诸如"大"城市产业园区、科技园区、创业园区的功能发挥,推动园区在新型城镇化建设中发挥示范引领作用,并在合理空间布局基础上,逐步推动从"大"到"小"的试验、扩展和强化,扩大农民(工)"市"民化的范围,拉动和提升农民的市场参与能力。

4. 三产融合政策

政府应制定政策,构建农村三产融合发展和产业互助体系,多角度发展产业融合的方式,培育产业融合的主体,并不断完善产业融合的各类服务。一方面支持农业多功能发展,促进农产品加工升级及产后服务体系建设,在创建市场物流体系的基础上,支持供销、邮政及其他诸如电子商务等相关业态及其服务的融入,另一方面政府要及时提供相关公共服务,在市场准入、注册登记、工商税务、卫生检疫、金融保险、信息支持、政策传达等方面提供适时支持,保障产供销顺畅。

政府要通过建立相关机构,分析产业融合发展的程度与水平,加强各类服务专项统计①,进一步改善产业融合的发展路径,形成具体可行的、促进产业融合发展的政策措施。例如,在"三圈""三化"战略下,推动农产品加工业发展,特别是引进或自主开发相关技术和设备,促进农业与精深加工业、现代流通业融合,实现"原料基地+中央厨房+餐饮门店"等价值创造模式,完善从田头到餐桌的全链条供给,在创造城镇"厨房经济""餐桌经济"的同时,拉动农业经营内涵和外延式发

---

① 特别是加强 2017 年 8 月 16 日农业部、国家发展改革委、财政部出台《关于加快发展农业生产性服务业的指导意见》重点支持的农业市场信息服务、农资供应服务、农业绿色生产技术服务、农业废弃物资源化利用服务、农机作业及维修服务、农产品初加工服务、农产品营销服务等七大服务领域的统计和研究。

展的有机结合,进而以提升农产品精深加工水平为基础,促进城乡产业的紧密融合。①

再如,在开发健康环保的有机生态绿色农业,开发生活体验式的休闲观光农业(如刀耕火种、垂钓烧烤、采摘打捞、犁耙插种、割收扬存等),开发提升生活品质的享受农业(康乐养生、亲子互动、创意实践等),开发基于地理气候、风景、艺术创作和文化体验的品性农业的同时,政府要推动促进工业技术和服务产业成果向农业领域的转化与利用,如无人机的运用、电商平台的建设、培训教育的传播、技术研发推广服务,以及移动互联、大数据、物联网、云计算等现代信息技术的应用等,推动互联网+农业发展及其价值链、产业链的升级改造。在前面提到的促进城乡融合、产城融合的基础上,促进并发挥现代农业产业园区和产业集群的作用,形成三产彼此增进的推力。

另外,政策要支持解决产业融合的短板问题,结合本节相关措施,促进投融资机制的建立、用地的规范和效率、人才的发展与聚合、技术与设备的研究与开发,等等。政策及要解决产业融合的硬件设施(道路桥梁、设备工具、通信管道等),也要解决产业自身融合规律的软件开发(包括技术、人才和恰当的项目设计等)。产业融合需要有地域为依托,有要素作支撑,有市场为纽带,有组织作推动,当然也需要有政策为依靠。

党的十八大以来,技术进步与产业发展交互渗透,要素跨界配置、产业跨界融合,并形成了"合"的动能。目前,农村产业融合发展值约 35 万亿元。② 农村产业融合发展已俨然成势。特别是新型农业经营主体对农村新业态的出现和三产融合起到了重要助推作用。如经济日报中国经济趋势研究院新型农业经营主体调研组在其调查的 839 个家庭农场中,进行农村一二三产业综合经营的有 152家,占有效样本的 18.34%,约 1/2 进行了标准化生产。在所调查的农民专业合作社中,54.66%的合作社实行了农业标准化生产,半数合作社发展了农业新业态,发展生态农业的占 26%,籽种农业占 14%,休闲观光农业和循环农业分别占 12%,

---

① 农产品加工业一头连着农业和农民,一头连着工业和市民,是构建农业产业体系的"腰",也是乡村产业中潜力最大、效益较高的产业。近年来,产地初加工覆盖面不断扩大。全国近十万个种养大户、三万个农民合作社、2000 个家庭农场、4000 家龙头企业,建设了 15.6万座初加工设施,新增初加工能力 1000 万吨,果蔬等农产品产后损失率从 15%降至 6%,但目前精深加工水平依然较低,加工副产物 60%以上没有综合利用。据测算,通过精深加工可以使粮油薯增值二至四倍,畜牧水产品增值三至四倍,果品蔬菜增值五至十倍。乔金亮. 且看农民的"第四次创造"[N]. 经济日报, 2019-07-19,(5).
② 乔金亮. 且看农民的"第四次创造"[N]. 经济日报, 2019-07-19,(5).

另有2%的合作社还发展了会展农业。①

5. 区域协作政策

除了产城融合、三产融合以及具有一定地理意义的城乡融合之外，政府政策要一定程度、一定范围地推进地方区域协作的经济效益考评体系的建立。在适当的地方行政管理体系外，建立跨地区的协作关系，推进"跨山跨水跨区域、人流物流跨界流"合作，特别是尊崇产业和经济自身发展的规律，打破地方行政壁垒，突破唯行政管辖的政绩考评标准，建立跨地区协作机构，推进大农村、大市场建设，避免"本地水果早脱销、近邻蔬菜无法卖"的乱象。

政府政策要促进打破地方市场分割的屏障，如因所有权问题，建立股份合作下的使用权经营权交易机制；如因地方利益分配问题，建立利益共享下的政绩合作考评机制；如因资金风险分摊问题，建立政府融入下的PPP公私伙伴合作机制；如因地方责任分摊（如补贴）等问题，建立上级政府责权利的协管督察机制；如因（包括地方政策差异等引起）地方合作决策机制不畅，建立上级政府授权并委派的第三方机构协调协作机制，等等。

关于区域协作推进的政策，政府只要考察跨界产业、市场繁荣情况，相似资源要素利用的差异情况，跨区域合作项目的开展情况，便可知道区域协作需要发力之处，就像国境线内外人文风景迥异、同一城市各区界间市政建设另样，显然协作没有开展起来，省与省、县与县甚至乡与乡之间的合作，一查便知是因为基础设施问题，还是上面列举的种种状况，政府应该因此给予促进解决上述问题的市场融合的区域协作政策。

当然政府政策也要克服自身带来的市场不统一的内容，特别是已经认识到非均衡发展战略下"行政区经济"通过地方"角力"造成的（市场化程度）不平衡问题，以及因市场化带来财富极化效应引起的市场障碍问题②。这些问题需要政策审时度势，在新型城镇化和新农村建设中，促进要素的融合和市场的联通，降低地方保护主义色彩，减少"行政区经济"产业结构同化、自成体系、重复建设现象，尤其要通过区域协作，包括"西部大开发"等板块发展战略和"经济圈"等区域资源整合战略，建立功能合理分工、资源合理配置、产业相互协调、资金互为融通、技术相互渗透、人才互为流动的机制，实现跨行政区的制度创新，以点带面，从线到片，

---

① 经济日报中国经济趋势研究院新型农业经营主体调研组. 新型农业经营主体盈利状况趋好[N]. 经济日报, 2016-08-22, (6).

② 财富极化效应会进一步弱化欠发达地区对外资源的吸引力，强化其比较劣势，进一步降低其对外开放及市场化发展程度，从而事实上加大国家层面的市场融合的裂缝，阻碍了全国市场一体化发展。

逐步形成区域大合作,进而通过市场整合,进一步挖掘广大农村的市场潜力,拉动农民的市场参与,促进其"市"民化,增进其经济利益和福利。

6. 农民市场参与的对外贸易政策

在一个开放的经济体系中,农民是对内对外经济交往中的重要主体。但很遗憾的是,农民作为农产品市场的主体地位至今也没有很好地确立,农民至今仍未很好地参与过农产品内外贸易的市场交易活动。但根据《中华人民共和国加入议定书》第5.2条和《中国加入工作组报告书》第84段(a)中的承诺,在贸易权方面应给予所有外国个人和企业,并不低于给予在中国的企业的待遇。这就意味着中国的自然人应同外国的自然人一样,也应当能够从事对外贸易经营活动。依据公平竞争和国民待遇的原则,如果不是因为贸易从而获取贸易利益的渠道和机制仍未建立,农民理应作为自然人,或者参与贸易企业从事贸易活动。新修订的、并于2004年7月1日开始实施的《中华人民共和国对外贸易法》第二章第8条规定,"对外贸易经营者,是指依法办理工商登记或者其他执业手续,依照本法和其他有关法律、行政法规的规定从事对外贸易经营活动的法人、其他组织或者个人。"首次将自然人纳入到对外贸易的经营主体当中,这已经确立了农民以各种形式广泛参与贸易活动的法律地位。①

没有农民的市场参与,特别是没有八亿多农民、近五亿农村劳动力的市场参与,中国农产品内外贸的真正一体化就不可能实现。因此,在"三圈""三化"推进过程中,政策应该制定政策,促进相关产业项目吸收农民参与对外贸易,特别是通过(合作社和农业企业等)组织化的参与,增强农民特别是新型职业农民对外贸易的意识,在国内外市场一体化中增强其市场竞争意识和竞争力。尤其政府要鼓励那些有条件、现实地参与了对外贸易的组织机构吸收农民(特别是新型职业农民和返乡大学生等新农民)参与组织内部的外贸培训和对外贸易业务。同时政策也要关注"三圈"中那些与对外贸易有紧密联系的产业,通过一定的政策倾斜,鼓励相关项目吸收农民参与。

实际上,在农产品的对外贸易交往中,进出口供求信息、参与市场的议价能力、农产品贸易利益分配、农民对相关法律法规的认知和利用,都能促使农民在信息、技术、生产和市场营销技能等方面不断"武装"自己,逐步使其真正成为现代农业的经营者、管理者和推销者。中国新一代农民,尤其是返乡创业大学生等新农民,能够熟练使用电脑,能够娴熟地使用通信工具,甚至能够较好地进行英语会

① 参见笔者拙著《三农利益论:要素·市场·产业·政策·国际经验借鉴》(上海交通大学出版社,2013年版)第85-86页。

话,这都为其农产品外贸的市场参与创造了良好条件。政府应该鼓励推动他们适应农产品内外贸的市场形势,加大对其外贸知识和技能的培训,有方向性地引导有条件的新农民参与农产品外贸业务。

从农民农产品对外贸易市场参与的拉动效应看,通过出口不断创造、积累和获取新的比较优势和竞争优势,在市场扩大的基础上获取生产和流通上的规模经济效应,提升农业产业的劳动生产力,以及通过出口收益促进内需的发展,进一步激活市场,繁荣市场;通过农产品及其农资技术的进口带动国内生产要素的利用,加强农业生产基础,并通过生产改善商品的流通和消费,或者引入竞争,促进农产品市场壁垒的进一步降低,加速国内市场一体化的形成。因此,政府应该在农产品的进出口方面,有序地引导农民融入外贸市场,而不是将其排除在"(纯)农产品贸易商"之外。

(五)农民市场参与的监控与管理政策

在某种意义上说,这方面的政策就是一个在"行动"上的反馈过程。

1.有关机构促进的内容

乡村振兴战略提出要在公共服务上做出优先安排,前面也提到要在村镇事务上加强人力资源开发,在 PPP 等融入机制中加强政府"有所为"的存在,以及影响农民市场参与的各种组织主体的协调和城乡、产城、三产、区域等融合战略,都需要有一个强有力的政府机构给予支持,从而对相关事务加以适时推动和促进。这也是前面机制设计的重要内容,以及"意见"接收、处理和反馈的载体,更何况还要对具体的"利益"结果加以平衡和协调。

所以,在机构促进的政策内容上,显然它包含了"意见"—"行动"—"利益"的内涵,从而在具体的机构设计和建立上,要充分考虑机构本身的职能和功能发挥,而有别于其他政府机构过多的行政事务干扰。或许,这个机构的设立本身就是一个行政事务,但其一旦建立,要有其专注性,专注于"三圈""三化"和农民的市场参与从而利益的提高,尽管有时候它也需要去协调其他行政事务,但其协调的目标还是要回归到机构本身的主要职能之上。

因此,促进机构需要构建农民市场参与的直接沟通管道(就像前面"意见"的表达、接收和处理的渠道建立那样),获取创业和项目实施支持政策的直接意见,必要时可以联合县、乡两级政府,以及村委会和项目代表共建督导小组,根据支持政策的宗旨、目标和相关条件,起草其在当地落地执行的方案细则,督导相关部门扎实、高效推进政策落地。

2.有关计划协调的内容

"三圈""三化"涉及各种计划、方案和设计,而且其执行大都无法在短期内完成。因此随着时间的推移,计划的环境条件会随之改变,加之各种"三化"对接的因素,一旦计划做出调整,就必须进行总体协调,宏观调度,甚至计划执行过程中需要政府参与具体事务的协调,避免资源要素和市场的无谓扭曲。

另外,"三农"社会也是一个系统,涉及方方面面的事务,因此除了具体的项目计划协调外,它还包括项目相关的各部门之间的协调,各级政府部门之间就城乡统筹协作相关事务的协调,甚至根据后面第四点"结果反馈"后做出的再协调。

3.有关过程监控的内容

对"三圈""三化"和农民市场参与的过程监控,主要是为了确保相关项目按部署、按计划、按合同认真执行,避免人为地、主观地偏离计划,避免行动中的官僚主义和形式主义,避免相关融入主体的不作为,避免资源要素配置中的利益"输送"和贪污腐败行为。

过程监控也是为了便于吸收变化中的积极因素、新出现的有利条件、更合理化的新的建议和意见,从而对"三圈""三化"和农民市场参与的促进做出正向的反馈与有利的调整。

政府虽然需要制订过程监控的政策程序,但也要避免相关利益主体借用政策程序,人为地拖延甚至阻止相关问题的解决。从这个意义上讲,很多政策制订要讲究方式方法和注重决策艺术,诸多政策本身的执行也需要进行过程监控(没有过程监控,就无法知道政策实施在哪个环节存在问题,存在什么样的问题),以获取对其结果进行有效反馈的意见和建议,使政策能以达成其真正的目标和效果。

4.有关结果反馈的内容

不管是机构的作为与否,还是计划的执行情况,抑或过程监控的实际效果,都应有一个适时结果反馈的内容,并及时汇报给相关政府部门。否则,一笔糊涂账,还不知所以然,会极大伤害相关群体和个人的感受和利益。举个例来说,新型农业经营主体发展指数调查数据表明,为套取国家政策支持而成立的新型经营主体肯定存在,而且还有相当数量。如第一期调查所抽取的在工商部门进行注册的农民专业合作社中,已消亡、不存在或实质上并未运营的合作社就占到了17%左右。①

很多政策措施主观愿望是良好的,但其执行相当不力,这里边的"内容"可能五味杂陈,有前面提到条件发生改变了的,有自然不可抗力导致的,也可能有行政

---

① 经济日报中国经济趋势研究院新型农业经营主体调研组. 新型农业经营主体盈利状况趋好[N]. 经济日报, 2016-08-22, (6).

长官意志夹杂的，或者因为利益分配不平衡引起消极怠工的，甚至有贪污腐败导致不满的。不管哪种原因，必须在过程监控的基础上，及时反馈执行结果，并及时纠偏，否则那就是损失或攫取了人民的利益。许多复杂因素影响了扶持政策的落地执行与推广，尤其具体到农民和创业者，虽然政策很好，但他们对其无感或感觉不强。"为什么"这三个字就是需要反馈的内容，是计划制定时脱离群众，还是宣传不到位？是过程并没有让他们充分融入（包括组织融入），还是执行力弱没有让项目等衔接对接上？是他们提的意见建议没有相关部门及时做出回应，还是项目执行无法给他们带来实实在在的利益？等等，有没有扎扎实实做好基层基础工作，这就是全过程中结果反馈存在的基本要义。

当然在结果反馈后做出的响应来看，有些可以及时得到解决，如促进市场参与的创业政策，不管是宣传不力、了解不够，还是"各自为政"，限制条件不一，有时法律法规程序化普遍，且多而杂，这些都可以在上述促进机构的协调下，联合相关（即使有时是跨地区的）部门展开会商，及时解决。但诸如房产、土地确权问题，因为涉及农民的根本利益，在确定、评估、处置甚至变现等方面，虽然需要加速推进，但也务求谨慎，而且还要做好大量的解释说明工作。

三、关于"利益"的政策

农民市场参与促进的核心内容，是要素、市场、产业，以及具体的组织和项目，但最终要归结为利益的形成、分配，从而获得实实在在的利益。因此，政府的农民市场参与的促进政策是绝不能回避利益问题的。

（一）关于利益表达的内容

政府政策要全面反映农民市场参与的利益内容，不把维护农民群众的根本利益作为目标，任何乡村振兴、农业产业化发展和农民市场参与的战略和政策都不可能真正实现和贯彻落实。因此，为增进农民利益，切切实实推进农民市场参与能力的提高，政府要总结分析那些影响农民利益获取的短长期因素，要注重农民的利益表达和合理诉求。在把农民富裕作为政策出发点和落脚点，不断提升农民获得感、幸福感、安全感的同时，政府政策要追溯农民利益获取的源泉，并把它们与农民的合理利益表达，及其市场参与的促进过程紧密地结合起来，以此明确利益，并通过他们完成政府政策的一系列目标。

在社会的合作博弈、层级博弈和体系博弈中，农民的参与力量是不对称的。尽管农民人数众多，但他们始终是弱势群体，就像"意见表达"那样，在现有"利益表达"（或者可以理解为利益呈现的一种形式）渠道相对不通畅的情况下，更是无法进行合理的利益诉求(弱化了利益呈现),从而不能在利益表达与政策的制定和实施中,促成农民积极的市场参与,以及对相应政策的支持。政府必须改变不仅是传统二元结构下"最少受惠者的最大利益"的问题,更是要扭转路径依赖上的积重难返和持续强化之势,从而在利益增进的基础上解决"三农"困境。

关于具体的利益表达过程,可以是政府直接开通表达渠道,也可以是农民自身借助组织化的力量,强化利益表达能力。政府自身也应认识到,中国农民分离散漫的无组织状态,是其人数众多但政治资源甚少并且对政府决策影响权数甚小的根源性原因,因此需要主动通过政策制订,积极逐步改变其弱势群体的地位,不断增进其对经济、社会和政治生活的参与度,提高其对自有资源的控制能力、社会行动能力和利益表达能力,进而反过来加强与政府的伙伴关系,及其对政府政策的支持。这也是政府改变观念、优化政策决策过程所进行的主动调整和积极作为。

(二)关于利益创造的内容

"三农"问题直接面对广大农民群众,涉及亿万农民的根本利益,政府的政策举措只有落到实处,广大农民群众才能真正得到实惠。政府要解放思想,实事求是,与时俱进,要把握新时期新阶段"三农"工作的客观规律,积极探索解决"三农"问题的新途径;要讲实话,出实招,办实事,把推进"三农"工作的各项政策举措真正落到实处;要牢固树立正确的政绩观,切实转变工作作风,真心实意地为农民群众谋利益,善于带领农民群众共创美好生活。① 这些都是关乎农民利益创造的政府作为。

任何一个"三农"发展项目,都包含利益创造的内容,只是它必须突出农民实实在在的利益获取。结合第五章第三节的内容,从政策的层面上讲,利益创造的基本原则首先是寻找"三农"合理的利益增长点,然后通过政策实现资源的优化配置,推动市场的不断扩大,促进项目的实质性开展,强化政府的政策保障,把利益蛋糕做大做强。政策层面的利益创造的基本思想是,通过改善农村条件,提升农民素质,以此偌大的底盘(就按2019年乡村人口55162万人计算,占比达39.4%②;农村地区占全

---

① 习近平. 务必求真务实抓"三农"(二〇〇五年一月十四日)之江新语[M]. 杭州:浙江人民出版社, 2007. 8.

② 根据第六次全国人口普查数据,这一比例为50.32%,比例变化的背后,似乎是城镇化的发展,但同时农村人力资源现状堪忧(可参见第三章第一、第二节和第四章第一节相关内容),留守儿童和空巢老年人口较多。2015年12月—2016年1月,原国家卫生计生委(2018年3月起为国家卫生健康委员会)在河北等十个典型省份开展的流动人口卫生计生服务流出地监测调查结果显示,留守儿童(由于外出打工等原因,父亲或母亲至少一方跨县外出的0~17岁居住在户籍地的儿童)占农村儿童总体的35.6%。其中安徽、河南、四川跨省流出集中地区留守儿童比例较高,达到了43.8%。另外,青壮年劳动力的外出也导致留守老人的出现,留守老人占老人总体数量的31.8%。

国土地总面积94%以上)，去推动农业产业结构和质的提升(2019年第一产业增加值占GDP比重仅为7.1%)。利益创造本身的归宿是要建立一个合理的利益创造、分配和问题解决的机制，让农民受其益，得其利，最后让"八亿多农民(户籍人口计)、近五亿农村劳动力"根本性地支持和承载"三农"的发展。

"利益"无小事，政府政策要关注利益创造的整个过程，避免出现"垄断势力""第三方势力"通过"有形、无形的手"人为地输出利益、转移利益和瓜分利益，确保利益创造按契约顺利实现和分配。从这个意义上讲，政府也要确保契约的签订首先是要出于签约各方自愿，然后要确保责权利平衡，因此一定程度上要重视作为弱势方的农民的签约能力(指责权利的识别能力)，避免造成"三农"利益的人为、恶意流失和损害。

(三)关于利益协调的内容

任何条件的改变和"三农"问题的出现，包括社会进步对旧有力量的创新性"破坏"(如生态文明建设对传统农地使用的影响等)，都有可能影响利益创造及其分配，因此政府政策要建立利益协调的机制，这样的协调可能发生在农民之间、农民与农业组织之间、农业组织之间，以及政府与农民和农业组织之间，要明确协调的缘由、不协调的后果，以及协调的基本原则、程序和结果确认，这样才能实实在在地帮助到利益受影响的各当事方，真正达到协调的目的。利益协调也是建设和谐社会、和谐新农村的基本要素，政府要随时发挥其服务职能，随时关注农民的利益波动，适时明察那些不利于利益增进、影响农民市场参与从而利益获取的因素，始终从人民(农民)利益的大局出发，总体宏观把控，适时微观调节、把握"三农"工作的基本规律，降低协调成本，促进可持续发展的协调效应。

更广义讲，"三农"利益协调是要在"三农"利益整体提升过程中的协调，既包含了促进"三圈""三化"中农民的市场参与从而利益增进下的协调，也包含了基于"三圈""三化"从而更广泛民生意义上的协调，否则也不可能真正促进"三圈""三化"和农民的市场参与，例如农民的养老、医疗等社会保障制度的完善等，这可以拓展农民不苑囿于区域、身份和职业的行动能力。反过来讲，基于历史的社会分工和生产要素的自然分流，农民的选择和行动能力也会决定他的职业流向和市场参与渠道的选择，只是作为政府如何通过政策制定及其实施，促进其能力的提高和利益的增进。

政府的各种政策和规章制度本来就是一种协调关系，但由于"三农"自身的特点和"利益"的重要性，其利益协调政策既要关注初次收入分配的合理性和公平性，也要通过合理的、必要的二次收入分配加以调节，有些时候它不仅仅是一个税收和转移支付调节的问题,还可以通过建立适当的协调基金,解开利益纠纷的死结,但关键是通过基金解开死结的同时,还要找到造成利益纠纷的原因并力行解决,创建"三农"的自助能力,让协调基金保值增值。

当然,前面有关促进"利益表达"和"意见表达"的政策,也都或直接或间接地协调着"三农"利益关系。总之,政府在促进"三圈""三化"和农民市场参与的过程,必须重视利益协调问题。

（四）关于利益互助的内容

经济发展、社会发展以及人自身的发展,从来都是要相互支持、相互推动的。它们本身是一个系统,系统内割裂开来的发展,其成本代价是非常大的,有时甚至不可持续。一定范围、一定层级的互助利益的发展,在没有政府的参与下,有时会带来时耗、协调和管理成本节约的效果,甚至更容易产生互助的推力。所以,政府要制定相应政策,鼓励社会利益互助体系的建立,尤其在农业目前相对弱势、但未来却有发展潜力的情势下,产业利益互助、区域利益互助、组织利益互助是有较强根基的。但由于互助各方力量不均等,政府政策所要关注的,还包括了那些"名义"性的利益互助,却是变相地脱离了政府监管的利益垄断,甚至盘剥,毕竟农民是弱势群体。

合作社确实是一种利益互助关系,包括农资互助、农技互助、信用互助、保险互助、生产互助、市场互助等等都是广义的利益互助关系,同时它也具有一定利益协调的能力。政府要大力推动农业合作社的发展,确保农民自愿地、平等地参与其中,促进其市场参与和利益获取能力的提升。除此之外,政府政策也应推动合作社、农业企业、家庭农场等之间建立（利益）互助关系,促进资源互补基础上的有效利用、风险共担基础上的合力规避、利益增进基础上的合作共享。

党的十九大报告指出,要加强农村基层基础工作,健全自治、法治、德治相结合的乡村治理体系。其实,农村很多社会问题都因一个"散"字。农民缺乏组织带动和联结,缺少利益、情感和互助纽带,没有凝聚力和向心力,各家自扫门前雪,户外诸事不关心,没人带头没人干,少人组织少费心。相反,有好的带头人、基层组织强有力的村社,很多老大难问题都能迎刃而解,乡村面貌也为之大变。因此,要发扬"把支部建在连上"的优良传统,充分发挥党支部的核心战斗堡垒作用,同时发挥自治组织的基础作用、集体经济组织和合作组织的纽带作用、其他社会组织的补充作用。利益互助是建立自治体系的基石,政府要完善和增强自治体系建设中的、有关利益互助的公共服务的提供,引导农民组织化参与,在各种农业组织的教育、服务和管理之下,手足相亲,守望相助。

（五）关于长期利益推进的内容

除了掌握"三农"工作的规律，还要认识"三农"发展的长期规律，从人的发展、经济的发展和自然生态发展的视角，促进"三农"长期利益的获取。例如国内外的实践证明，农业的多功能发展，不论是在吸收农村劳动力方面，还是在维持自然生态方面，以及创造经济利益方面，都是一个大趋势，值得大力推广，并以此延长产业链、提升价值链、完善利益链，让农业产业结构不断升级，农民利益不断增进，农村发展不断变美。

再如，农业科技与农业生产的结合，让农产品更安全、食品更健康、果蔬更新鲜，就是老百姓的一个长期追求。因此，政府政策要促进食品、农产品安全战略的实施，完善农产品食品质量安全标准体系、农产品食品投入产出全过程质量安全追溯体系的建立，健全农产品食品质量安全监管体制，强化政府特别是基层政府的监管能力。这同样是延长产业链、提升价值链、完善利益链的重要举措。

从"三农"长期利益推进来看，政府要完善和强化政策执行，杜绝短期炒作性资本的进入和非法集资的勾当，杜绝借建立诸如新型合作社和家庭农场之名骗取补贴和优惠的现象，杜绝借"三农"发展和乡村振兴之名搞不合规项目之实，杜绝借新型职业农民培训之名干不合规甚至非法教育之实，杜绝借新型城镇化和城乡统筹之名削弱"三农"发展，等等。总之，一切都要以农业发达、农村兴旺、农民富裕作为所有"三农"工作的出发点。只有"三农"得到了真正的发展，中国才可能真正成为社会主义现代化强国。

第八章

研究结论与展望

第一节　研究结论及特色

一、研究结论

中国新型城镇化进程的推进,需要各产业协同发展。然而,农业自身的生产零碎化、自然环境敏感性、价格和收入弹性小、市场高风险等弱质性问题,必然阻碍农业市场化、产业化和农民(工)"市"民化的发展。就新型城镇化进程中的农业发展而言,一个核心的问题就是其最活跃的主体生产要素——农民的市场参与问题。然而,外部力量渗透农业产业导致的市场垄断,农产品流通体制存在的严重缺陷,农民在其产业中的市场主体地位尚未能有效确立,产业基础薄弱等都阻碍了农民的市场参与。

(一)基础研究结论

本研究通过引入博弈论、交易成本理论、产权理论、公共选择理论、规模经济理论、城镇化理论等,并提出乡村市场本位—"人"型结构论,详细分析了农民市场参与的影响因素,包括受教育程度、当家人性别关系、家庭规模、农地规模和牲畜数量、生产经营成本和作物类型、农业系统外收入、组织参与及其成员关系等直接因素;以及市场距离及基础设施、市场信息、社会关系亲密程度、"三农"系统风险因素及其风险舒适度、政府支持体系等间接因素。

进而建立了刻画农民市场参与能力的产前、产中、产后指标体系,其中:产前指标体系包括新技术/新品种研发与推广度、农资储备与市场供应充足度、合作社发达程度、农村物流发达程度等;产中指标体系包括土地流转度、农业劳动力就业率、农业科技等服务应用程度、农资互联网交易强度等;产后指标体系包括产出市场交易度、农产品深加工度、年度新产品转换度、特色化农业发达程度、农产品互联网交易强度、合作社产出份额等。并认为，不可能有一个综合的、集产前产中产后的、单一市场参与指标（指数）来全面反映农民的市场参与水平，但可以根据研究目的的不同和相应的需要，进行一定范围的农民市场参与指数测算。

（二）关于新型城镇化与农民市场参与的模式的结论

基于上述基础研究，本著阐释了新型城镇化与农民市场参与的关系，认为在"三农""三化"（农业产业化、农村城镇化、农民"市"民化）中实现政府、农民和农业组织主要行为主体三边关系的动态耦合调整，形成了政府基于组织（农业合作社、家庭农场、共同市场组织、农业企业等）和个人（农民）建立的公私伙伴关系，并在外圈（农村地区实现）农业现代化、中圈（城郊地区）建立新型现代化工业和内圈（城镇区域）重点发展服务业（包括对改善生活品质有重要影响的服务业）之间建立起有效的平衡。一方面有步骤吸引农民入城，另一方面在"三圈"之间实现农民功能性地市场参与与融入，推进真正意义上以人为本的城镇化，而不只是户口化。这样的耦合关系也就推动了新型城镇化下"三圈""三化"战略的形成。

在上述"三圈""三化"战略下，农民市场参与可能选择的模式包括以小城镇为基础的产业融合城镇化参与模式、以大城市近郊为基础的产业桥岛参与模式、以乡村市场调剂为基础的乡集参与模式。相关模式的设立奠定了政府政策支持存在经济上的"内生性"的原则，而政策干预经济内生化的伙伴关系安排，具有十分重要的社会经济实践价值。因此参与模式除了有其基本适用条件外，政府也应该发挥其应有的功能，有所为有所不为。这在前面都已做了详细地分析和描述。

（三）关于农民市场参与利益的结论

其市场参与的利益源泉，一是来源于生产要素质的提升；二是源于对市场的一定程度的控制；三是机制性的决策参与；四是通过对生产经营活动的创新。但其利益获取如何被激励，需要探索利益博弈的过程和机制，包括基于系统内外部力量的、自我主张的、自愿自主的合作博弈；基于经济结构或产业间互动的层级博弈（历史性地表现为从农业，到工业，再到服务业的顺位递进，何时、以什么方式、通过什么渠道实现反向利益传递，既是回答层级博弈的基础，也是产业间为何需要相互支持的依据）；在社会治理中有政府参与的体系博弈（政府需要建立机制，去融合各方的参与并创造价值，获取博弈的利益）。

通过农民的市场参与，解决农业的弱质性问题，增进农民的利益，是"三农"发展的核心问题。因此，首先要明确利益，必须明确相关参与主体的利益归属；其次是要在促进农民市场参与的过程中利用各种途径创造利益，包括：（1）在伙伴机制下,以提高农民素质的方式增进利益;(2)以要素集聚、综合经营、促进规模经济形成的方式增进利益;(3)以品牌建立形成的产业形象维护方式增进利益;(4)以产业利益增强为基础,促进产业间、城乡间联系的方式增进利益;(5)通过以市场参与,特别是以组织形式的市场参与下的自我保护、政策吸收利用和落实来增进利益;(6)以市场参与机制形成和引起国民关注的方式增进利益。最后就是要重视反馈。

(四)关于农民市场参与能力提升的渠道和机制研究的结论

得"天时""地利""人和"之势,"三农"发展及农民的市场参与目前已获得了十分难得的发展机遇。作为本应最活跃的生产要素,理应作为市场主体的农民,推动其市场参与与融入,可以从农业内部系统及与农业相关的外部系统两个角度来考虑其市场参与渠道的挖掘。内部渠道如合作社组织、家庭农场、农业企业、农贸市场、农产品超市、农产品电子商务、小农多样化经营、PPP 农业发展项目、小农多样化经营直接促进农民的市场融入与参与,直接促进"三农"发展,外部渠道如农村基层组织建设推动,"离土不离乡"的就进非农企业务工,就近城镇产业拉动的经营活动等间接带动农民融入农业相关产业发展,间接推动"三农"的市场创造与培育。

从农民可以参与的直接或间接渠道分析看,在战略上构建这些渠道并形成体系主要依赖于推进农民市场真正融入的三大机制的设计:一是"三农"发展推进中"农民—农业组织—政府"三方参与主体的合作机制,让市场的力量和政府的职能相互融合,促进生产要素和微观市场主体的自我市场认知、自我市场融入和自我市场开拓;二是以地域为基础的产业融合机制,它是以新型城镇化带动农业及相关产业发展,促进城乡,特别是小城镇及近郊"三圈""三化"发展的机制。它结合中国"三农"现实国情,促进"三农"发展合作参与主体,在区域战略和产业战略上的融入,是上一机制在新型城镇化发展背景下一定程度的位移。三是以空间为基础的点轴辐射带动机制,它包括基于传统地理空间下的"点轴"辐射带动机制,以及基于现代网络空间下的"点轴"辐射带动机制。辐射过程中起主导作用的、具有方向性和支配意义的产业,与农业之间自然联系的强弱程度,决定了渠道建立的质量高低,从而需要充分考虑"点"上的产业关联度、产业或产品优势、市场优势、基础设施可能的覆盖面,周边资源开发基地、产品生产流通与劳动力基地的特征和结构状况等。

(五)关于促进农民市场参与能力提升的政府政策设计的结论

在明确政府作为"战略制订者"(这里本研究提出了农民市场参与促进的"战

略钻石"模型）、"政策工具创建者""适时服务提供者"的角色和身份后，需要建立相应的机制来促进和保障农民的市场参与，提升农民市场参与的能力和水平，促进"三农"发展，以及区域和产业等相关战略的实现。这些机制包括人—财—物保障机制，计划—行动—反馈运行机制，资金—项目—机构实施机制，短期—中期—长期利益提升机制和微观—中观—宏观协作机制。

进而基于"意见—行动—利益"的关联特性，提出了有关意见表达接收渠道畅通、意见建议沟通、意见建议反馈等方面的关于"意见"的政策；包括新型职业农民的培育，务工人员返乡吸收，大学生返乡创业支持，村镇事务人力资源开发等方面的人力资源开发政策；包括"三农"实践成功经验宣介，"三农"营销促进，"三农"标准化推进，"三农"品牌化推进等方面的"三农"型化政策；包括"三农"资源和基础设施开发，农业组织协作，项目促进的财政金融支持，"三农"发展项目对接等方面的"三农"发展项目开发政策；包括城乡市场疏浚，城乡融合协作，产城融合"三化"支持，三产融合、区域协作、农民市场参与的对外贸易等方面的"三圈""三化"促进政策；包括机构促进、计划协调、过程监控、结果反馈农民市场参与的监控与管理政策等方面关于"行动"的政策；以及包括利益表达、利益创造、利益协调、利益互助、长期利益推进等方面关于"利益"的政策。

二、研究特色

将促进农民的市场参与问题，同解决农业的弱质性问题连接到新型城镇化建设背景下进行研究，具有极强的时代性和问题针对性。特别地，本书的研究视角，将要素、市场、产业和政策结合起来，进一步深化了作者所从事的关于"三农"的研究。其研究特色如下。

（1）本研究开展刻画农民市场参与能力的指标体系研究，这是一个创新尝试。目前尚未见国内文献对此有研究，国外涉及该问题的文献也很少，不全面，而且不能体现中国具体的国情从而对中国农民在产前、产中和产后的市场参与能力的刻画，包括涉及城镇化发展中的关于要素和基础设施的、信息化和组织化发展程度的、特色农业发展的等方面的指标。如果不把这些因素纳入指标体系的考量，就很难对新型农业发展、新型城镇化建设的阶段性成果进行定期评价和考核，从而不断矫正措施直至最终目标的实现。

（2）关于农民市场参与渠道的研究，国内外文献一般都是单一性提及，并没有提及可能的渠道对不同市场的参与能力提升水平的影响、需要创造的条件以及政府的作为，因此无法说明农民如何选择渠道来增进自己的市场参与能力，更不用说对此如何进行有效的机制设计。这一点，国内外文献没有涉及，本研究提出了渠道构建的三大机制和最后政府政策设计的、相互促进的五大机制,这也是本研究的一个创新性尝试。

(3)本研究突出新型城镇化背景下的"人"(八亿多农民和近五亿农村劳动力)本作用,强调这一在农业生产中本应处于最活跃状态的生产要素的作用,针对农民市场参与问题的相关利益分析,直接剖析其中利益对要素流动性、市场竞争性、产业自我扩张性,甚至政府干预目的性的影响,抓住了目前解决很多"三农"问题(包括农业弱质性问题)的关键。而且通过利益研究,还能支持本研究有关影响因素、渠道、机制和政策干预等方面结论的合理性、可行性及其价值。这是本研究的一个基本特色。

另外,在基础理论研究方面,本研究提出了"乡村市场本位的'人'型结构论",认为无论新型城镇化如何发展,解决"三农"问题必须固守自身市场的建立、发展和维持,绝不能只寄望于城市化一端。"人"型结构论强调要从乡村本位引申出农业市场的自我完善功能,强调"人"——农民如何在农村市场中发挥作用:其一是"人"的两个支撑点是来自农业系统内外的人力资本的积累,包括系统内新型职业农民的培育,系统外高校专业人才培养的内流;其二,他们所支撑、且必须要支撑的是实实在在的"三农"发展项目。其三,三方汇入点,即"人"的中心点就是市场,也就是社会发展中"人"本位和经济发展中"市场"本位的有机结合。

在政府政策设计之前对政府角色的理解方面,本研究就"战略制定者"的"战略"描述,提出了"战略钻石"模型,它将"三农"发展的历史维度、科学维度、艺术角度、哲学维度融入到一个类似"拉线飞轮的拉力"的钻石模型之中,来看待政府应该发挥的作用和所扮演的角色,且相关描述一直贯穿本研究的整个过程。认为政府的角色发挥贯穿于战略与措施之间的作用张力,决定了在战略总揽全局、高屋建瓴,以及政策具体细致、便于操作之间,作用于区域、产业和市场主体板块的张力的稳度。一旦战略高度下降,措施浮夸,中间基于地理区域、生产要素和市场主体、产业结构(横向"平台")的农民市场参与促进行为就会显得有些摇摆不定,随意而为。这后面两点就算是一些创新想法吧。

第二节 研究展望

本研究当然还存在诸多不足,例如指标体系中某些指标的度量还无法通过详细的数据收集加以具体化和更新,指标体系和各种影响因素之间的联系还无法面面俱到,农民市场参与及其利益之间的定量分析还不够充分,等等。当然这也是未来研究需要继续深入探究的问题。必须说明的是,前面相关理论的分析在后面各章节中都有不同程度的融入,而各部分之间的逻辑联系也还是比较紧密的。有些想法尽管目前还无法在本著中通过文字表述出来,但这也为未来的研究提供了某个新的立意机会和一些新的研究视角。

就研究的对象而言,"三农"永远是中国国民经济研究的重要内容,也是未来中国经济一个十分有潜力的研究方向。特别是农民作为能动的市场主体、活跃的生产要素、一个"特殊"的社会身份,加之近二十年中央"一号文件"的关注,有很多与其相关的问题值得挖掘和研究,不仅仅是基于中国的国情和社会发展,也可以是国际间的比较;不仅仅是与发达国家农业发展的比较,也可以是与某些发展中国家的农业发展的比较。市场是资源优化配置的决定性因素,农民的市场参与不仅仅优化着农业资源的配置,其自身也在社会大发展、大市场中作为生产要素不断被优化配置着。

因此,这些配置机制也影响着"三农"人力资本的积累问题,之所以这里要强调"三农"人力资本积累,是因为无论未来新型城镇化建设如何推进,无论城乡如何融合(也主要是功能上的要素和市场的融合),广袤的农村大地需要有建设者,需要通过各种形式的新农民(包括新型职业农民、返乡(N代)农民工、返乡大学生等等)去实现伟大的农业供给侧改革和创造有质量的农业需求革命。待到那么一天,真正把农业像其他产业一样作为国民经济重要组成部分对待,把农民像其他产业工人一样当作一个光荣职业对待,把农村当成我们日日珍惜、夜夜怜爱并得以安居乐业的美丽家园来对待,"三农"发展就更加值得期待。

主要参考文献

[1]马克思.法兰西内战二稿[M]//马克思,恩格斯.马恩列斯论巴黎公社.北京:人民出版社,1971:198.

[2]马克思.揭露科伦共产党人案件:第二版跋[M]//马克思,恩格斯.马克思恩格斯全集:第18卷.北京:人民出版社,1964:627.

[3]习近平.务必求真务实抓"三农"(二〇〇五年一月十四日)之江新语[M].杭州:浙江人民出版社,2007.8.

[4]2013年2月28日习近平同志在党的十八届二中全会第二次全体会议上的讲话。

[5]2013年3月8日习近平同志在参加十二届全国人大一次会议江苏代表团审议时的讲话。

[6]2013年12月12日至13日习近平同志在中央城镇化工作会议上的讲话。

[7]安虎森,陈明.工业化、城市化进程与我国城市化推进的路径选择[J].南开经济研究,2005,(1):48-54.

[8]陈俊梁.农民组织化:农村改革和发展第二次飞跃的关键[J].农业经济,2009,(1):66-68.

[9]戴君.我国农民市场主体性缺失及其对策[J].人口·社会·法制研究,2010,(1):367-370.

[10]邓万春.农民市场参与行为的动力:从欲望到需要[J].新西部,2007,(3):22-23.

[11]丁雨馨,高雅,孙定东.农民市场参与能力影响因素及其能力刻画——对人才的引进与培养的探索[J].经济研究导刊,2017,(30):15-20,142.

[12]高宝琴.农民组织化程度的提升:乡村治理的生长点[J].齐鲁学刊,2010,(2):96-100.

[13]龚骊.上海家庭农场、农民专业合作社发展情况调查[J].上海农村经

济,2019,(6):11-14.

[14]郭芳等.缺粮的中国[J].中国经济周刊,2013,(25):24-36.

[15]黄钢.发展以科技为支撑的新型农民组织化模式[J].西南农业学报,2011,(2):794-798.

[16]江登斌.农民市场参与度亟待提高[J].农业经济问题,1993,(9):59-60.

[17]李强,毛学峰,张涛.农民工汇款的决策、数量与用途分析[J].中国农村观察,2008,(3):2-12.

[18]李旭,李雪,宋宝辉.美国农业合作社发展的特点、经验及启示[J].农业经济,2018,(11):9-11.

[19]刘承芳,张林秀,樊胜根.农户农业生产性投资影响因素研究——对江苏省六个县市的实证分析[J].中国农村观察,2002,(4):34-42.

[20]刘凤芹.农业土地规模经营的条件与效果研究:以东北农村为例[J].管理世界,2006,(9):71-79.

[21]刘小平.加强农业信息化进程中人才队伍建设[J].农业经济与科技,2008,19(3):35.

[22]刘文月,孙定东.农业合作社的建立与农民利益关系的研究——欧盟农业合作社的建立及其启示[J].经济研究导刊,2013,(21):44-46.

[23]卢君.农村剩余劳动力转移与农村劳动力素质关系分析[J].华中农业大学学报(社会科学版),2005,(4):28-30.

[24]毛丹,彭兵.市场推动、政府干预与农民行动——加拿大乡村的兴衰及启示[J].浙江大学学报,2010,40(6):33-40.

[25]牛佳.农业科研成果转化率低的原因与应对措施[J].农技服务,2015,32(11):22.

[26]普罗斯特曼,李平,汉斯达德.中国农业的规模经营政策适当吗[J].中国农村观察,1996,(6):17-29.

[27]钱文荣,郑黎义.劳动力外出务工对农户农业商品化率的影响——基于江西省四个县农户调研的实证分析[J].南方人口,2010,(4):59-64.

[28]瞿建蓉.我国农业市场化建设中的三个核心问题[J].新疆社会科学,2001,(5):46.

[29]单卓然,王兴娥,袁满.农民专业合作社对农业总产值的影响及对我国乡村振兴的启示——以武汉市为例[J].现代城市研究,2019,(7):42-47.

［30］邵峰，楼栋，孔祥智.谁来与农户衔接：经纪人，合作社，还是龙头企业［J］.江西农业大学学报（社会科学版），2012，11（2）：1-6.

［31］史冰清，孔祥智，钟真.农民参与不同市场组织形式的特征及行为研究——基于鲁、宁、晋三省的实地调研数据分析［J］.江汉论坛，2003（1）：50-57.

［32］石声萍.农业外部性问题思考［J］.宏观经济研究，2004（1）：41-41，46.

［33］孙文华.对孙桥发挥现代农业桥梁作用的战略思考［J］.现代农业科技，2016，（2）：297.

［34］万广华，程恩江.规模经济、土地细碎化与我国的粮食生产［J］.中国农村观察，1996，（3）：31-36.

［35］王凤山，阎国庆，任国岩.加快转移农村富余劳动力的探讨［J］.农业经济问题，2005，（3）：60-63.

［36］王敏.我国农村人力资本投资探析——基于舒尔茨的人力资本理论视角［J］.生产力研究，2011，（5）：26-28.

［37］汪孝宗.江苏镇江新区"万顷良田"工程："惠农"还是"毁农"［J］.中国经济周刊，2010，（36）：30-32.

［38］王勇，江梅.论提高农民参与市场行为能力与农业产业化发展［J］.现代农业科技，2011，（8）：346-348，351.

［39］王昭耀.关于传统农区土地适度规模经营问题探讨［J］.中国软科学，1996，（5）：10-15.

［40］魏萌，韩玮，李昕宇.水肥一体化的春天离我们还有多远［J］.中国农资，2018，（25）：3-4.

［41］魏琦，等.重视农业现代化建设中小农生产的独特作用——基于传统农耕文化和生态文明的视角［J］.农村工作通讯，2017，（23）：26-29.

［42］尉伟杰，夏志禹，王秀芳.供给侧改革背景下农业科技成果转化的供需研究［J］.北方农业学报，2016，44（06）：118-123.

［43］武力.中国共产党对"三农"问题的认识历程及其启示［J］.党的文献，2002，（5）：62-67.

［44］解安.农村土地股份合作制的生成机理分析［J］.生产力研究，2002，（6）：98-100.

［45］谢枭鹏，邵琳娜，杨春艳，王卉蕊.农村籍大学生返乡创业就业SWOT分析［J］.安徽农业科学，2019，（13）：249.

［46］许庆，尹荣梁，章辉.规模经济、规模报酬与农业适度规模经营——基于

中国粮食生产的实证研究[J].经济研究,2011,(11):59-71,94.

[47]颜三忠.新农村建设与农民平等权的法律保障[J].江汉论坛,2006,(8):97.

[48]杨茂.农业市场化进程对粮食主产区对农民增收影响的实证分析[J].河南工业大学学报(社会科学版),2008,(1):1-3.

[49]姚伟,范凯.从新奇士现象看中国农业的商标发展之路[J].北京农业,2010,9(中):14-15.

[50]姚懿桐,王雅鹏,申庆玲.劳动力外出务工对农户家庭收入的影响——以湖北省4个县(市)为例[J].浙江农业学报,2015,27(4):690-696.

[51]张广荣,郭洪生.基于农民视角的农民组织化制约因素分析及路径选择[J].商业时代,2013,(8):110-111.

[52]张红霞,方冠群,张学东.城镇化背景下农村个体化趋势及社会治理转型[J].理论导刊,2016,(3):70-73.

[53]张修霞,李静,赵桂慎.新型城镇化浪潮下的农业现代化[J].城市化,2016,(11).

[54]张永丽,张佩.农户市场参与的脱贫效应[J].干旱区资源与环境,2018,(6):25-30.

[55]常钦.让农民成为令人羡慕的职业[N].人民日报,2017-09-03.

[56]代鹏.沙河镇家庭农场助农增收[N].甘肃农民报,2018-11-27.

[57]董裴.农业网站农村访客不足三成[N].中国经济导报,2009-09-12.

[58]高鸣,郭芸芸.2018中国新型农业经营主体发展分析报告(一)——基于农业产业化龙头企业的调查和数据[N].农民日报,2018-02-22.

[59]高云才.220万农民合作社在升级[N].人民日报,2019-11-26.

[60]高云才.农产品加工业将更有活力[N].人民日报,2017-01-02.

[61]高云才,喻思南,申少铁.延长产业链 提升附加值(壮丽70年 奋斗新时代·脱贫攻坚乡村行)[N].人民日报,2019-07-15.

[62]郭翔.为何有人"毁约弃耕",有人"逆势抢地"[N].新华每日电讯,2017-02-22.

[63]胡汉杰等.家庭农场领跑农村经济[N].陕西农村报,2016-03-21.

[64]江娜.帮助农民应对农业三大风险[N].农民日报,2017-03-07.

[65]金里伦.始终把饭碗牢牢端在自己手上[N].经济日报,2019-08-17.

[66]经济日报中国经济趋势研究院新型农业经营主体调研组.新型农业经营

主体盈利状况趋好[N]. 经济日报, 2016-08-22.

[67] 李琴. 把握好土地适度规模经营的尺度[N]. 农民日报, 2017-04-10.

[68] 李先宏, 黄芹. 武汉优势特色农业产值占比超八成[N]. 湖北日报, 2017-03-29.

[69] 李妍等. 中国妇女劳动力已占农村劳动力 60% 以上[N]. 广州日报, 2015-03-09.

[70] 李忠峰. 农产品流通:"便民"与"富农"如何两全[N]. 中国财经报, 2011-10-22.

[71] 刘溟. 农民该怎样参与期货市场[N]. 经济日报, 2013-11-19.

[72] 卢萌卿等. 慈溪农产品直销超市[N]. 浙江日报, 2010-07-14.

[73] 倪铭娅, 赵白执南. 供销总社:截至目前全国供销合作系统累计储备春耕备耕农资达 2758 万吨[N]. 中国证券报·中证网, 2020-03-28.

[74] 彭超, 杨久栋. 2018 中国新型农业经营主体发展分析报告(二)——基于农民合作社的调查和数据[N]. 农民日报, 2018-02-23.

[75] 乔金亮. 农村产业融合发展产值约 35 万亿元——且看农民的"第四次创造"[N]. 经济日报, 2019-07-19.

[76] 乔金亮. 全国依法登记的农民专业合作社达 204.4 万家[N]. 东方城乡报, 2018-05-08.

[77] 邵文杰, 邓敏. 农业生态环境污染治理迫在眉睫[N]. 光明日报, 2000-06-13.

[78] 施维. 电商创业能否解决农村留守问题[N]. 农民日报, 2016-02-25.

[79] 宋进波. 盐城盐都大学生创办家庭农场, 吸引 200 多人就业[N]. 双新盐都报, 2016-03-26.

[80] 孙海华, 姚欣. 陕西调研显示:90 后大学生成返乡创业主力军, 中国青年报, 2019-07-09.

[81] 王敏霞. 泉州特色农业产业链, 产值超千亿[N]. 福建日报, 2019-04-04.

[82] 王宇. 去年全国农产品网络交易额超 1000 亿元[N]. 农民日报, 2015-07-13.

[83] 吴佩. "十三五"我国将加快提升农民科学素质[N]. 农民日报, 2016-06-29.

[84] 肖盛雄, 叶思思. 科技助力小农场展现大作为[N]. 德阳日报, 2019-08-12.

[85]杨久栋,纪安,彭超,等.2019中国新型农业经营主体发展分析报告(二)——基于农民合作社的调查和数据[N].农民日报,2019-02-23.

[86]尹稚.更好实现以人为核心的城镇化[N].人民日报,2019-04-19.

[87]冯其予.去年全国网上零售额超九万亿元[N].经济日报,2019-02-22.

[88]张红宇.农民合作社发展迈向新征程[N].农民日报,2017-12-26.

[89]张红宇.乡村产业:现代农业4.0版[N].农民日报,2019-11-16.

[90]张意轩,庞革平,赵晓霞,尹晓宇.代表委员谈农户兼业化、村庄空心化、人口老龄化:未来中国该由谁来种地[N].人民日报海外版,2013-03-12.

[91]福建省发展和改革委员会.关于福建省2018年国民经济和社会发展计划执行情况及2019年国民经济和社会发展计划草案的报告[R].福建日报,2019-01-24,05-06.

[92]甘肃省统计局,国家统计局甘肃调查总队.2017年甘肃省国民经济和社会发展统计公报[R].2018-04-08.

[93]国家统计局.2016年农民工监测调查报告[R].2017-04-28.

[94]国家统计局.2018年农民工监测调查报告[R].2019-04-29.

[95]国家统计局.改革开放40年经济社会发展成就系列报告之二十[R].2018-09-18.

[96]韩俊,秦中春,张云华,罗丹.九省农民合作经济组织调查要述[R].国务院发展研究中心农村经济研究部,中国经济时报,2006-08-22,(A01).

[97]农业部(现为农业农村部)科技教育司,中央农业广播电视学校.2017年全国新型职业农民发展报告[R].中国农业出版社,2018.

[98]农业部(现为农业农村部)农村改革试验区办公室.从小规模均田制走向适度规模经营——全国农村改革试验区土地适度规模经营阶段性试验研究报告[R].中国农村经济,1994,12:3-10.

[99]农业部(现为农业农村部)市场与经济信息司.从体制转型视角分析农户市场的主体缺位[R].市场信息工作简报,2011-12-12,117.

[100]商务部电子商务和信息化司.中国电子商务报告(2018)[R].中国商务出版社,2018.

[101]中国互联网络信息中心,2020年第45次中国互联网络发展状况统计报告[R].2020.4.27.

[102]中国食品(农产品)安全电商研究院.2019年中国农产品电商发展报告[R].2019-03-18.

[103]国家统计局.中国农村统计年鉴(2015—2019)[M].北京:中国统计出版社,2019.

[104]国家统计局.中国统计年鉴(2013—2019)[M].北京:中国统计出版社,2019.

[105]国家新型城镇化规划(2014—2020年)[M].北京:人民出版社,2014.

[106]国民经济和社会发展第十三个五年规划纲要(2016—2020)[M].北京:人民出版社,2016.

[107]胡玉坤.中国农村妇女经济参与中的国家与市场,载于中国妇女研究会编.建设社会主义新农村与性别平等——多学科和跨学科的研究[M].北京:中国妇女出版社,2007.

[108]孙定东.三农利益论:要素·市场·产业·政策·国际经验借鉴[M].上海:上海交通大学出版社,2013.

[109]吴正,李树茁,梁在.婚姻和家庭.人口学[M].北京:中国人民大学出版社,2012.

[110]周牧之.托起中国的大城市群[M].北京:世界知识出版社,2005.

[111]陈忠华,王皓.在绿色田野上书写青春答卷——几位"新农民"的返乡创业故事[EB/OL].新华网,2019-05-18.

[112]国家环境保护总局(现为中华人民共和国生态环境部).2000年中国环境状况公报[EB/OL].中华人民共和国生态环境部官方网站,2001-05-11.

[113]国家统计局.2018年农民工监测调查报告[EB/OL],http://www.stats.gov.cn/tjsj/zxfb/ 201904/t20190429 _1662268.html.

[114]国家统计局.2018年全国科技经费投入统计公报[EB/OL].http://www.stats.gov.cn/tjsj/tjgb/ rdpcgb/qgkjjftrtjgb/201908/t20190830 _ 1694754.html,2019-08-30.

[115]国家统计局.第六次全国人口普查汇总数据[EB/OL].http://www.stats.gov.cn/tjsj/pcsj/ rkpc/dlcrkpcsj/.

[116]国家统计局.第三次全国农业普查主要数据公报(第五号)[EB/OL].http://www.stats.gov.cn/tjsj/tjgb/nypcgb/qgnypcgb/201712/t20171215 _ 1563599.html,2017-12-16.

[117]河南省人民政府门户网站,https://www.henan.gov.cn/2019/08-19/941900.html.

[118]李勇,张桂林,陶冶.利益联结强产业 打通城乡促振兴——重庆涪陵

大顺乡乡村振兴观察［EB/OL］.新华网，2019-08-06

［119］农业部（现为农业农村部）.全国农产品加工业与农村一二三产业融合发展规划（2016—2020 年）［EB/OL］. http://jiuban. moa. gov. cn/zwllm/ghjh/201611/t20161117_5366803.htm, 2016-11-17.

［120］农业农村部.上半年农业农村经济运行稳中向好［EB/OL］.农资网，2019-07-23.

［121］农业农村部、中央网络安全和信息化委员会办公室.数字农业农村发展规划（2019—2025 年）［EB/OL］. http://www. moa. cn/gk/ghjh_1/202001/t20200120_6336316.htm, 2019-12-25.

［122］普华有策.全球种子行业发展概况及国内竞争格局［EB/OL］. https://www.sohu.com/a/ 237814818 _100129163, 2018-06-26.

［123］上海市人民政府网站. 2017 年上海市国民经济和社会发展统计公报［EB/OL］. http://www. shanghai. gov. cn/nw2/nw2314/nw2319/nw18462/nw44007/u21aw1335625.html, 2018-03-08.

［124］沈志勇.从美国"新奇士"，探索农业合作社发展之道［EB/OL］.中华品牌管理网，2012-05-15.

［125］宋振远，王晓明，杨三军."八连增"后，粮食无忧？——聚焦中国粮食安全［EB/OL］.中央政府门户网站，2012-03-07.

［126］土地资源网.经过三年沉淀的农资电商，2018 迎来爆发［EB/OL］.2018-01-24.

［127］许伟，岳旭辉.农技推广 20 年推广率不到 20% 农民为啥不买账［EB/OL］.央广网，2015-05-23.

［128］杨楠.吉林省"十二五"期间 粮食商品率全国首位［EB/OL］,三农网，2016-01-03.

［129］央视网.农村居民形成强大消费能力/网上消费增势强劲［EB/OL］. http://news. cctv. com/ 2019/08/30/ARTIVsQndirVqTXAa4XI9phA190830. shtml, 2019-08-30.

［130］杨威.商务部：全国农村网商已接近 1200 万家 带动就业超 3 千万［EB/OL］.中国网财经，2019-09-05.

［131］袁学国. 2016 年中国农业 R&D 支出分析［EB/OL］.尚农智库，2018-07-21.

［132］张孝德.习近平总书记的乡村本位新论［EB/OL］.人民网-人民论坛，

2015-10-21.

[133] 张志龙. 我国农产品加工业产值将突破 20 万亿元 [EB/OL]. 中央政府门户网站, 2015-12-03.

[134] 中国产业调研网. 2020—2026 年中国农资行业现状分析与发展前景研究报告 [EB/OL]. http://http://www. cir. cn/2/65/NongZiHangYeXianZhuangYu-FaZhanQi.html.

[135] 中国产业调研网. 2020 年中国农资市场现状调研与发展前景预测分析报告 [EB/OL]. http://www. cir. cn/2/09/NongZiChanYeXianZhuangYuFaZhanQi. html.

[136] 中国产业信息网. 2017 年中国农业规模化经营行业发展现状及未来市场趋势分析 [EB/OL]. 中国产业信息网, 2018-01-02.

[137] 中国农业科学院. 全国农业现代化监测评价指标体系方案 [EB/OL]. 中华人民共和国农业部, http://jiuban.moa.gov.cn/fwllm/hxgg/201711/t20171117_5903945.htm.

[138] 中国农资流通协会. 2019 年上半年农资市场运行情况及趋势预测 [EB/OL]. 农资网, 2019-07-15.

[139] 中国 PPP 服务中心. 全国各行业 PPP 项目情况分析—农业篇 [EB/OL]. 中国 PPP 门户网, 2018-10-24.

[140] 中国网. 新农村建设中的环境问题及对策研究 [EB/OL]. http://www. china.com.cn/ economic/zhuanti/wyh/2008 - 01/10/content_9512880.htm, 2008-01-10.

[141] 中华人民共和国环境保护部 (现为中华人民共和国生态环境部). 2014 年中国环境状况公报 [EB/OL]. 中华人民共和国生态环境部官方网站, 2015-05-29.

[142] 中华人民共和国环境保护部 (现为中华人民共和国生态环境部). 2015 年中国环境状况公报 [EB/OL]. 中华人民共和国生态环境部官方网站, 2016-06-01.

[143] 宗锦耀, 陈建光. 历史不会忘记乡镇企业的重要贡献 [EB/OL]. 中华人民共和国农业农村部官方网站, 2018-07-31.

[144] Abid A. Burki, Mushtaq A. Khan. *Formal Participation in a Milk Supply Chain and Technical Inefficiency of Smallholder Dairy Farms in Pakistan* [J]. The Pakistan Development Review, 50:1, Spring 2011: 63-81.

［145］Amy Khuu and Ernst Juerg Weber.*How Australian Farmers Deal With Risk* ［J］. Agricultural Finance Review, vol. 73, iss. 2, April, 2013: 345-357.

［146］André Louw, Hester Vermeulen, Johann Kirsten & Hilton Madevu.*Securing Small Farmer Participation in Supermarket Supply Chains in South Africa* ［J］. Development Southern Africa, Vol. 24, No. 4, October 2007: 539-551

［147］Arun Bhadauria.*Farmer to Market Linkages: Revamping under the Emerging Value-Chain System* ［J］. volume no. 2, issue no. 10, October, 2012: 136-139.

［148］Bardhan D.and Sharma M. L. *Determinants and Implications of Smallholder Participation in Dairy Co-operatives: Evidence from Uttarakhand State of India* ［J］. Indian Journal of Agricultural Economics, 67, 4, Oct-Dec 2012: 565-584.

［149］Bardhana D., Sharmab M. L. and Raka Saxenac. *Market Participation Behaviour of Smallholder Dairy Farmers in Uttarakhand: A Disaggregated Analysis*［J］. Agricultural Economics Research Review Vol. 25 (No. 2) July – December 2012 pp 243-254.

［150］Borbala Balint & Peter Wobst.*Institutional Factors and Market Participation by Individual Farmers: The Case of Romania* ［J］. Post – Communist Economies, Vol. 18, No. 1, March 2006: 101-121.

［151］Cari An Coe.*Farmer Participation in Market Authorities of Coffee Exporting Countries*［J］. World Development, Volume 34, Issue 12, December 2006: 2089-2115.

［152］Carol Richards, Hilde Bjørkhaug, Geoffrey Lawrence and Emmy Hickman. *Retailer-Driven Agricultural Restructuring – Australia, the UK and Norway in Comparison* ［J］. Agric Hum Values,30, 2013: 235 – 245.

［153］Cecilia Nwigwe, Victor Okoruwa, Blaise Nkamleu, Omobowale Oni and Abayomi Oyekale. *Socioeconomic Factors Affecting Intensity of Market Participation among Smallholder Yam-Based System Farmers in Oyo North Area of Nigeria* ［J］. International Journal of Economic Perspectives, Volume 3, Issue 2, 2009: 131 -140.

［154］Cristian Dragoş, Vincenţiu Vereş.*Romanian Farmers' Market: A Multinomial Logit Model Approach* ［J］. Zb. rad. Ekon. fak. Rij., vol. 25 , sv. 2, 2007: 291-308.

［155］Davi R. de Moura Costa, Fabio Chaddad and Paulo Furquim de Azevedo. *The Determinants of Ownership Structure: Evidence from Brazilian Agricultural Cooperatives* ［J］. Agribusiness, Vol. 29 (1),2013: 62 – 79.

［156］Dyutiman Choudhary, Surendra Kala, Nagendra Todaria, Sabyasachi Das-gupta and Michael Kollmair.*Marketing of Bay Leaf in Nepal and Northern India: Lessons for Improving Terms of Participation of Small Farmers in Markets* ［J］. Small-scale Forestry, 12, 2013: 289 - 305.

［157］Edi Defrancesco, Paola Gatto, Ford Runge and Samuele Trestini.*Factors Affecting Farmers' Participation in Agri-environmental Measures: A Northern Italian Perspective* ［J］. Journal of Agricultural Economics, Vol. 59, No. 1, 2008: 114-131.

［158］Elizaphan J. O. Rao, Bernhard Brümmer and Matin Qaim.*Farmer Participation in Supermarket Channels, Production Technology, and Efficiency: The Case of Vegetables in Kenya* ［J］. Amer. J. Agr. Econ. July 2012: 891-912.

［159］Elodie Maître D'hôtel & Pierre-Marie Bosc.*Neither State nor Market: The Influence of Farmers' Organizations on Agricultural Policies in Costa Rica*［J］. Oxford Development Studies, Vol. 39, No. 4, December 2011: 469-485.

［160］Emily O., John J., Gideon A. O. and Steffen A. *Determinants of smallholder farmers' participation in banana markets in Central Africa: the role of transaction costs* ［J］. Agricultural Economics, 41, 2010: 111-122.

［161］Estelle Biénabe & Hester Vermeulen.*Improving smallholders' market participation: Insights from a business scheme for maize in Limpopo Province, South Africa* ［J］. Development Southern Africa Vol. 28, No. 4, October 2011: 493-507.

［162］Fabian Capitanio, Felice Adinolff and Giulio Malorgio.*What explains farmers' participation in Rural Development Policy in Italian southern region? An empirical analysis* ［J］.NEW MEDIT N. 4, 2011: 19-24.

［163］Fabian Capitanio, Maria Bielza Diaz-Caneja, Carlo Cafiero and Felice Adinolfi.*Does market competitiveness significantly affect public intervention in agricultural insurance: the case in Italy* ［J］. Applied Economics, 2011, 43: 4149-4159.

［164］Faqir Singh Bagi and Richard J. Reeder.*Factors Affecting Farmer Participation in Agritourism* ［J］. Agricultural and Resource Economics Review, AMI, August 2012: 189-199.

［165］Fleisher, B. and Liu, Y. H. *Economics of Scale, Plot Size, Human Capital and Productivity in Chinese Agriculture* ［J］. Quarterly Review of Economics and Finance, 1992, (32): 112-123.

［166］Gani B. S. and Adeoti A. I. *Analysis of Market Participation and Rural Pov-*

erty among Farmers in Northern Part of Taraba State, *Nigeria* [J]. Journal of Economics, 2(1), 2011: 23-36.

[167] Hiroyuki Takeshima and Latha Nagarajan. *Minor Millets in Tamil Nadu*, *India: Local Market Participation*, *On-Farm Diversity and Farmer Welfare* [J]. Environment and Development Economics, 17, 2012: 603-632.

[168] Hope C. Michelson. *Small Farmers*, *NGOs*, *and a Walmart World: Welfare Effects of Supermarkets Operating in Nicaragua* [J]. Amer. J. Agr. Econ. 95(3), 2013: 628 – 649.

[169] Hualiang Lu, Jacques H. Trienekens, S. W. F. Omta and Shuyi Feng. *Guanxi Networks*, *Buyer-Seller Relationships*, *and Farmers' Participation in Modern Vegetable Markets in China* [J]. Journal of International Food & Agribusiness Marketing, 22, 2010: 70-93.

[170] Inayatullah Jan. *Participation in Farm Markets in Rural Northwest Pakistan: A Regression Analysis* [J]. Pak. J. Commer. Soc. Sci., 2012 Vol. 6 (2): 348-356.

[171] Jikun Huang, Yunhua Wu, Zhijian Yang, Scott Rozelle, Jacinto Fabiosa and Fengxia Dong. *Farmer Participation*, *Processing*, *and the Rise of Dairy Production in Greater Beijing*, *P. R. China* [J]. Canadian Journal of Agricultural Economics, 58, 2010: 321-342.

[172] Jose Blandon, Spencer Henson and John Cranfield. *Small-Scale Farmer Participation in New Agri-Food Supply Chains: Case of the Supermarket Supply Chain for Fruit and Vegetables in Honduras* [J]. Journal of International Development, 21, 2009: 971 – 984.

[173] Kameswari V. L.V. *Agricultural Policy*, *ICTs and Market Participation of Farmers in the Indian Himalayan Region* [C]. CPRsouth6 Conference, Bangkok, Thailand, December, 2011.

[174] Katie Moon. *Conditional and Resistant Non-participation in Market-based Land Management Programs in Queensland*, *Australia* [J]. Land Use Policy, 31, 2013: 17-25.

[175] Martin, S.& Packer D.. *The Impact of Privatization – Ownership and Corporate in the UK* [M]. *Rontledge*, 1997.

[176] Meike Wollni and Manfred Zeller. *Do Farmers Benefit From Participating in Specialty Markets and Cooperatives? The case of coffee marketing in Costa Rica* [J]. Ag-

ricultural Economics, 37, 2007: 243-248.

[177] Ohen S. B., Etuk E. A. and Onoja J. A. *Analysis of Market Participation by Rice Farmers in Southern Nigeria* [J]. Journal of Economics and Sustainable Development, Vol. 4, No. 7, 2013: 6-11.

[178] Pascal C. Sanginga, Jackson Tumwine, and Nina K. Lilja. *Patterns of participation in farmers' research groups: Lessons from the highlands of southwestern Uganda* [J]. Agriculture and Human Values, 2006, 23: 501 - 512.

[179] Paul D. Mitchell, Roderick M. Rejesus, Keith H. Coble and Thomas O. Knight.*Analyzing Farmer Participation Intentions and County Enrollment Rates for the Average Crop Revenue Election Program* [J]. Applied Economic Perspectives and Policy, vol. 34, no. 4, 2012: 615 - 636.

[180] Philip Kostov and Sophia Davidova.*A Quantile Regression Analysis of the Effect of Farmers' Attitudes and Perceptions on Market Participation* [J]. Journal of Agricultural Economics, Vol. 64, No. 1, 2013: 112-132.

[181] Qiao Liang, George Hendrikse, Zuhui Huang and Xuchu Xu.*Core and Common Members in Chinese Farmer Cooperatives* [R]. ERIM REPORT SERIES RESEARCH IN MANAGEMENT, ERS-2012-002-STR, January 2012: 1-38.

[182] Ram Ranjan. *Factors Affecting Participation in Spot and Options Markets for Water*[J]. Journal of Water Resources Planning and Management, 2009, 136(4).

[183] Randela R., Alemu Z. G. & Groenewald J. A.. *Factors enhancing market participation by small-scale cotton farmers* [J]. Agrekon, Vol 47, No 4, December 2008: 451-469.

[184] Randy Stringer, Naiquan Sang and André Croppenstedt.*Producers, Processors, and Procurement Decisions: The Case of Vegetable Supply Chains in China* [J]. World Development, Vol. 37, No. 11, 2009: 1773 - 1780.

[185] Rozelle S., Taylor J. E. and Brauw A. *Migration, Remittances and Agricultural Productivity in China*, American Economic Review, Vol. 89, No. 2, 1999.

[186] Sanjib Mukhopadhyay and Subhendu Chakrabarti.*Innovations for Linking Farmers to Markets: Indian Experience.* working paper series, August 4, 2010, SSRN-id1652303, New York, USA.

[187] Schultz T. W.. *Transforming Traditional Agriculture*[M]. Yale University Press, New Haven, CT, 1964.

[188] Shi Zheng, Zhigang Wang and Titus O. Awokuse. *Determinants of Producers' Participation in Agricultural Cooperatives: Evidence from Northern China* [J]. Applied Economic Perspectives and Policy, vol. 34, no. 1, 2012: 167-186.

[189] Stephen Hynes and Eoghan Garvey. *Modelling Farmers' Participation in an Agri-environmental Scheme using Panel Data: An Application to the Rural Environment Protection Scheme in Ireland* [J]. Journal of Agricultural Economics, Vol. 60, No. 3, 2009: 546-562.

[190] Taylor J. E., Brauw A. and Rozelle S. *Migration and Incomes in Source Communities: A New Economics of Migration Perspective from China*, Economic Development and Cultural Change, Vol. 52, No. 1, 2003.

[191] Tittenbrun, J.. *Private Versus Public Enterprises* [M]. Janus Publishing Company, London, 1996.

[192] Uchezuba I. D., Moshabele E. and Digopo D. *Logistical Estimation of the Probability of Mainstream Market Participation among Small-Scale Livestock Farmers: A Case Study of the Northern Cape Province* [J]. Agrekon, Vol. 48, No. 2, June 2009: 171-183.

[193] Vance Corum, Marcie A. Rosenzweig, Eric L. Gibson. *The new farmers' market: farm-fresh ideas for producers, managers & communities* [M]. New World Publishing, 2001: 91-97.

[194] Xiangping Jia and Jikun Huang. *Contractual arrangements between farmer cooperatives and buyers in China* [J]. Food Policy, 36, 2011: 656-666.

[195] Xuchu Xu, Ke Shao, Qiao Liang, Hongdong, Guo, Jia Lu and Zuhui Huang. *Entry of Chinese Small Farmers into Big Markets: From Enterprise-Led Structures to Farmer Cooperatives* [J]. The Chinese Economy, vol. 46, no. 1, January-February 2013: 7-19.

[196] Zhu Keliang and Roy Prosterman. *Securing Land Rights for Chinese Farmers: A Leap Forward for Stability and Growth* [J]. Cato Development Policy Analysis Series, No. 3, October 15, 2007.

后　记

作为致力于观察"三农"发展的一名学者,本人一直想从某些角度来对"三农"问题做一些思考和分析。最初的根本原因是因为我国农业弱、农村弱、农民弱,后来观察农民群体,包括农村劳动力群体的体量实在是太大,它影响着国民经济总体发展,制约着现代化强国和伟大复兴中国梦的实现,是关乎人民幸福的一件大事。而只有激活了农民,搞活了农民,才能真正搞活农业,振兴乡村。"市场在资源配置中起决定作用",但一直以来农村市场却得不到发展,农业出路并不宽畅,于是围绕"农民市场参与"的问题我就想了很久,本研究就算做一个初探,其实真还有很多值得细究的地方,但愿能达到抛砖引玉之效。

放在一个更广的视角来看这个问题,例如农民工的问题,真是因为农村劳动力过剩吗?或者说又真是单纯因为劳动力流动政策放开吗?流动的机制又是什么呢?应该实行什么样的产业政策,才能使这些最活跃、最能动的要素得到充分利用?农民工又真的在流动中得到了可持续的优化利用了吗?从这些角度来分析,"农民的市场参与"就是一个非常值得探究、又十分有趣的问题,甚至还可以站在"哲学"的高度来做一些思考。我一直认为,中国的经济学研究应该继承吸收、批判发展和创新探索自己的、具有中国特色的经济哲学、经济逻辑、经济思想和经济方案。借鉴而不盲目照搬,包括理论和思想,哪怕是研究的工具和方法。我相信以后会有更多的具有"中国特色"的创新性成果不断涌现,以充分体现经济研究领域的"文化"自信。

一如既往,下一步的研究仍然会与"三农"相关,与"农民"相关,这需要一定的时间来沉淀和反思。农民兄弟是相对清贫的,但愿他们始终保持着"快乐";农业仍然是弱质的，但愿它与其他产业有很好的"联姻"；农村发展相对来说是滞后的，但愿"高铁"在不久的将来能直达直通。还是把前面的一句话挪作结束语吧：待到那么一天，真正把农业像其他产业一样作为国民经济重要组成部分对待，把农民像其他产业工人一样当作一个光荣职业对待，把农村当成我们日日珍惜、夜夜怜爱并得以安居乐业的美丽家园来对待，"三农"发展就更加值得期待。

孙定东

2021 年 3 月于徐汇新城寒舍